実習で学ぶ

# 健康・運動・スポーツの科学

三訂版

九州大学健康・スポーツ科学研究会……編

大修館書店

## 授業のテキストとして本書を用いる先生方へ

本書は、大学で開講される、健康・スポーツ科学に関わる演習授業用のテキストであり、半学期（15回）の授業で使用できるように作成されていますが、どの部分を授業プログラムに取り入れるかは、学校の理念や目標、施設・設備や機材の状況等に応じて、ご検討いただければと思います。

理論編については、１つの活用方法として、いくつかのトピックをピックアップし、それらを組み合わせて、一授業を構成することが考えられます。できれば、各部ごとに少なくとも１回の授業を行うことが望まれますが、この点についても、それぞれの事情に合わせて、工夫していただければと思います。

実習は、12セッションが用意されており、90分の授業の一部あるいは全部を使って行うことを想定しています。また、この実習編では、測定値や計算値、コメントなどが直接書き込めるようになっています。なかでも、第Ｖ部の実習は、運動・スポーツ活動を通してさまざまな心理社会的スキル（ライフスキル）を学べるような内容となっており、九州大学では、これらを積極的に授業に取り入れています。

なお、巻末には、自己省察用の授業評価票をつけていますが、これは、授業の効果を確認する目的でも使用できるものです。併せて、ご活用下さい。

# まえがき

文明が進み、便利になり、嗜好品はいつでもどこでも手に入る、その一方で、情報が氾濫し、時間に追われ、人間関係が希薄化している現代日本において、心身の健康を保つことは、必ずしも容易なことではありません。油断をしているとすぐに栄養過多、運動不足、高ストレスとなり、不健康状態に陥ってしまうような社会環境の中で、私たちは生きているといっても過言ではないでしょう。

とはいえ、適切な栄養摂取をし、適切な運動をし、適切な社会的スキルを身につけていけば、多くの人が、健康的な人生・生活を送ることが可能であることも事実です。確かに、自身の健康というものに対しては、問題がなければあまり目が向かないという傾向が、特に若い学生世代には見受けられがちです。しかしながら、将来に向けて勉学に励むように、在学中あるいは卒業後、自立的、活動的、そして健康的な生活を送るために必要となる知識や技能を、今ここで学習・習得しておくことは、大変重要なことであるといえます。

本書は、このような要請に応えるために、主として大学生を対象とするテキストとして企画・作成されました。全体は大きく５部に分けられていますが、それぞれに理論編と実習編が含まれており、健康科学、運動科学、さらにはスポーツ科学が、多角的に、また体験や実践を通じて学習できるように構成されています。

理論編では、健康、運動、スポーツに関わる問題を、生理学、医学、心理学、社会学などのさまざまな立場から論じています。最初から順に読み進めるのもよく、また、１つのトピックは、一部を除き、見開き２ページで扱われており、それぞれで完結していますので、関心のあるところから目を通すというのもよいでしょう。

実習編には、各種身体・運動能力測定や健康の維持・増進に役立つトレーニング実習などが含まれています。大学の授業等での使用を想定しているため、一人で行うのが難しいような課題も含まれていますが、可能な範囲で実施いただければと考えています。ただし、実施に際しては、安全への十分な配慮をお願いいたします（ベンチプレス等、補助者が必要なものについては、決して、一人では行わないで下さい）。

さらに、巻末には、将来の測定記録を記入するページも設けてあります。学生の皆様には、本書と、学生時代だけでなく、一生涯お付き合いいただくことを願っております。

最後に、本書の出版にあたっては、大修館書店の丸山真司氏および矢部洋幸氏に多大なご尽力をいただきました。ここに記して厚く感謝の意を表します。

九州大学健康・スポーツ科学研究会

# C O N T E N T S

# 第Ⅰ部

# 健康を知る

第Ⅰ部 理論編

# 健康とは何か

## 1．QOL（Quality of Life）と健康

### 1．主観的健康と客観的健康

痛みや悪寒、発熱、発疹、だるさなどを覚えるとき、われわれは心身のバランスが失われていることを自覚する。「病気をして、はじめて健康のありがたさがわかった」といわれるように、個の経験的レベルでは、健康とはバランスが失われてはじめて意識される、普段は意識にのぼらない心身の「ある状態」である。

自分の身や心に感じる不快があるレベルを超えると、専門家の助けが必要となる。病気の最も代表的な専門家は、医師である。医師は患者の状態をチェックし、不快の原因を突き止め、それを元の状態に戻すための処置を行う。専門家と向き合う一連の過程を通じて、われわれは「患者」となり、心身に覚える不快は「○○病」として客観的に同定される。この場合、患者にとっての健康とは、客観的に名称づけられた異常や病気が存在しない状態である。したがって健康とは、主観的には不快のない、そして客観的には異常や病気が存在しない心身の状態をいう。

一般的には、心身に何らかの不快を覚えれば、病気に罹患している可能性は高い。つまり、主観的な健康と客観的な健康は、おおよそ一致している。だが、遺伝子レベルで病気の存在や可能性を検証できるようになった現在では、不快をまったく感じなくても病気にかかっているかもしれないし、現時点での健康は将来的には破綻する時限つきのものでしかないかもしれない。医学の飛躍的な進歩は、主観的な健康を実に頼りないものにしてしまったのである。

### 2．健康のパラドックス

上杉[1]は、全国高等学校野球選手権大会の健康証明書の変遷を検討した結果、第28回大会（1946年）の「いずれも健康にして数日間連続する野球競技に耐え得る者なることを証明す」という文言が、第60回大会（1978年）では、「いずれも健康診断の時点では異常がなかったことを証明します」に変化したと述べている。「健康診断の時点では異常がなかった」ことは証明できても、今現在「健康である」ことは医師によってさえ証明できなくなってしまった。なぜなら、後日、最新の診断法で診察すれば、異常が発見されるかもしれないからだ。健康証明書は、実質何の役にも立たないのである。

客観的な健康は異常の消去によってしか証明できないが、検査技術の飛躍的な向上は新しい異常を限りなく発見し続けるよう作用してしまう。したがって、検査項目が増えれば増えるほど、検査水準がミクロになればなるほど、健康を証明することはますます難しくなってしまう。「健康のパラドックス」と表現するにふさわしい状況は、このようにして生じる。健康とは不快や異常の対概念であり、それ自体としては定義づけがもともと困難であるが、近代医学の高度な発展は健康をますますとらえどころのないものにしてしまったといえよう。

ところで、1996年に厚生省（当時）は、高血圧、心臓病、脳卒中、がん、糖尿病など、これまで「成人病」と呼ばれていた疾病を「生活習慣病」に名称変更した。個人の生活習慣と密接な関わりを有するこれらの疾病を、成人以前に発症するケースが認められるようになったためである。また、2000年に厚生労働省によりはじめられた「21世紀における国民健康づくり運動（通称「健康日本21」）」では、早期発見、早期治療という二次予防でなく、疾病の発生を防ぐ一次予防に重点対策を置いている。このような時代を迎えると、健康であること、あるいは健康とは何かを定義すること

がより一層困難になる。現時点で異常はなくても、異常を呼び込む生活習慣を、それとわかっていて改善できないのは一種の異常だからである。実際に何らかの異常を呈しているかどうかに関わりなく、生活の送り方が正常・異常の評価対象にされつつあるということだ。

健康を追い求めれば求めるほど自覚されるのは異常ばかりで、健康からはますます遠ざかっていく。異常のない状態を意味する健康は、理想型としては存在しても、実態としてはどこにも存在しない。

## 3. 手段としての健康

健康ブームは衰えを知らないかのような勢いである。テレビのショップチャンネルでは健康関連グッズが飛ぶように売れ、コンビニエンスストアにも健康を維持するためのサプリメントのコーナーが設けられるようになった。抗菌加工した携帯電話まで出回る状況である。現代人がどれほど自分の健康に気を配っているか、うかがい知ることができよう。しかし、客観的な健康が実態として存在しない以上、このブームは「健康不安」の反動でしかない。健康不安は、健康によいと「される」ものを追い求める過程で一時的に低減される。しかし、異常の生じる可能性を排除できない以上、不安が根本的に解消されることはない。人は、いっときの安心を新たな健康関連商品に求める。これが健康ブームの心的メカニズムである。

ところでわれわれは、どうしてこれほどまでに健康を願うのであろうか。別言すれば、身体的・精神的に完全に良好な状態で、より長い人生を手に入れることができたとして、そのこと自体にどれほどの意味があるのだろうか。健康でも退屈きわまりない人生であったとしたら、健康であることに何ら価値はない。つまり、ある人の心身の状態は、その人がどのような生き方をしたいのか、しているのかとの関係においてはじめて問題となるのである。健康は、人生の手段であって目的ではない。

## 4. 主観的健康の再評価

客観的な検査技術が高度に発達した現在、主観的な不具合の不在は客観的な健康を必ずしも意味しない。この意味では、主観的健康はあまりあてにならない。ところが、近年の自殺者の増加などに示されるように、客観的な健康が必ずしも主観的な満足につながらないこともまた明らかである。重要なのは、人がどのようなライフスタイルを構築し、その人らしい人生を送っているかである。

これに関して、デュボス[2]は「人間がいちばん望む種類の健康は、必ずしも身体的活力と健康感にあふれた状態ではないし、長寿をあたえるものでもない。じっさい、各個人が自分のためにつくった目標に到達するのにいちばん適した状態である。通常、これらの目標は生物的必要と関連をもたないばかりか、時には、生物的有用性に相反することもある。健康と幸福の追求が、生物的よりもむしろ社会的な渇望によって導かれることが、かなりある。渇望というものは、個体や種の生存にとって重要性をもたないから、人間だけに特有で、他の生物には意味がない」と述べている。

デュボスのこの考えは、主観的な健康を「生活の質（Quality of Life）」としてとらえ、再評価しようとする今日の健康のとらえ方に重なる。生活の質とは、個人の安寧感、生活上の満足・不満足感、幸福・不幸感といった生活者自身の質に関わる側面と、人々の生活を裕福で満足なものとするための社会システムの創造、あるいは生活者を取り囲む社会環境や条件の質に関わる概念である。ところが、社会環境や条件を客観的に評価するのは大変困難であるため、実質的には生活者自身の質を意味する概念として流通している。人間が人間らしく生きるとはどういうことかを考えるうえでも、今日、大変重要な概念のひとつとなっている。

■ 引用・参考文献

1）上杉正幸（2000）：健康不安の社会学―健康社会のパラドックス、世界思想社、94-101.
2）ルネ・デュボス、田多井吉之介（訳）（1977）：健康という幻想、紀伊國屋書店、208-209.

（山本教人）

# 2. 現代の健康問題（生活習慣病）

## 1. 疾病構造の変化

日本人の疾病構造は、1950年頃以前の感染症から1960年頃以降の生活習慣病に大きく変化した。すなわち、1950年以前の日本人の死因は、結核、肺炎・気管支炎、赤痢、胃腸炎など感染症（伝染病）が主流であった。1950年代後半から日本人の死因は、1位脳血管疾患、2位悪性新生物（がん）、3位心疾患となり、この順位が1980年まで続いた。1981年には悪性新生物が第1位に、1985年には心疾患が第2位となった。現在、悪性新生物、心疾患、脳血管疾患による死者が、全死亡原因の約6割を占めている。また、心疾患や脳血管疾患の誘因となる高血圧、糖尿病、脂質異常症などで通院や入院を行う有病者や有訴者が上位を占めている。したがって、現在の健康問題の主流を占めるのは、これらの生活習慣病である。生活習慣病とは、食習慣、運動不足、休養（ストレス）、喫煙、多量飲酒などの個人の生活習慣が、その発症・進行に関与する症候群をいう。具体的には、Ⅱ型（非インスリン依存型）糖尿病、肥満、脂質異常症（家族性のものを除く）、高血圧症、粥状動脈硬化症、虚血性心疾患、脳血管疾患、大腸がん、肺扁平上皮がん、歯周病、アルコール依存性肝硬変、腰痛症、骨粗鬆症などである。

このような感染症から生活習慣病への疾病構造の変化は、日本の社会的・経済的条件の変化に伴う部分が大きい。感染症の著しい減少は、特効薬やワクチンの開発など医科学の発達、医療技術の進歩に加え、衣・食・住のすべてにわたる生活水準の向上、上・下水道の整備や医療施設の増加、衛生技術の進歩や衛生教育の普及、交通手段や情報伝達の発達などによってもたらされた。一方、人工的に加工・合成された材料や食品の出現、食生活の欧米化、過食偏食に伴う栄養素の過剰・不足やアンバランスなど、食習慣の変化が起こった。また、労働・家事・交通手段の機械化・省力化に伴い、身体活動量が減少した。さらに、都市化・工業化に伴い、生活の複雑化、家族・近隣・地域での人間関係の希薄化、職域での人間関係の複雑化などが、心身のストレスの増大や人間性の抑圧などを引き起こした。主としてこれらが生活習慣病の要因となっている。

## 2. 特定病因説からの脱却

特定病因説とは、“ある病気には、必ずあるひとつ（特定）の原因がある”という考え方である。すなわち、結核は結核菌が、コレラはコレラ菌が、赤痢は赤痢菌が、インフルエンザはインフルエンザウイルスが、マラリアはマラリア原虫がその発症の原因となる。当然、これらの病原微生物（細菌、ウイルス、原虫）などを死滅させれば、これらの疾病は起こらず、また治療も可能である。19～20世紀にかけて、ルイ・パスツールやロベルト・コッホなど“微生物の狩人”と呼ばれる生化学者や細菌学者によって、多くの病原微生物が発見された。20世紀になると、微生物を殺す薬（特効薬）やワクチンの開発が行われ、1940～50年代にはついに“魔法の薬”と呼ばれる抗生物質が治療に用いられるようになった。感染症は、病原微生物によって引き起こされるので、特効薬やワクチンのおかげで、20世紀半ばには「旧来からの感染症はほぼ撲滅できる」というほどに医科学は大成功を収めた。例えば1947年における20～24歳の日本人男性の結核による死亡率は、10万人あたり465.8人であった。しかしその18年後の1965年には1.2人に激減した。その背景には、日本人の衣食住の改善と抗生物質の治療への導入があった。このように特定病因説は、感染症による疾病の予防や治療に多大な貢献をした。

ところが感染症の治療や予防が可能となった20世紀半ば頃から、新たな健康問題や疾病が起こってきた。すなわち上述した生活習慣病である。生活習慣病は、その疾病を起こす細菌、ウイルス、原虫などによるものではなく、その発症要因は個人の生活習慣による。例えば、日本人で最も患者数の多い高血圧症を例にとってみる。高血圧症には、腎臓疾患や血圧上昇ホルモンの過剰分泌などによる症候性（二次性）高血圧と、血圧上昇をもたらす原因がはっきりしない本態性高血圧がある。そして高血圧症患者の95％以上が、本態性高血圧である。その本態性高血圧の発症要因として、食塩（$Na^+$）の過剰摂取、動物性脂肪の過剰摂取あるいは不足、運動不足、ストレス、栄養過多あるいは栄養失調、多量飲酒、喫煙などが挙げられ、また肥満、脂質異常症、糖尿病などの合併症として起こる。このように生活習慣病は、個人の生活習慣によって発症し、また発症の要因は多要因であり、ひとつに特定できない。したがって、少なくとも生活習慣病については、特定病因説は通用しないことになる。

## 3. 生活習慣病の予防と対策

生活習慣病は、特定病因説で説明できない。したがって、これまでの医科学が感染症で成功した特効薬やワクチンによる治療や予防は通用しない。また生活習慣病は多要因であり、しかもその要因が単独で起こるよりも複数の要因が重なって起こる場合が多い。例えば肥満の場合、そのほとんどが単純性肥満であるが、この単純性肥満は長期間にわたって摂取カロリーが消費カロリーを上回った結果として起こる。すなわち少量しか食べなくても運動不足であれば肥満が起こり、また運動を行っていても運動で消費する以上のカロリーを摂取すれば肥満は起こる。またストレスにさらされていても、運動や趣味などそのストレスを発散できる対処行動（ストレスコーピング）を身につけていれば生活習慣病は起こりにくいし、ストレスのはけ口を飲酒や“やけ食い”などに求めれば生活習慣病を増進することになる。さらに不適切な食習慣、運動不足、ストレス、喫煙、過剰飲酒など各要因が重なり合うことで、生活習慣病の発症率は倍増していく。

生活習慣病は感染症と異なり、発症までに数年から数十年かかり、その発症まで無症状・無自覚な場合が多く、さらに発症するとその解消や治療が難しい、などの特徴がある。かつて生活習慣病は“成人病”とも呼ばれ、中高年以降に発症する症候群であった。近年は若年者においても生活習慣病やその予備群の増加が報告されている。生活習慣病は、早期発見・早期治療という二次予防では、現代医学といえどもその効果は期待できない。疾病の発生を防ぐ一次予防が肝要である。生活習慣病の予防には、若いときからの適切な食習慣、運動習慣、ストレス対処法、喫煙や多量な飲酒をしないなどの生活習慣を身につけておくべきである。

## 4. 運動による健康づくり

生活習慣病は、その発症要因およびそれぞれの分野から食源病、ストレス病、運動不足病などとも呼ばれる。運動不足が多くの生活習慣病の発症要因であることは、多くの研究によって明らかになっている。また運動不足は、日本人の死因の第1位となっている悪性新生物に関与している可能性も示されてきている。厚生労働省は21世紀における国民健康づくり運動として策定した「健康日本21」では、食生活・栄養、身体活動・運動、休養・心の健康づくりなど9つの分野について具体的な数値目標を挙げている。また生活習慣改善の重点目標として、「1に運動、2に食事、しっかり禁煙、最後にクスリ」という標語を掲げた。運動は、生活習慣病の予防のために欠くことのできない重要な要因である。

運動は生活習慣病の予防やその症状の軽減だけでなく、身体機能の亢進、体力の増強、ストレスの解消、不定愁訴の解消、生活リズムの構築、生活の質の向上などに貢献する。さらに友人やグループで運動することによって、仲間づくりやコミュニケーション能力の向上にも役立つ。まず若いうちから運動習慣を身につけ、運動不足に陥らないように心がけなければならない。また、若いうちにスポーツ技術や知識を身につけて、身体機能や体力を高めることは、前述した運動の心身に及ぼす効果をさらに増長させるであろう。運動やスポーツを楽しむ能力を高めておくことは、現在だけでなく、生涯にわたって心身ともに充実した生活を営む基礎となる。

（大柿哲朗）

# 3. 健康ブームとその背景―健康不安の増大―

## 1. 健康政策が生み出した「健康不安」

健康診断をはじめとする種々の検査・測定を受け、平均的正常値の範囲におさまらないと、「異常」の判断を下される。最も簡略化して考えよう。血圧の場合ならば、日本高血圧学会の基準（最高140、最低90）を超えると高血圧と認定されてしまう。そうした場合、人々は不安感を増幅され、みんなと同じ正常値におさまろうと「同調」へと向かわされるという機構が働く。今のところ正常値にある者でもそこから逸脱してしまうのではないかという不安から正常値にとどまろうとする。こうした健康不安が、実は健康ブームの背景に存在しているのである。

この健康不安は、とりわけ生活習慣病をめぐるものであるといえる。生活習慣病は、かつては「成人病」（1957年に厚生省がつくった行政用語）と呼ばれた。この成人病による死亡が死因の50％を占めるようになった1960年代はじめに、厚生省は感染症対策から成人病対策へ、治療対策から予防対策へと健康政策の転換をはかった。この予防対策の基本となったのが、「予防医学」でいう二次予防の考え方「早期発見・早期治療」である。厚生省は、1968年「一般に成人病は初期のうちに無自覚に進行するために手遅れになることが多い。したがって初期のうちに異常を発見するには、健康で何も症状がない時でも、定期的に健康診断を受けることが重要である」（厚生白書）と啓発したのである。そして、その具体策として「成人病検診・がん検診体制」「国民総人間ドック化」を推進していくのである。「無自覚のうちに進行する」「症状が出たときは手遅れ」という成人病言説は、人々に不安を与えていくことになる。

さらに、1972年の厚生白書には「半健康人」および「健康人」の健康管理までが施策に載せられてくる。「健康人に対する健康維持と半健康人に対する積極的な健康増進対策を推進することによって健康のポテンシャルを上げ、外界に対する抵抗力と適応性を高めることによって病気に陥らないようにすることが必要である。このことはとくに、中高年層について急を要する問題である」。「半健康人」は、健康人と病人との間のボーダーライン上にあって、今は病人ではないが、いつ病人へと転ずるかもしれない人たちである。そのなかには、「もともと虚弱な体質の人」「肥満気味の人」「内臓が丈夫ではない人」などが含まれよう。さらには、そういう人たちに限らず、健康で元気な人たちも病気へと転じないように現在の健康を維持し、さらには増進させていく施策が必要であるというのである。この施策の一環として各県において「健康増進センター」の設置がなされる。慢性病である成人病には発症前に非常に長い無症状期があり（検査をしても、病気としてひっかからない時期さえもある）、誰にも成人病予備軍である可能性が存在するところから、不安感が多くの人たちを巻き込んでいくことになる。

長い無症状期を有するという成人病の性格から、専門家である医師さえも現時点での健康は判定できても、近未来の健康については何の保証もできないという状況になっていく。上杉[1]は、こうした脈絡について、例えば人間ドックを挙げながら以下のように説明している。

人間ドックにおいて検査結果は7段階に分かれていて、そのうち6段階が何らかの異常が認められるもので、その異常の段階差がつけられている。残りの1段階が「今回の検査範囲では異常ありません」となっている。しかし、「異常なし」であっても検査の範囲内での話であり、すべての身体機能を保証するものではない。また、「『異常なし』といわれても、その結果は、あくまでも今回の検査時点での結果です。健康はさまざまな要因ですぐに変調をきたしやすいものです。これからも健康維持につとめ、一年に一度、できれば半年に一度は定期的に健康診断を受け、自分の健康をチェックし続けて下さい」（文部科学省共済組合「いきいき健康ライフ」2001）というように、人間ドックは明日からの健康を何ら保証するものではなく、かえって健康不安を再生していくことになる。

## 2．健康ブーム―「健康不安」から逃れる―

健康ブームは、こうした厚生省の成人病対策の影響を受けて到来する。医学によっても健康を保証されずに健康不安に陥った人々は、その不安から逃れるために「健康にとってよいといわれること」にすがるようになる。当時1960年代は、ちょうど高度経済成長が生み出した社会問題、例えば水俣病、四日市ぜんそくなどの公害病、スモンなどの薬害、大気汚染、海洋汚染、農薬被害などが浮上した時代であり、そこに生じた科学技術への懐疑や医療不信から自然回帰志向の健康法が隆盛していくことになる。

1965年には「コンフリー」が流行する。これはイギリス・コーカサス地方の牧草で、植物学者ヘンリー・ダブルデーが「奇跡の草」と呼び、その“根”は成人病に効用があると説いたのである。このコンフリーブームが、いわば健康ブームの皮切りとなっていくのである。1973年には、大阪市立大学の渡辺正教授著の『にんにく健康法』（光文社）が100万部を超えるベストセラーとなり、翌74年には健康雑誌『壮快』（マキノ出版）が創刊され、さまざまな健康法が注目されるようになる。1970年代後半にブームは頂点を迎える。クコ、ウメ、シイタケ、紅茶キノコ、麦飯石（花崗斑岩のことで、空気や水の浄化を通して健康、美容に効果があるとされた）、青竹踏み、米酢、アマチャヅル（薬草）、深海ザメ、クロレラ、アロエ、ゲルマニウム（ブレスレット、ネックレスに使用され、首や肩、手首の痛みを緩和するとされた）、磁気ネックレスなどが流行する。なかでも紅茶キノコは、「自然そのもので、商業主義に毒されていない原始性」が讃えられ、大流行となる。1割の砂糖入りの紅茶を冷まして菌体（酢酸菌）を入れ、冷暗所に保存し、培養する。それを1日カップ1杯程度飲めばよい、というものであった。効能としては、「高血圧が治った」「肝臓がよくなった」「胃腸が丈夫になった」「慢性腎炎が解消した」などがいわれた。こうした自然回帰志向の高揚の中で、自然食品産業が生まれる。

体育・スポーツ産業においては、1976年にルームランナー、78年にぶら下がり健康器具が発売され、大ヒット商品となった。日本初のアスレチッククラブ「東京アスレティッククラブ」が1969年にオープンし、70年代後半にはそうしたクラブは増設され大衆化していった。1977年には『コストルバラ博士の走る健康法』（タデウス・コストルバラ著、プレジデント社）が出版され、ジョギングが流行しはじめる。その後、スポーツ用品、スポーツドリンク、スポーツ施設などの関連産業が急激に伸び、1996年には5兆7380億円というマーケットをもつに至る。

40年余りが経ち、成人病対策は見直しに迫られる。がんや虚血性心疾患は増加の一途をたどったし、がん検診のほとんどが疫学的（統計学的）な有効性が証明されないままに導入されていたからである。見直しは、二次予防から一次予防（健康増進・発病予防）へとなされる。1996年、成人病は厚生省によって生活習慣病へと改称され、「食生活、運動習慣、休養、喫煙、飲酒等の生活習慣が、その発症、進行に関する疾患群」（白書）と定義づけられた。すなわち、成人になって発症する病気のほとんどは生活習慣が関与するものであるから、その生活習慣を全体的に見直し改善することによって健康を増進し、発病を予防するという対策がとられるに至る。

厚生白書（1997）は、「ブレスローの7つの健康習慣」を掲載している。①喫煙しない、②飲酒（適度か飲まないか）、③自由な時間に適度な運動をする、④体重（肥満でない）、⑤睡眠時間（7～8時間）、⑥朝食（毎日食べる）、⑦間食（しない）というような、「～してはいけない」「～をすること」といった道徳的啓発をもって、国民は健康づくりへと巻き込まれていくことになった。また、さまざまな産業分野で、不安をあおることによって自社製品やサービスを宣伝する業者が一層増加し、ブームは末期的な様相を呈するに至った。

■引用・参考文献
1）上杉正幸（2002）：健康病、羊泉社
2）田中聡（1996）：健康法と癒しの社会史、青弓社

（西村秀樹）

# 4. 文学・アニメが語る健康問題

## 1. 病気・死にまなざしを向ける

人間の充実した生き方は、かつて自分自身が「正常ではない」と否定し排除してきた病気や死の立場を包含することによって、鮮明にされてくるものである。以下、文学およびアニメから、このことについて考えることにしよう。

小説家や詩人がそうであったように、病めるところ、退廃、死の立場に立って、人間の真実がいきいきととらえられた。三島由紀夫や太宰治の文学を単なる「病的傾斜」の極端な「危険」な文学として決めつけることは短絡的である。三島は、『金閣寺』や『豊饒の海』などに代表されるような“虚無と滅びの美”を描いた。『豊饒の海』は、清顕という青年が、勲、月光姫、透といったまったく別の人物に生まれ変わっていくという、輪廻転生の物語である。第一巻の『春の雪』では、清顕は情熱的な愛に死んでいく。三島が自分自身を最も投影しているのは第二巻『奔馬』の勲である。勲はクーデターを起こすことを計画し、純粋に死ぬことだけを願っている。しかし、勲たちの計画は、直前に発覚し失敗に終わるが、財政界の大物を殺害し、断崖に逃げ自害する。「正に刀を腹に突き立てた瞬間、日輪はまぶたの裏に赫奕と昇った」。この光景こそが、勲の願っていたものであった。

この『豊饒の海』は、昭和42（1967）年1月より『新潮』に連載されたものであるが、三島は45年11月25日に第四巻『天人五衰』を脱稿し、同日、楯の会の4名を伴って自衛隊市ヶ谷駐屯地に立てこもり、国民の注視のうちに「国士」として自刃することで、その美学に殉じた。彼にとってみれば、「健康」こそが不治の病であって、生命・存在の意味を確かめることができるのは、生命の破壊つまり死の瞬間にしかなかったのである。三島の文学は、そうした死という永遠の側から現実世界を見ていた。

一方、太宰における「滅び」は、『斜陽』をはじめ『父』や『桜桃』において“自滅”“自虐”への道として描かれた。彼の作品も、彼の実生活を投影したものである。主人公は、徹底的に「炉辺の幸福」や「家庭のエゴイズム」を否定した自虐的な生活を送る。『父』では、主人公は自己の生活を破壊し自虐的な遊び「義のための遊び」に浸る。その遊びというのは、「地獄の痛苦のヤケ酒と、いやな恐ろしい鬼女とのつかみ合いの形に似たる浮気」であり、つらくて悲しい思いをかみしめたものであった。『桜桃』では、主人公は日暮れともなれば、酒場にかけつけて「ヤケ酒」を飲む。大皿に盛られた桜桃をかみしめながら、自責と追悔の念におぼれる。太宰は情愛の深い常識家であったというが、そんな彼がなぜ実生活において肉体を酒と薬によって蝕みながら、心中未遂を繰り返し、救いようのない頽落へと傾斜していったのか。人間誰しも嫌悪する部分を心の奥底にもっている。「炉辺の幸福」に浸ることは、そうした暗い「闇」の部分を「無意識」の領域に隠蔽してしまう偽善行為のように太宰には思えたのだろう。太宰は、そうした「闇」を含んだ人間の真実を確かめようとしたのである。川端康成は、ガス管をくわえて自殺したが、「死の世界からこの世を見る」という「末期の目」を有していた。芥川龍之介も自殺死を遂げた。「不健康」「死」にまなざしを向けることは、文学作品を形成する大きな要因であったことは間違いない。

18世紀末にヨーロッパで開花した「ロマン主義文学」も、死の立場に依拠することによって自我の無限の可能性を求めた。死を伴う恐ろしい肺結核が美の標準とされ、主人公は「薔薇色の頬」「病める薔薇」と美的に表現された。死を伴う恐ろしい病気の中に美を求めることは、建設的なことではない。しかし、ロマンチストたちは、その病の中に自分自身の個性、自我をみてとろうとしたのである。ここに、ロマン主義は社会に対する抵抗や批判を示しているのである。すなわち、自己を実現させるために、こんな建設的ではないことをせざるを得ない社会をどう思う？おかしいではないか、と。

「健康」とか「正常」とされるものばかりを見ていては、世界の全体性は決してとらえられない。「負の項を際立たせることを通じて、世界を全体的に捉えるために欠かせない宇宙力ともいうべきものとのつながりを保つ」[1]（山口）ことが必要なのである。健康と病気、生と死、これらは互いに否定し合う関係にあるが、どちらもが人間の本質をなすものであって、片方のみ（健康、生）を重要とし片方（病、死）を消し去ることは、人間自身を人間でなくしてしまうことにつながる。「生はその否定である死を否定することによって、実は一層重大な死にいたるのである。それは生の無機質化である」[2]（富永）。病気や死を射程に入れなければ、生は意義をもたないのであり、充実した生はあり得ない。生の有限性や生の流れをせき止める病気を射程に入れることによってはじめて、生の一コマひとコマが意味づけられるのである。

## 2.「不死」願望の無意味性

手塚治虫の『火の鳥』とスウィフトの『ガリバー旅行記』は、「不死」を得た人間の悲劇を描いている。まず『火の鳥』未来編では、山之部マサトという少年が火の鳥にその血を飲まされ、「不死」人間にされる。彼は火の鳥に、新たな人類の進化を見届けることを命じられる。年老いても死ねないマサトは拳銃で心臓を撃ち抜くが、死ぬことができない。「ぼくだけが生き残って……何の楽しみがあるんだ？　一千年……一万年……一億年も死なないとしたら、……ぼくは、そのあいだ何をしたらいいんだ」と悲しむ。死ねない悲しみは、どこにあるのか。マサトは、冷凍睡眠装置の中に眠る人間が目覚めるのを楽しみに五千年の間待つ。しかし、五千年後に装置を開けると、中の人間はすでに風化していた。マサトは「次の五千年……その後の五千年……わしはなにを期待して生きればいいのだ」と絶望する。「不死」の悲しみは、「孤独」としてとらえられているのである。この悠久な歴史の流れの中をただ一人で生き続ける孤独というのは、あまりにも現実離れしているものの、長寿を生き抜く中で配偶者に先立たれ、友人を失い、世の流れからも取り残され、孤立化していく悲しみを語りかけているように思える。

一方『ガリバー旅行記』では、ラグナグという国に「ストラルドブラグ」と呼ばれる「死なない人間」が登場してくる。ガリバーは、ストラルドブラグを大変うらやましがるのだが、通訳の紳士の説明を通して「不死」の無意味さに気づいていく。不死人間は、年をとって衰えながら生き続けることによって、さまざまな醜さを抱えていくことになる。彼らは、決して死なないという見込みから、欠点を次々と増やしていく。頑固、欲張り、気難しがり、自惚れ、おしゃべりになり、友人と親しむこともできなくなり、自然の愛情というようなものにも感じなくなる。嫉妬と無理な欲望ばかりが強くなる。記憶力が悪くなり、覚えていることもデタラメになる。彼らは、80歳になると、この国の法律では死んだものと同様に扱われ、財産は子どもが相続することになっている。90歳になると、もう何を食べても味がわからないが、ただ手当たり次第食べる。「不死」とはいえ、やはり病気にはかかってしまうのである。

こうした不死人間の死なない故に増加させていく欠点は、現実問題として老齢となれば必ずつきまとうものとして考えられよう。すなわち、これらのアニメや文学が表す「不死」は、老いて生き永らえることから生じる問題を浮き彫りにしてくれる。人間はとにかく死に恐怖する。しかし、「死なない」ということ自体もまた恐怖となり得るのである。ガリバーは、他人が死ぬのを嫉妬するストラルドブラグを目の当たりにし、死がどのように恐ろしいものであっても、ストラルドブラグの生きざまよりはまだましだと思うに至る。

『火の鳥』も『ガリバー旅行記』も「不死人間」を描くことを通して、死を射程に入れないことがいかに生を「無機質」なものにするかを物語っている。どれだけ生きられるかの量ではなく、どのように生きられるかの質が重要なのであり、それはまさにクオリティ・オブ・ライフあるいはウェルネスを予言する論理であったといえよう。

■ 引用・参考文献

1）山口昌男（1975）：文化の両義性、岩波書店
2）富永茂樹（1977）：健康論序説、河出書房新社
3）河村政敏（1992）：滅びの美学、至文堂

（西村秀樹）

# 5. 心の健康とは

現代社会は社会環境がめまぐるしく変化しており、不安感、孤独感、不適応を生じる人々が増えつつある。また、うつ病の増加をはじめ、さまざまなメンタルヘルスに関する問題が提起されている。これらの心の健康の問題は、健康を病気との対比（正常か異常か）でとらえる消極的健康ではなく、積極的健康の立場からとらえる必要があるだろう。

では、積極的な心の健康とはどのようなものであるだろうか。ここでは、健康の概念、ならびに心理学者による健康な人格の定義から、積極的な心の健康をみてみたい。

## 1. 健康の定義からみた心の健康

健康の定義としては、世界保健機関（WHO）の「身体的、精神的および社会的に完全に良好な状態であって、単に疾病がないとか虚弱でないというだけではない」という健康憲章前文が有名である。1999年のWHO総会ではその定義の改定案が提出されたが、新しい定義は、身体的（physical）、精神的（mental）、社会的（social）に並行して新たにスピリチュアル（spiritual）を加えようとしたものである。

WHOの説明によれば、スピリチュアルとは「自然界に物質的に存在するのではなく、人間の心にわきおこってきた観念の―とりわけ気高い観念の―領域に属するもの」であるという。従来の「精神的（mental）」が知性、意識といった意味合いが強いのに対し、「スピリチュアル（spiritual）」は、生きがい、幸福、魂といったことを示すといえるだろう。生き生きとした心の状態が健康を実現する、といったところだろうか。この定義は、spiritualという言葉の解釈に対する文化的・宗教的背景を理由として、結果的に総会では議論されず継続検討となった。しかし、健康を保つには、人間の心に確かに存在する高次の欲求の追求が必要であることを、この改定案は示している。

また、近年、全体論的な視点から健康を統合された状態ととらえる全人的健康（ホリスティックヘルス）という考え方があるが、その概念として「精神、身体、他者、環境からなる自己の全関係性から見て、一人ひとりに与えられた条件において自ら達成可能なより良好なレベルの生の質を得ている状態である」こと、あるいは「physical、mental、emotional、spiritualな存在として包括的・統合的に見ること」が挙げられている。全人的健康には積極的な心の健康の向上が重視されているといえる。

## 2. 心理学者による心の健康

心の健康について、心理学者が健康な人格という観点から論じている。以下に、ゴードン・オルポート、アブラハム・マズロー、フリッツ・パールズら心理学者の考え方を取り上げる。

### 1）成熟した人間（オルポート）

オルポートは、健康な人格を「成熟をとげた人格」としてとらえており、それを「個人が外界（内面的世界をも含めて）に対してどのような精神的態度をとるか」ということから見出そうとしている。そして、成熟した人間像として、以下の7つの基準を挙げている。

- 自己感覚の拡大。
- 自己が他者と温かい関係をもつこと。
- 情緒安定性と自己受容。
- 現実を客観的に受け入れること。
- 仕事の重要性と仕事にわれを忘れて打ち込むことの必要性。
- 高い水準での自己客観化・自己洞察、統一的な人生哲学。

また、オルポートの考えによれば、幸福はそれ自体が目標ではなく、希望や目標を積極的に追求しているときにその副産物としておのずと生じるものである。

### 2）自己実現する人間（マズロー）

マズローは、人間が生理的欲求や安全欲求など基本的な欲求が満たされたときに、より高次の欲求が出現するとした。したがって、基本的欲求を抑圧せず、その満足の上に人間としての可能性を最大限に実現している人を、健康で「自己実現する人」ととらえた。そして、自己実現する人の特徴として次のようなことを挙げている。

・自分を取り巻く現実を的確に認知すること。
・自分自身や他者、自然をありのままに受け入れること。
・使命感をもって仕事に熱中すること。
・他者に依存せず、プライバシーを守ること。
・自律的で文化や環境から独立していること。
・斬新な鑑賞眼をもっていること。
・神秘経験あるいは至高経験を体験していること。
・人類全体に対する愛情をもっていること。
・親密な人間関係を結ぶことができること。
・民主的な性格構造をもつこと。
・敵意のないユーモア感覚があること。
・創造性が認められること。

### 3）“いま、ここ”に生きる人間（パールズ）

パールズは、自己の意識性によってのみ健康な人格の発達と成長を遂げることが可能だとした。また、唯一の現実として「現在」に注目することを重視しており、健康な人格は、過去に意識をはせることはあっても過去に生きることはなく、未来の計画を立てることはできるが未来に起こるかもしれないことを不安に思うこともない、さらに、自分の衝動や願望を受け入れて、それらを「いま、ここ」において処理しなければならないとした。パールズが描く心の健康を列挙すると次のようなことが挙げられる。

・現在の瞬間における存在にしっかりとした基礎を置いており、人生における意味や目的を見つけるために後ろを見たり前を見たりする必要性を認めない。
・十分な意識性をもち、実際の自分を受容している。
・自らの衝動や願望を表現することができる。
・自分自身の人生に責任を負うことができる。
・あるがままの自分となり、他者にもあるがままにさせ、自然に、正直に他者と交流する。
・自己の感覚や感情および自分の周囲の世界と触れ合っている。
・率直に自分の怒りを表現することができる。
・周囲の世界と十分に触れ合ってはいるけれど、外的制御からは自由である。
・その瞬間瞬間の状況に導かれ、反応するが、その反応は柔軟で現実的である。
・自我境界が柔軟性に富んでおり、自己のどんな側面も否定されたり否認されたりしない。
・幸福追求に従事しない。幸福を目標とするのではなく、瞬間瞬間のありのままの自分であることを心がけるべきである。

ドュアン・シュルツは、以上に挙げた３人を含む７人の著名な心理学者（ゴードン・オルポート、カール・ロジャース、エーリッヒ・フロム、アブラハム・マズロー、フリッツ・パールズ、カール・ユング、ヴィクトール・フランクル）の考える健康な人格について、相違点を見つけるのは容易だが類似点を見出すのは困難だとしながらも、一致する点として以下のようなことを挙げている[1)]。

・自分の生活を意識的にコントロールできる。
・自分が誰であり、自分は何かについてよく知っている。
・現在にしっかりと結びつけられている。
・挑戦と興奮を伴う人生、新しい目標や新しい経験を切望する。
・独自な存在であることを認識している。

■ 引用・参考文献

1）D. シュルツ、中西信男、古市裕一（共訳）(1982)：健康な人格、川島書店
2）上田吉一（1969）：精神的に健康な人間、川島書店
3）園田恭一、川田智恵子（編）(1995)：健康観の転換、東京大学出版会

（高柳茂美）

# 6. 心の健康の測定と評価

運動・スポーツは身体的な恩恵にとどまらず、心理・社会的な健康の改善に寄与するものである。運動・スポーツ心理学において、運動・スポーツや身体活動の心理的効果を検討することは、重要な研究テーマのひとつとなっている。しかしながら、直接的に目で見ることのできない「心」を捉えることは、容易ではない。この目には見えない心の健康を測定し評価するための道具として、心理尺度がある。心理尺度は、意識、感情、態度、志向性、および欲求などの個人の心理的傾向の程度を測定するための物差しとして考えることができる。ここでは、心の健康の指標として、①不安、②抑うつ、③ストレスと QOL（Quality of Life）を取り上げ、その心理尺度について解説する。

## 1. 不安

不安とは、自己存在を脅かす可能性のある破局や危険を漠然と予想することに伴う不快な気分や恐れのことである。この不安には、比較的安定したパーソナリティ特性としての不安（特性不安）と、何かの刺激や場面で喚起される一過性の不安（状態不安）の2種類がある（状態–特性不安理論；Spielberger, 1966）。一過性の不安である状態不安は、日常生活において比較的頻繁に見られる。例えば「進級のかかった重要な試験」や「第一希望の会社の就職面接」の前などに、失敗したらどうしようと不安を感じることがあるだろう。

状態不安および特性不安を測定する尺度では、スピルバーガーら（Spielberger et al., 1970）によって開発された状態–特性不安検査（State-Trait Anxiety Inventory：STAI）が有名である。この尺度は、「いまこの瞬間に自分にあてはまる」状態不安の20項目および「普段のいつもの自分に当てはまる」特性不安の20項目、合計40項目で構成されており、得点が高いほど不安感情が強い状態であることを示す。

## 2. 抑うつ

抑うつとは、落ち込み感情や悲哀感情のことで、目標や生きる意味などの対象を失ってしまった喪失感によって生じやすい。精神障害（脳の障害）であるうつ病とは異なり、抑うつは気分障害のひとつであり、抑うつ気分、焦燥感、悲哀感などが精神症状として現れる。抑うつを測定する尺度としては、Beck Depression Inventory（BDI；Beck et al., 1961）や Self-Rating Depression Scale（SDS；Zung, 1965）などがある。運動・スポーツ心理学領域においてよく用いられる尺度のひとつに、マクナイアーら（MacNaire et al., 1971）が開発した気分プロフィール検査（Profile of Mood State：POMS）がある。POMSでは、「抑うつ–落ち込み」だけでなく、「緊張–不安」「怒り–敵意」「活気–活力」「疲労–無気力」および「混乱–当惑」の6つの気分状態を測定することが可能である。POMSを用いた研究では、運動・スポーツを実施している者ほど良好な気分プロフィールを有することが、多くの研究で明らかにされている（例えば、Morgan, 1985；下光ら、1994）。

2012年には、従来のPOMSの問題点を改善したPOMS 2nd Edition（POMS 2）が開発され（Heuchert & McNair, 2012）、2015年に日本語版が作成されている[1)]。POMS 2では、発達段階を考慮して、13～17歳向けの「青少年用」と18歳以上の「成人用」に分けられている。また、POMS 2では新たに「友好」が加えられ、7つの気分状態が測定可能となっただけでなく、「緊張–不安」「抑うつ–落ち込み」「怒り–敵意」「疲労–無気力」「混乱–当惑」の5つを合計した得点から、「活気–活力」の得点を減算したTMD得点（総合的気分状態得点）が算出される。このTMD得点が高い場合は、ネガティブな感情を強く抱いていることを意味する[1)]。加えて、POMS 2では、「今日を含めて過去1週間」「今現在」などのように、気分を評価する「時間枠」を設定可能な仕様となった。しかし、POMS 2 を用いた運動・スポーツ心理学領域における研究は少なく、エビデンスの蓄積が待たれるところである。

## 3. ストレスと QOL

前述した不安や抑うつを捉える心理尺度では、情緒・気分障害が低いレベルであれば心の健康が維持されているとみなされる。一方で、橋本・徳永[2]は、精神的な障害とは異なった観点から心の健康を捉える必要性を指摘した。そして、生活の満足感や生きがいを含めた QOL の側面から心の健康を測定する尺度として、ストレス度と生きがい度（QOL）の 2 次元で構成される精神的健康パターン診断検査（Mental Health Pattern-3：MHP-3）を作成した。

この尺度は、ストレスと QOL の 2 つの概念を導入し、両次元から作られる 4 つのパターンで、心の健康を捉えることができる（図Ⅰ-6-1）。ストレス度が低く、QOL が高い「はつらつ型」は、心身のストレスをうまく処理し、現在の生活に生きがいを感じているストレス適応型であり、きわめて心の健康が高い状態である。ストレス度は低いが QOL も低い「ゆうゆう（だらだら）型」は、現在の生活に満足しておらず、なんとなくだらだらした生活を送っている状態である。ストレスは低いのでストレス準適応型といえるが、明確な生活の目標を見出せておらず、心の健康が高いとはいいがたい。一方、「ふうふう型」は、ストレス

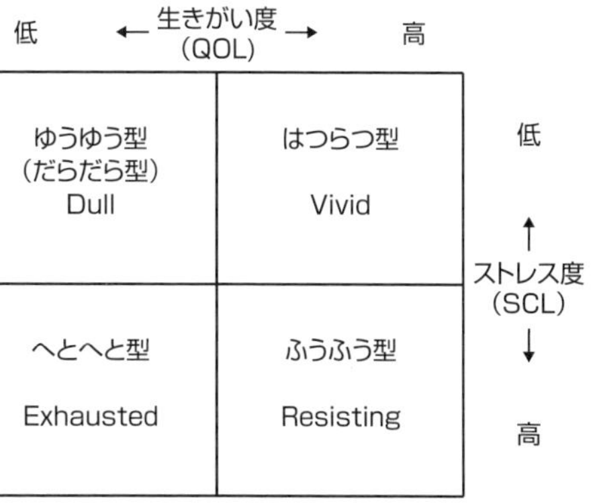


▶図Ⅰ-6-1　精神的健康パターン

をためながらも課題解決に向けて挑戦しており、生活の満足感も高い。しかしながら、「ふうふう型」は、長期的なストレス対処が続くと心身ともに疲労してしまう可能性があり、心の健康は必ずしも良いとはいえない。「へとへと型」はストレス度が高く、かつ QOL が低い状態であり、心身ともに疲れ果てたストレス不適応型といえ、心の健康はきわめて低い（表Ⅰ-6-1）。この MHP-3 は中学生から成人まで幅広く汎用が可能であり、運動・スポーツ心理学領域において使用頻度の高い心理尺度のひとつとなっている。

■ 引用・参考文献
1）横山和仁（監訳）(2015)：POMS 2 日本語版マニュアル、金子書房
2）橋本公雄、徳永幹雄（1999）：メンタルヘルスパターン診断検査の作成に関する研究（1）―MHP 尺度の信頼性と妥当性―、健康科学、21：53-56

（内田若希）

▶表Ⅰ-6-1　精神的健康パターンの判定基準

| パターン | ストレス度（SCL） | 生きがい度（QOL） |
|---|---|---|
| はつらつ型 | 57 点以下 | 24 点以上 |
| ゆうゆう（だらだら）型 | 57 点以下 | 23 点以下 |
| ふうふう型 | 58 点以上 | 24 点以上 |
| へとへと型 | 58 点以上 | 23 点以下 |

# 7. 健康増進と身体活動ガイドライン

## 1. 健康増進の発展

健康増進の考え方は、1946年にWHOが提唱した健康の定義から始まる。この定義では、「健康とは単に病気でない、虚弱でないというのみならず、身体的、精神的そして社会的に完全に良好な状態を指す」とされた。この視点は、健康が単なる疾病の不在ではなく、全人的に良好な状態であることを強調している。1950年代における健康増進は、感染症予防における一般的な抵抗力の強化や、健康教育によって感染機会を避ける取り組みを意味していた。当時の健康へのアプローチは、主に病気の予防に集中していたのである。1970年代には、『ラロンド報告』やアメリカの『ヘルシー・ピープル（Healthy People）』の影響により、健康増進の概念が一段と広がった。この時期には、個人の生活習慣の改善による健康の実現に焦点が当てられ、個人レベルでの予防と増進が重視されるようになった。そして、1986年のオタワ憲章の採択によって健康増進の視点がさらに進化し、健康増進を個人の生活習慣に限定せず、社会的環境の改善をも含むことが確認された。これにより、健康づくりは単なる個人の問題から、より広い社会的文脈へと展開していくこととなった。

## 2. 健康増進法の概要

2002年に日本で公布された健康増進法は、国民の健康度の向上を目的とする法律で、「国民の健康増進の総合的な推進」を掲げている。この法律は、2003年5月1日から施行され、国民に対して健康の重要性への認識を高めるとともに、自らの健康状態を自覚し、生涯にわたって健康の増進に努めるよう求めている。特に、第2条では「国民は、健康な生活習慣の重要性に対する関心と理解を深め、生涯にわたって、自らの健康状態を自覚するとともに、健康の増進に努めなければならない」[1]と、健康づくりは国民の責務であることが強調されている。

健康増進法の主要な規定[2]としては、国民の健康増進を総合的に推進するための基本方針の策定が挙げられる。この基本方針は、健康増進の方向性を示し、具体的な施策の指針となっている。さらに、都道府県、市町村における健康増進計画の策定が規定されており、地域ごとの特性に合った健康増進の取り組みが期待されている。健康診査の実施等に関する指針の策定も重要な部分であり、国民一人ひとりの健康状態を把握し、適切な保健指導を提供するための基盤を形成している。また、法律では国民健康・栄養調査の実施、特定給食施設における取り組み、受動喫煙の防止等にも言及しており、多岐にわたる健康増進の方策が総合的に取り組まれることを強調している。

## 3. 健康づくりのための身体活動基準2013策定

身体活動・運動分野における国民の健康づくりのための取組みは、1989年に「健康づくりのための運動所要量」の策定から始まり、2006年の「運動基準2006」や「エクササイズガイド2006」の制定がある。これらの基準と指針は、健康日本21の推進や身体活動・運動の普及啓発に活用されてきた。しかし、旧基準の策定から6年以上が経過し、新たな科学的知見が蓄積され、一層の普及啓発が必要とされた。この状況を受け、2013（平成25）年度から第二次健康日本21の取組が強化されることとなった。

健康づくりにおいて身体活動は欠かせない要素であり、栄養・食生活や休養・睡眠、心の健康などと並行して取り組むべきものとされた。国民健康づくり運動は1978（昭和53）年から進められ、2013年度から方針がさらに強化した。第二次健康日本21では、ライフステージに応じた健康づくりや生活習慣病の重症化予防などを重視し、「健康づくりのための身体活動基準 2013」（以下、2013 基準）の策定も進められた。

2013 基準では、子どもから高齢者まで幅広い世代で推奨値が設定され、さらに生活習慣病患者等の身体活動にも言及している。そしてエクササイズガイド 2006 で課題であった利用者の視点に立った改定と普及啓発の強化が重視された。また、身体活動全体への着目が高まり、2013 基準の名称を「運動基準」から「身体活動基準」へ変更するなどの工夫がなされた。

2013 基準の主な利用者は、運動指導の専門家や医師、保健師、管理栄養士などであり、運動指導の質的向上に役立てられることが期待された。さらに、身体活動の推進は個人の努力だけでなく、社会環境の整備も重要であるため、自治体や企業の関係者にも活用されることが期待された。

## 4. 世界保健機関（WHO）のガイドライン 2020

定期的な身体活動は、心血管疾患、2 型糖尿病、特定のがんなどの非感染性疾患（Non-Communicable Diseases：NCDs）の予防と管理のための重要な要素である。身体活動はまた、認知機能の低下やうつ病・不安の症状の予防など、精神的な健康にも有益であり、健康的な体重の維持や幸福感にも寄与する。成人の 27.5% や青少年の 81% が WHO の身体活動に関する推奨量を満たしていないというデータがある。経済的なレベルや国・地域間での身体活動の差も存在している。

2020 年に WHO が発表した運動・身体活動・座位行動のガイドライン[3]は、人々の健康に多くの利益をもたらし、健康リスクを軽減するために必要な身体活動の推奨事項を提示している。このガイドラインは多様な対象者に向けており、2019 年に技術専門家とステークホルダーによって策定され、2020 年にレビューされ、オンラインで公開された。この国際的なガイドラインは各国の健康政策の策定を支援し、身体活動を増加させ、座位行動を減少させるための具体的なツールと方針を提供している。

少しの身体活動でも何もしないよりは良く、多い方がより良い。成人では週に 150 ～ 300 分の中強度の有酸素性身体活動、子どもや青少年には 1 日平均 60 分の中強度の有酸素性身体活動が推奨されるなど、具体的な活動の目安が示されている。筋力強化は全ての人にとって有益であり、特に高齢者にはバランスや協調性を高めるような活動が重要であることが明記されている。

座りすぎは健康を損なうリスクがあり、心臓病、がん、2 型糖尿病のリスクを高める。身体活動の増加と座位行動の減少は、慢性疾患や障害のある人々や妊娠中・産後の女性、その他すべての人々に健康効果をもたらす。世界の人々がより活動的になれば、年間 400 万～ 500 万人の早逝を未然に防ぐ可能性がある。身体活動を促進する政策と投資は、持続可能な開発目標（SDGs）の達成にも寄与することができるだろう。ちょっとした身体活動にも意味があり、自宅でもジムでも筋肉を鍛える方法はたくさんある。“EVERY MOVE COUNTS”という言葉が、この重要な健康メッセージを象徴している。

原文には更に詳細な注意事項等が掲載されている。また、日本運動疫学会から日本語版[4]が公表されているため、活用する際は参照することを勧める。

■ 引用文献

1）厚生労働省：健康増進法、平成 14 年 08 月 02 日法律第 103 号、https://www.mhlw.go.jp/web/t_doc?dataId=78aa3837&dataType=0&pageNo=1
2）厚生労働省健康局：全国厚生労働関係部局長会議資料、2004 年 1 月、https://www.mhlw.go.jp/topics/2004/bukyoku/kenkou/index.html
3）World Health Organization：WHO guidelines on physical activity and sedentary behaviour、https://apps.who.int/iris/handle/10665/336656、（2023 年 8 月 4 日閲覧）
4）日本運動疫学会：WHO 身体活動・座位行動ガイドライン（日本語版）、http://jaee.umin.jp/doc/WHO2020JPN.pdf、（2023 年 8 月 4 日閲覧）

（岸本裕歩）

# 8. 健康・運動研究の課題

## 1. 疫学的探求の重要性

健康と運動は密接に関連している。しかし、その関連性を明らかにするため、そして効果的な健康促進策を設計するためには疫学的手法による科学的根拠が不可欠である。ここでは、健康・運動研究における主要な課題に焦点を当て、疫学がどのようにその解決に寄与できるかを考察する。

### ❶ 運動と健康リテラシーの認識ギャップ

運動が健康に良い影響を与えることは広く認知されているが、その具体的なメカニズム（機序）や推奨される運動量についての理解は低い傾向にある。一方、疫学的調査によると運動不足は生活習慣病をはじめとした慢性疾患のリスクを高め、健康寿命を短縮する可能性がある。この認識のギャップが誤った行動や運動量の不足につながるケースが多いと考えられている。

### ❷ 身体活動の評価方法の課題

現在用いられている身体活動や運動能力の評価方法には、多くの課題が存在する。例えば、自己報告に基づく調査は、記憶を辿って自分の行動を平均化したり、再瀕化したりする。これが事実と異なる場合に、報告バイアスという問題を抱えてしまう。

疫学的手法を用いて、対象人数を増やし、個人の報告バイアスの影響を小さくすることで、調査データの精度を高めることに繋がる。しかし、それでも解消できない限界も存在するため、客観的な計測データによって評価することが推奨されている。

### ❸ 戦略的アプローチの選択、集団と個人

運動実践において、ポピュレーションアプローチとハイリスクアプローチが存在する。ポピュレーションアプローチは全体的な健康水準の向上を目指し、その向上を妨げる特定あるいは複数の要因に対して対策をとろうとするものである。ハイリスクアプローチは最も発症しやすい人に集中して対策をとる方法である。予防医学的方法として後者は効率が良い。しかし、リスクが広く集団全体に分布している場合は、前者のポピュレーションアプローチを合わせて対策をとることが必要である。どちらのアプローチもその場その場で適切に選択する必要があり、疫学的データがその選択をサポートする。

### ❹ 研究と実践の連携における課題

多くの健康・運動に関する研究が行われているが、その成果が社会に実装されるケースは少ない。この状況は、研究者と実践者、政策担当者との連携が不足していることが一因とされる。研究者が橋渡し役となり、有効な連携を形成することが求められている。

### ❺ 疫学の貢献と未来の展望

ここまでに取り上げた各課題は、疫学的手法によって解決へと繋がる可能性が高い。特に、評価方法の改善、適切な介入戦略の選定、そして研究と実践の連携強化において、疫学は重要な役割を果たす。今後、疫学が健康・運動研究でより大きな貢献をすることが期待される。

■ 引用文献

1) Rose G.（1985）：Sick individuals and sick populations. Int J Epidemiol 14：32-38.

（岸本裕歩）

## 2. 心理・社会学的視点

健康・運動・スポーツの心理・社会学的視点からの研究においても、今後注目し、重点を置くことが期待される課題が多数存在している。以下に、それらの一部を列挙する。

### ❶ 適合性の高い理論・モデルの構築

心や社会現象を扱う科学では、構成概念を生成し、それらの関係を論理的、合理的に説明するという、形而上学的方法を用いることが多いため、適切な理論や概念モデルを構築することは研究の中核部分を成す。さまざまな事象の発生メカニズムや変容メカニズムは、上記のような理論やモデ

ルに基づいて理解される必要がある。

なお､構築されたモデルの適合性（妥当性）は、共分散構造分析などの手法を用いて検証することができる。

**❷ 生態学的妥当性の確保**

実験室などでの結果が現実の生活場面などにもあてはまる程度は生態学的妥当性（ecological validity）と呼ばれている。実践・実用的側面が強調されている健康科学や運動･スポーツ科学では、基礎的な実験的研究だけでなく、生態学的妥当性の高い研究が強く求められている。

**❸ 生物学的説明の必要性**

生物学（特に動物行動学）研究においては、行動の仕組み（至近要因）、行動の意味・機能（究極要因）、個体発生的変化（発達要因）、進化的変化（系統進化要因）という４つの視点からの「なぜ」が必要であると考えられている[1)]。ヒトという生物を扱う健康・運動・スポーツ科学研究においても、有用な考え方だろう。

**❹ 質的分析法の導入**

行動の本質的な意味や機能（究極要因）を探るためには、質的な分析方法を導入することが有効である。心理学研究においても、グラウンデッドセオリー、解釈学的現象学的方法、ナラティブ分析などといった、質的アプローチが盛んに用いられるようになってきた。これらの方法は、運動・スポーツの心理・社会的意義の探求においても効力をもつと考えられる。

**❺ 生涯発達的視点**

運動・スポーツと心の健康（メンタルヘルス）との関係は、各発達段階において特異的であると推測される。高齢者、成人、青年、子どもなど、それぞれの特徴を踏まえた研究の推進が期待される。

**❻ 科学技術的進歩の影響**

現代人のメンタルヘルスや健康行動を理解するためには、科学技術、とりわけIT技術の発展との関係の検討を避けて通ることはできない。ヒトという生物体が、次々と変容していく人工的な世界にどのように適応しているのか（あるいは適応できていないのか）を継続的にモニターしていく必要があるだろう。

**❼ 社会的環境の変化の影響**

核家族化や少子化、一人っ子家族や共働き家庭の増加、フリーターやワーキングプアの増加などといった社会構造的あるいは社会経済的変化が、人々の健康行動にどのような影響を及ぼしているのかを実証する必要がある｡特にこれらの要因は、子どもの発達に多大な影響を及ぼすことが予測される。

**❽ コミュニケーション能力の低下への影響**

近年では、対人関係に起因するストレスや精神疾患が増加し、特に、大学生を含む若者（若者に限ったことではないのだが）のコミュニケーション能力の低下が顕著であり、メンタルヘルスを害する一因となっている。このような問題を改善するための、理論的・実証的根拠のある有効な方策（例えばコミュニケーションスキル教育）の開発･実践が急がれる。

**❾ アダプテッド・スポーツの普及との関係**

昨今、障がい者や高齢者がその人たちなりに楽しむことができるスポーツとして｢アダプテッド･スポーツ」が普及しつつあるが、それらの実践と心理的、社会的健康との関係を検証する必要があるだろう。

**❿ カウンセリングマインドの効果**

カウンセリングマインドとは、専門的カウンセラーが基本的にもつべき姿勢や態度、心構えのことである。社会的場面において、このような対応を心がける人が増えれば、心理的ストレスや悩みを抱えている人も、それらをいくらかでも緩和できる可能性が高まると考えられる。このような心構えが、社会の総体的ストレスをどの程度低減するかについての実証的検証が期待される。

■ 引用文献
1) 長谷川眞理子（2002）:生き物をめぐる４つの「なぜ」､集英社新書

（杉山佳生）

第Ⅰ部
実習編

# 1．脈拍数と運動強度の関係

## 1. カルボーネン法とは

カルボーネン法は、脈拍数（心拍数）から運動強度を推定する方法です。また、目標とする運動強度がどのような心拍数と対応しているのかを算出することもできます。

カルボーネン法では、図Ⅰ.1.1に示すように、運動強度と心拍数が直線的関係にあると仮定しており、運動強度0％時における心拍数を安静時脈拍数、100％時における心拍数を最高心拍数（「220－年齢」拍／分）として、心拍数あるいは運動強度を推定します。

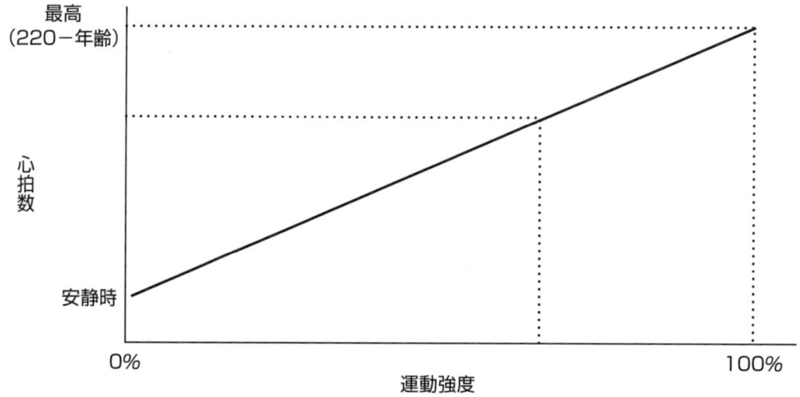


［図Ⅰ.1.1］運動強度と心拍数の関係

## 2. 運動強度から目標心拍数を推定

安静時脈拍数を測定した後、運動強度別の目標心拍数を計算してみましょう。

**目標心拍数（拍／分）＝（最高心拍数－安静時脈拍数）×運動強度※＋安静時脈拍数**

| | |
|---|---|
| 安静時の脈拍数 | 拍／分 |
| 最高心拍数　［220－年齢］ | 拍／分 |
| ・50%運動強度時の目標心拍数 | 拍／分 |
| ・60%運動強度時の目標心拍数 | 拍／分 |
| ・70%運動強度時の目標心拍数 | 拍／分 |

※50%、60%、70%強度時には、それぞれ0.5、0.6、0.7とする

## 3. 脈拍数から運動強度を推定

次に、脈拍数から運動強度を推定してみましょう。

**運動強度(%)＝(脈拍数－安静時脈拍数)/(最高心拍数－安静時脈拍数)×100**

| | |
|---|---|
| • 脈拍数 90拍 / 分の際の運動強度 | % |
| • 脈拍数120拍 / 分の際の運動強度 | % |
| • 脈拍数150拍 / 分の際の運動強度 | % |

## 4. 主観的運動強度（RPE : Rating of Perceived Exertion）

主観的運動強度とは、運動の強さを、個人の主観（感覚）に基づいて評価した運動の強度です。脈拍測定ができないような状況での運動強度の推定に用いられます。

10分程度の運動を実施し、運動強度を主観的運動強度で評価しましょう。また、脈拍数を測定し、カルボーネン法によって運動強度を推定したうえで、主観的運動強度および主観的運動強度からの推定心拍数と比較してみましょう。

なお、運動中の脈拍数は、下記の計算式に基づいて算出すること。

**運動中の脈拍数（拍 / 分）＝運動直後の脈拍数（15秒間の値）×4＋10**

| RPE※ | 6 | 7 | 8 | 9 | 10 | 11 | 12 | 13 | 14 | 15 | 16 | 17 | 18 | 19 | 20 |
|---|---|---|---|---|---|---|---|---|---|---|---|---|---|---|---|
| 主観的強度 | | 非常に楽である | | かなり楽である | | 楽である | | ややきつい | | きつい | | かなりきつい | | 非常にきつい | |

※おおむね「RPE」の数値の10倍が運動時の心拍数（拍 / 分）に相当する

| | |
|---|---|
| • 主観的運動強度（RPE） | |
| • 主観的運動強度からの推定心拍数 | 拍 / 分 |
| • 運動中の脈拍数 | 拍 / 分 |
| • カルボーネン法による推定運動強度 | % |

# 第Ⅱ部

# 身体を知る

● **理論編 —— 身体と心身**

1. 形態の意味
2. 体内脂肪の理解と応用
3. 適切な栄養・食事摂取
4. ストレス論
5. 一体不可分な心と身体
6. 心身一如とボディワーク
7. 障害とは何か
8. 嗜好と依存症

● **実習編**

1. 身体・体力測定
2. 栄養・身体活動量評価
3. ストレッチング

第Ⅱ部 理論編

# 身体と心身

## 1．形態の意味

形態は体格や体型など人の外観的特徴を表すとともに、筋力や持久力といった機能と関わる行動体力のひとつとして位置づけられている。したがって、形態は長育・量育・幅育・周囲・形状といった身体の量的発育や発達の指標としてだけでなく、健康度や体力の推測を可能とする。特に長育（骨の発達）停止以降の成人では、量育・幅育・周育は食事や運動などの生活習慣によって変化することから、健康度の指標として用いられている。

また、これらを組み合わせた体格指数や標準体重、あるいは皮下脂肪厚による体密度や体脂肪の推定をもとに身体組成の評価が行われている。

### 1．ボディ・サイズ

ボディ・サイズとは、身長、体重などの人体計測で得られる身体の大きさである。

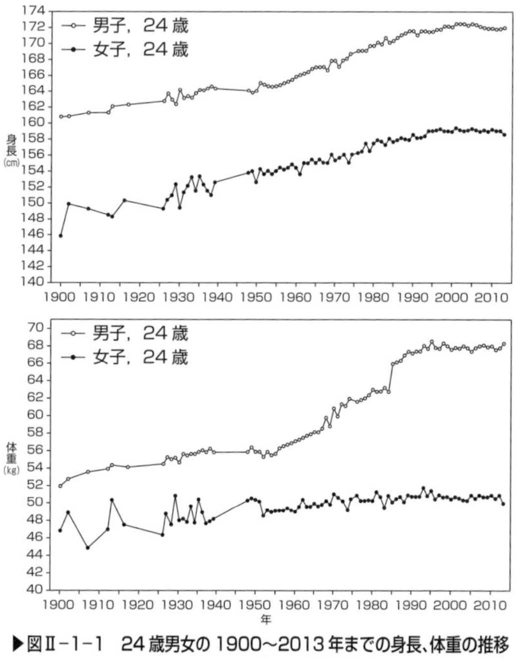


▶図Ⅱ-1-1　24歳男女の1900〜2013年までの身長、体重の推移
（1998年以降は20〜24歳の値）

#### 1）身長と体重

身長と体重は測定の簡便性からも出生時から経時的に測定され、発育の指標として用いられている。また、文部科学省からは、明治時代（1900年）以降6歳から24歳までの身長と体重が体格の指標として報告されている。

身長を構成する大きな要素は骨格とその間に存在する軟骨と皮下組織であり、体重は身体構成要素の合計である。体重は本質的には身長に従属するが、エネルギー貯蔵の尺度でもある。したがって、日々のエネルギー出納とたんぱく質の分解と合成によって変動する。健康な成人の体重は、一般に1日に± 0.1 kg以下の変動で恒常的に維持されている。しかし、さまざまな環境要因により、エネルギー出納がくずれたときに変動する。

終末身長に達している24歳男女の1900〜2013年までの身長と体重の変化を図Ⅱ-1-1に示した。100年あまりの男女の平均身長の変化は男子が11.1 cm、女子が12.0 cmとほぼ同様の増加を示した。これに対し、体重は男子の14.1 kgの増加に対し、女子では3.0 kg増加したにすぎない。

#### 2）BMI

ボディ・サイズは、身長だけ、あるいは体重だけではわかりにくい。そこで、最近多く用いられているのが、「体重（kg）÷身長（m）$^2$」の式で表されるBody Mass Index（BMI）である。

1950〜2013年までの24歳男女のBMIの変化を図Ⅱ-1-2に示した。1970年以降、男子では上昇傾向が、女子では減少傾向が認められ、男女差が顕著になっている。この年齢は終末身長に達しており、身長の大きな変動は考えられないことから、BMIの変動は体重の変動に依存している。したがって、1970年以降、日本人の身体組成が大きく変化していると考えられる。男性の上昇には体脂肪の増加に伴う体重増が、女性の減少には

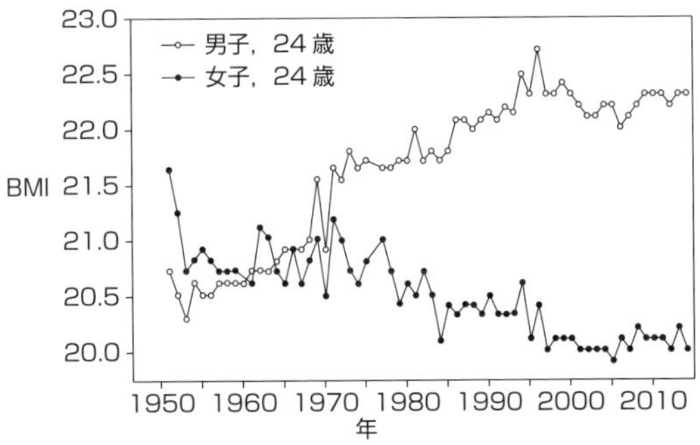


▶図Ⅱ-1-2　24歳男女の1950〜2013年までのBMIの推移

「やせ志向」に基づいた意図的なウエイトコントロールによる体脂肪量、除脂肪量双方の減少が考えられている。

また、BMIは疾病率との間にJ字型の曲線関係を示す（45ページ図Ⅱ.1.1参照）。BMIは体脂肪量とも高い相関を示すことから、BMIが大きくなるほど糖尿病や心疾患の発生率が高くなる。逆にBMIが小さくなると、体脂肪量だけでなく除脂肪量も少なくなることから、感染症などの発症率が高くなる。したがって、低疾患率という観点からみた理想的な体重は、男女ともBMIが22になる体重と考えられている。

## 2. 身体組成

ヒトの身体の構成成分のうち、水分、蛋白質、ミネラルおよび必須脂質の合計重量を除脂肪量（Lean Body Mass；LBM）、脂質から必須脂質を除いた残りの重量を体脂肪量という。したがって、LBMは全身の代謝活性と関連した活性組織量である。体脂肪量の大部分は中性脂肪であり、動員可能なエネルギーの貯蔵庫である。

### 1）体脂肪率

体脂肪量や除脂肪量等の身体組成は、簡便な測定器が一般家庭用として市販されるなど、測定が容易であるように思われている。しかし、実際には、生きたヒトの身体組成を正確に評価することは非常に難しい。今日広く用いられている測定法は、一般に体密度法、もしくは体水分量法を用いた推定法による。体密度法は、体脂肪の密度（0.9 g/mL）と除脂肪量の密度（1.1 g/mL）は異なるという原理を応用して、全身の体密度の測定から体脂肪率を求める方法である。また、体水分量法は、除脂肪量に含まれる水分比率が一定（73.2 %）であるという前提のもと、全身の体水分量の測定から除脂肪量を求める方法である。

体密度法は、一般に水中体重秤量法により、身体の体積を求める方法が用いられる。しかし、大がかりな装置と被測定者の負担が大きいことから、間接的測定法として皮下脂肪厚法が用いられている。わが国では上腕背側部と肩甲骨下部の2ヵ所の皮下脂肪厚の合計値が水中秤量法による体密度と高い相関を示すことから、体密度の推定に利用されている。

体水分量の測定には、標識水（$D_2O$、$T_2O$）を用いた希釈法が用いられているが、特殊な測定装置の必要性と標識水が高価なことや安全性から、簡便法としてインピーダンス法が用いられている。インピーダンス法は人体に弱い交流電流を流したときの生体電気抵抗値と体水分量の関係に基づき、身体組成を測定する方法である（48ページ参照）。人体に流した電流は、体内の抵抗、つまり水を含むLBMと水を含まない脂肪組織の導電率と抵抗率に影響を受けて流れることから、抵抗値から体水分量が推定できる。

### 2）体脂肪分布

肥満の程度を判定する基準には、体格指数や体脂肪量が用いられる。しかし、これらの基準から明らかにされるのは、体格的に「太っている」状態である。疾病と肥満との関わりに対しては、脂肪量よりもその分布が注目されている。

肥満は脂肪の分布によって腹部型肥満と臀部大腿部型肥満の2つに分類されている。これらはその外観から“りんご型”と“洋なし型”とも表現されている。腹部型肥満は糖尿病、高脂血症、心臓病などの発症率が高いと指摘されている。これらを判定する簡便な方法として、ウエストとヒップの周径囲の比（W/H比）が用いられている（45ページ参照）。

さらに、腹部の脂肪が皮下脂肪よりも内臓脂肪（深部脂肪）に多い場合、いわゆる内臓脂肪症候群（メタボリックシンドローム）の危険性が高まるとされている。内臓脂肪肥満の判定には腹部CT撮影などによる内臓脂肪面積を測定することが望ましいが、腹囲の測定による簡便法が用いられている（46ページ参照）。

（斉藤篤司）

# 2. 体内脂肪の理解と応用

## 1. 脂肪細胞とその役割

脂肪細胞、またはアディポサイトカインは、人体内で脂肪を貯蔵したり、生理活性物質を分泌したりする特殊な細胞である。エネルギー蓄積の主要な場所であり、食事から摂取した余剰なエネルギーを貯蓄し、必要に応じて利用する。脂肪細胞は保温や衝撃から身体を守る物理的な役割も果たしている。さらに、アディポサイトカインの1つであるレプチンは、食欲調整にも影響を及ぼし、全体のエネルギー管理に深く関与している。

## 2. 皮下脂肪と内臓脂肪の違い

皮下脂肪は皮膚の直下に位置し、体温調節や保護の役割を果たす一方、内臓脂肪は内臓器官の周りに蓄積される脂肪で、エネルギーの供給源となる。内臓脂肪が過剰になると、メタボリックシンドロームなどの健康上の問題を引き起こす可能性が高まる。適切な量の脂肪は健康維持に必要であるため、これらの脂肪の役割の違いとバランスを理解することで、健康管理に有効な知識と戦略を築くことができる。

## 3. 白色脂肪細胞と褐色脂肪細胞の違いと機能

### 1) 白色脂肪細胞

体内で最も一般的な形態の脂肪細胞であり、主にエネルギーの貯蓄と保温に関与している。これらの細胞はトリグリセリドを大量に蓄積でき、エネルギーが必要な時にこれを解放する。また、白色脂肪細胞はレプチンなどのアディポサイトカインを分泌し、食欲や炎症、インスリン感受性などに影響を与えることが知られている。

### 2) 褐色脂肪細胞

白色脂肪細胞とは異なり、エネルギーを熱に変換する特殊な機能をもつ。これが体温を調節する際に特に役立つ。褐色脂肪細胞は主に新生児や寒冷環境に暮らす動物に多く見られるが、成人でも特定の条件下で活性化することがある。

## 4. 脂肪細胞の種類と分布

人体内には、上記の白色脂肪細胞と褐色脂肪細胞以外にも「ベージュ脂肪細胞」などが存在し、それぞれ特定の場所に分布している。例えば、褐色脂肪細胞は主に首や肩に多く、白色脂肪細胞は

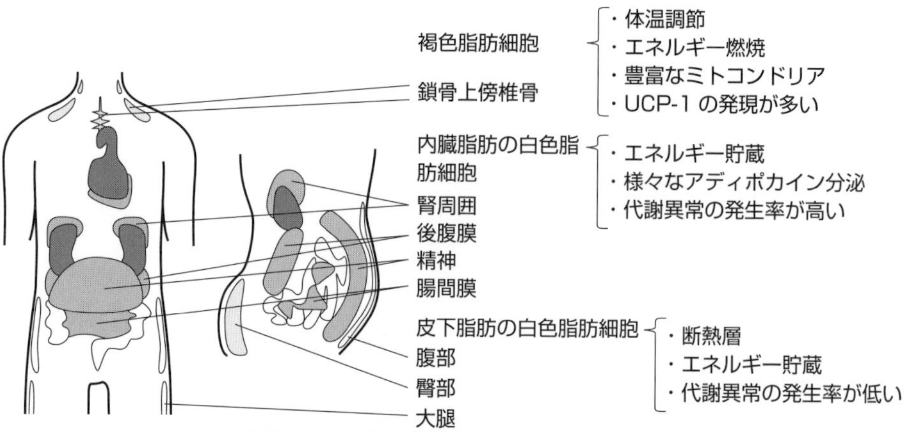


▶図Ⅱ-2-1 エネルギー調節における脂肪組織の機能
(Choe SS. Et al., Frontiers in Endocrinology, 7:30, 2016 を引用改変)

全身に広がっている。ベージュ脂肪細胞は、白色脂肪組織に埋もれていることが多く、寒冷刺激によって褐色脂肪細胞と同様の熱産生機能を発揮する（図Ⅱ-2-1）。

## 5．脂肪とホルモン

脂肪細胞はエストロゲンやテストステロンなど、多くのホルモンの生成や分泌に関与している。特に女性の場合、体内の脂肪率が一定レベル以下になると、月経周期に影響が出ることがある。また、脂肪組織がストレスホルモン「コルチゾール」の生成に関与しているため、ストレスと体脂肪との関連性も指摘されている。

## 6．脂肪と疾患

過度な脂肪蓄積は心血管疾患、糖尿病、高血圧など多くの疾患を引き起こす可能性がある。例えば、肥満が冠動脈疾患（心臓の動脈に生じた疾患）に罹るリスクを高めるのかについて、世界各国の研究成果をまとめたメタアナリシスでは、成人男女において体重と身長から算出される体格指数（Body Mass Index：BMI、kg/$m^2$）が25以上である場合、冠動脈疾患の発症リスクが高く、BMIが30以上の場合はさらに発症リスクは高くなる。これは、日本を含むアジア人男女も類似する結果であった。内臓脂肪が多いとインスリン抵抗性が高まり、糖尿病のリスクが上がるとされている。さらに、糖尿病と診断されない状態であっても、糖代謝・血圧・脂質異常といった代謝異常が複数あるメタボリックシンドロームの状態であると、２型糖尿病の発症リスクが３～６倍上昇することもわかっている。

## 7．脂肪の蓄積プロセスと減少の方法

脂肪の蓄積は食事や運動、生活習慣、遺伝など多くの要素に影響される。一般には、カロリー摂取量がエネルギー消費量を上回ると脂肪が蓄積される。

脂肪を減らすための方法は多岐に渡り、食事制限や運動、さらには脂肪吸引や脂肪燃焼サプリメントなども存在する。しかし、最も効果的なのはバランスの取れた食事と適度な運動である。

## 8．脂肪に対する社会的・文化的な見解の違い

脂肪に対する認識は、文化や社会によって大きく異なる場合がある。西洋文化ではしばしば「薄い・細い＝健康」というステレオタイプが存在し、この観点から多くのダイエット産業が生まれている。一方で、一部の文化では豊満な体型が健康や豊かさの象徴とされており、脂肪が必ずしも否定的に見られない。

社会的要素としては、メディアが大きな影響を与えている。テレビ、雑誌、SNSなどで痩せ型の体が理想とされることが多く、これが個々の脂肪管理や自己認識に影響を与えていると考えられる。特に若い世代では、体型に対する不安や誤認識が社会的なストレスとなることも少なくない。

また、文化や宗教が食事の選択に影響を与え、それが脂肪管理に直接的に影響する場合がある。例えば、一部の宗教では断食が重要な要素とされており、これが脂肪蓄積や消費に影響を与える。

## 9．まとめと今後の展望

ここでは、脂肪細胞の多様性とその生理的・病理的役割について概観した。脂肪が持つ多様な機能とその健康への影響について理解することで、より健康的な生活を送るための知識が得られるだろう。

■ 引用文献
1）Choe SS. et al., Adipose tissue remodeling: its role in energy metabolism and metabolic disorders. Front. Endocrinol. 7:30, 2016

（岸本裕歩）

# 3. 適切な栄養・食事摂取

栄養とは、生物が自らの身体を構成して生命活動を営み、生命を維持していくため、必要な物質を外界から取り入れ、これを利用する現象である。そして、このとき外界から取り入れる物質を栄養素といい、栄養素を摂取するための手段が食事である。

一方、食物の摂取行動である食生活は社会的、文化的な営みであり、人々の生活の質とも関わる。そこには地理、経済、民族、宗教、歴史などのさまざまな要因に支配され、構造は複雑となる。

## 1. 日本人の食生活

日本人の食生活は、主食の米プラス一汁一菜のいわゆる高塩分・高炭水化物・低動物性蛋白質食であったとされる。しかし、戦後約50年間に、動物性蛋白質や脂質の増加など大きく変化した。その結果、感染症や脳出血などの減少をもたらした一方で、がん、心疾患、脳梗塞、糖尿病などの生活習慣病の増加と健康問題も変化させた。これに対し、農林水産省では「私達の望ましい食生活」を掲げるとともに、“日本型食生活”という言葉を用い（昭和55年農政審議会）、欧米型の食生活に比べ、米を中心とした食生活は栄養素のバランスがよいとして国民の関心を求めた。また、厚生労働省からは「健康づくりのための食生活指針」（昭和60年）が策定され、栄養バランスを考え「1日30品目食べよう」という項目が掲げられた。

しかし、近年では量的に飽和状態である一方、米の消費減少に加え、脂肪からのエネルギー摂取が適正比率の25％を超えている者が成人では男性の4割、女性では5割と、栄養バランスはさらにくずれつつある。また、社会環境の変化に伴い、朝食欠食率の増加、加工食品や特定食品への過度の依存、ダイエット志向など健康への影響が懸念され、状況はさらに悪くなっている。

「食べる」という行為は生理的行動に位置づけられているが、「栄養レベル」のみでとらえていたのでは、実際の対策や活動の展開は難しい。つまり社会的行動としてとらえる必要性を物語っている。したがって、健康で良好な食生活の実現のためには、個人の行動変容とともに、それを支援する環境づくりを含めた総合的な取り組みが求められる。

## 2. わが国の栄養・食生活の目標

このような事態に対処して、平成12年、わが国では健康日本21が施行され、その中の栄養・食生活分野において、最終目標である健康およびＱＯＬの向上のためには、目標設定を以下の3段階に分けて行う必要があるとしている。

①「適正な栄養素（食物）摂取」
②適正な栄養素（食物）摂取のための「行動変容」
③個人の行動変容を支援するための「環境づくり」

### 1）栄養状態、栄養素（食物）摂取レベル

栄養・食生活は高血圧、高脂血症、虚血性心疾患、脳卒中、一部のがん（大腸がん、乳がん、胃がん）、糖尿病、骨粗鬆症などの疾患との関わりから目標が設定されている。これら疾病と関連のある栄養素摂取レベルについては、エネルギー、脂肪、ナトリウム、カリウム、食物繊維、抗酸化ビタミン、カルシウムなどが挙げられる。

エネルギー摂取は消費とのバランスで評価することが難しいことから、バランスが反映された栄養状態としての「体格（BMI）」を指標としている。脂肪エネルギー比率は、その増加に伴って動脈硬化性心疾患の発症率や乳がん、大腸がんによる死亡率の増加が認められており、適正摂取比率は成人で20～25％とされている。食塩は高血圧予防の観点から、諸外国では1日あたり6g以下が推奨され、日本では10g未満※が推奨されている。また、これらの摂取量には野菜の摂取が寄与する割合が高く、前述の栄養素の適量摂取には平均

※「日本人の食事摂取基準2020」では男性7.5g、女性6.5g未満としている。

350 g 以上が目標となる。

### 2）行動変容に関わる要因―知識・態度・行動レベル―

栄養状態、栄養素（食物）摂取レベルの課題を解決し、目標を達成するためには、国民一人ひとりが食行動を変容させる必要がある。個人の行動変容には、態度の変容、知識の習得が関連することから、個人の行動、および知識・態度レベルの目標設定が行われた。

行動レベルとしては、肥満者の割合の減少のために、自分の適正体重を認識し、体重コントロールを実践する者を 90 %以上にする。栄養バランスの偏りに対しては、朝食の欠食が大きな要因となることから、朝食の欠食をなくす。また、質・量ともにきちんとした食事を摂る人の増加を目指し、「1 日最低 1 食きちんとした食事を、家族等 2 人以上で楽しく、30 分以上かけて摂る」者の割合を 70 %以上とする。以上のような目標を設定することで、極端な摂取量の偏りをなくす。

知識レベルとしては、食事量や内容に関する知識の習得が必要であり、「自分の適正体重を維持することのできる食事量を理解している」ことを目標としている。

また、態度レベルとしては、「食生活に問題がある」とする者は「ない」とする者に比べ、いずれの栄養素摂取量も低いことから、食生活を改善しようとする意欲をもつことが目標とされた。

以上のように、知識・態度・行動レベルの課題を解決することは、身体的に良好な食生活をもたらすだけでなく、「家族や友人等の一緒の楽しい食事」「ゆっくり時間をかけた食事」などの精神的に良好な食生活の実現にもつながる。

### 3）行動変容を支援する環境づくり―環境レベル―

個人の行動変容を図るには、それを支援する環境整備が必要となる。良好な食生活の実現には、食物や情報へのアクセスといった食環境面での整備が有効とされている。

#### ❶食物へのアクセス

食物の生産・加工・流通は企業などの関わりが大きいことから、国民の健康に配慮した提供が求められる。特に外食の機会が多い 20～30 歳代については、食生活改善のために飲食店によるバランスのとれたメニュー提供を望む声が大きい。また、20～40 歳代男性では職場での食生活改善への支援が強く求められている。

#### ❷情報へのアクセス

「食事や栄養について必要な情報を得ている」者は、成人男性で 42.0 %、女性で 62.6 %であり、20 歳代男性では 28.2 %にすぎない。地域や職域において健康や栄養に関する学習の場を提供する機会を増やし、特に若年層が参加できる環境整備が必要とされている。

また、このような目標を実践するための具体的方法として、「食生活指針」が文部科学省、厚生労働省、農林水産省の連携により策定された（平成 12 年）。以下に大項目を示した。

・食事を楽しみましょう。
・1 日の食事のリズムから、健やかな生活リズムを。
・主食、主菜、副菜を基本に、食事のバランスを。
・ごはんなどの穀類をしっかりと。
・野菜・果物、牛乳・乳製品、豆類、魚なども組み合わせて。
・食塩や脂肪は控えめに。
・適正体重を知り、日々の活動に見合った食事量を。
・食文化や地域の産物を活かし、ときには新しい料理も。
・調理や保存を上手にして無駄や廃棄を少なく。
・自分の食生活を見直してみましょう。

さらに、「食生活指針」を具体的な行動に結びつけるために、「何をどれだけ食べたらよいか」を示す「食事バランスガイド」が厚生労働省、農林水産省により作成された（平成 17 年 6 月）。

食事の適量を、主食、副菜、主菜、牛乳・乳製品、果物の 5 つに区分し、性・年齢・活動量により必要な量を「サービング」という単位で示した。従来の食事ガイドの多くが栄養素を中心としたものであったのに対し、専門的な知識がなくても 1 日の栄養素の必要量をバランスよく摂取できるよう作成されている。

（斉藤篤司）

# 4. ストレス論

## 1. ストレスとは

現代社会はストレス社会ともいわれ、私たちは、毎日さまざまなストレスを受けながら生活している。また、ストレスが心身にさまざまな影響を及ぼし、多くの疾患の一因となることが注目されている。

ストレスはもともとは物理学の領域の用語であり、外部から力が加わったときに生じる物体の「ひずみ」を指すといわれている。セリエ（Selye, H.）は、外部刺激がもたらされたときの生体の非特異的な反応をストレスと呼び、その際、外部からの刺激はストレッサーと呼ばれて区別されている。

ストレッサーにはさまざまなものがあり、以下のように分類される。

・身体的ストレッサー（外傷、発熱、痛みなど）
・心理的ストレッサー（緊張、怒り、不安など）
・社会的ストレッサー（人間関係、役割期待、社会秩序の乱れなど）
・物理的ストレッサー（騒音、天候、放射線など）
・化学的ストレッサー（アルコール、タバコ、薬物、産業廃棄物など）
・生物的ストレッサー（細菌、ウイルス）など

通常、生体は、ストレッサーに対して適宜反応することによりバランスを保っているが、このことをホメオスターシス（内的恒常性）といっている。このホメオスターシスの機能が低下し元の状態を維持できなくなったとき、心身の異常が出現してくるのである。

## 2. ストレスの生理的メカニズム

生体がさまざまなストレッサーにさらされたとき、その情報は求心性神経情報を介して中枢に伝えられ、さらに中枢の脊髄、脳幹、視床下部、大脳辺縁系、大脳皮質などの各レベルでニューロンを興奮させ、自律神経系、内分泌系、免疫系を介した生体反応を起こすことがわかっている。

### 1）自律神経系の反応（交感神経—副腎髄質系）

自律神経には交感神経系と副交感神経系があるが、生体にストレッサーがかかったとき、交感神経支配と副交感神経支配のバランスや各効果器官の働きのバランスがくずれ、ストレス反応を起こすこととなる。交感神経の末端からはノルアドレナリンが分泌され、その一部は副腎髄質に達し、アドレナリンが分泌されるが、ノルアドレナリンとアドレナリンが血液中に多量に放出されると、呼吸数の増加、心拍出量の増加、血圧の上昇、内臓血流量の減少、骨格筋血流量の増加などの反応が起こる（図Ⅱ-4-1）。

### 2）内分泌系の反応（下垂体—副腎皮質系）

ストレス時のホルモン分泌変化としては、前述の副腎髄質からのアドレナリン分泌亢進の他、副腎皮質ホルモン分泌亢進がある。下垂体から副腎皮質刺激ホルモン（ACTH）が放出され、このACTHが副腎皮質に作用して副腎皮質ホルモン（コルチゾールなど）が分泌される。コルチゾールは、生体のあらゆる細胞に働いてその活動を維持する潤滑油のような作用をもつホルモンであり、身体の代謝促進に寄与するが、このコルチゾール分泌が増加すると血糖値が上昇する。

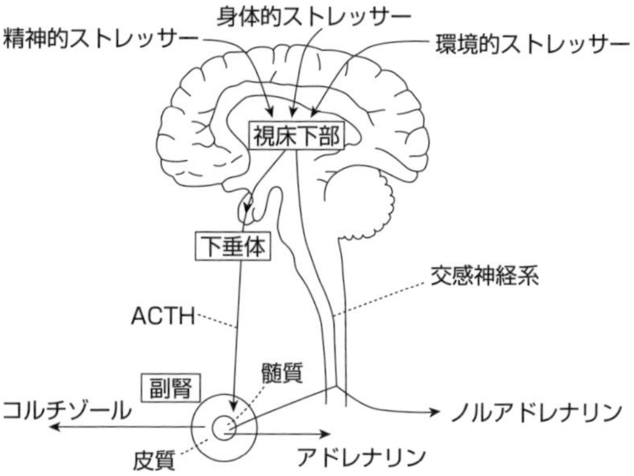


**▶図Ⅱ-4-1 ストレス時の交換神経・副腎髄質系と下垂体副腎皮質系の反応**
（からだの科学134「ストレスとは—内分泌学の立場から」p19、日本評論社、1987より）

セリエは、胸腺の萎縮、副腎皮質の肥大、潰瘍の出現といった三大兆候が副腎皮質ホルモンによって起こることを示唆した。

●セリエの汎適応症候群

セリエは、ストレッサーが持続的に加えられたとき、時間経過とともに生体は警告反応期（ショック相、反ショック相）、抵抗期、疲憊期と段階的に発展するという「汎適応症候群」を提唱した（図Ⅱ-4-2）。

〈警告反応期〉この時期はショック相、反ショック相に分けられる。緊急事態における反応であり、一時的に抵抗力が低下する。ショック相では体温の低下、血圧の低下、血糖値の低下、神経系の活動抑制などがみられる。反ショック相では、ストレッサーに対しての防衛反応として、副腎皮質が増大してホルモンを分泌し、体温・血圧・血糖値の上昇、神経系の活動の亢進が起こる。

〈抵抗期〉持続するストレッサーに対して抵抗している状態であり、抵抗しているストレッサーに対して抵抗力は強いが、他のストレッサーがさらに加わるとそれに対する抵抗力は低下する。

〈疲憊期〉さらにストレッサーが持続すると、生体の諸機能はそれ以上の適応状態を維持できなくなり、破綻してしまう。体温低下、胸腺・リンパ節萎縮、副腎皮質の低下などが生じ、はなはだしい場合は死に至ることもある。

### 3）ストレスと免疫の関係

近年の免疫学の進歩に伴って、人間の精神状態が免疫機能に影響を及ぼすこと、すなわち、さまざまな心労や悲哀、抑うつ、不安状態などが感染症、アレルギー性疾患、自己免疫疾患、さらにはがんの発生率を増加させることが明らかになっている。

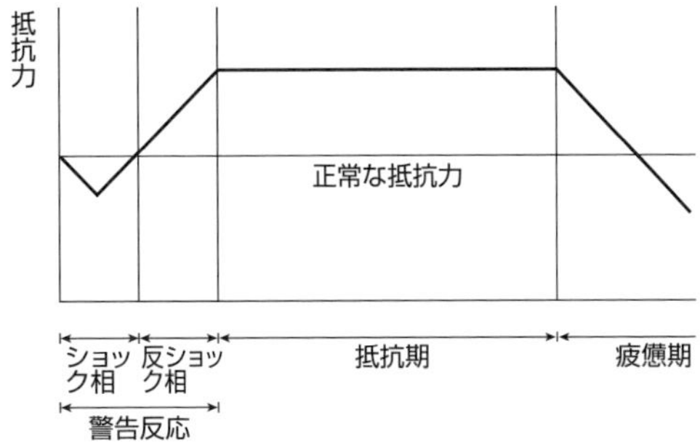


▶図Ⅱ-4-2　セリエの汎適応症候群[1)]

## 3. ストレスの心理的過程

薬品や運動といった生物化学的ストレッサーが直接的な身体的ストレス反応を引き起こすのに対して、心理的ストレッサーはそれ自体が直接的にストレス反応を引き起こすとは限らず、そこには個人の認知的な処理過程が関与している。すなわち、人間は何らかの心理的ストレッサーがあったとしても、それが個人にとって有害であるとみなされなければストレスとはならない。人間関係のトラブル、就職、解雇などが生じたとき、多くは不安、苦悩、悲哀、怒りといった心理的ストレスを体験するが、その状況をどのように認知するかということによってストレスの程度は異なってくる。

ストレス反応を理解するうえで、ストレッサーをどのように認知するかということの重要性を指摘したのがラザラス（Lazarus, R.S.）である。

あるストレッサーを知覚したとき、それが個人の欲求や期待に照らして重要であるか無関係であるかの認知処理がなされる。関連性があると判断されると、それが有益なものであるか有害なものであるかの認知処理がされる（一次的評価）が、不安、怒り、悲哀といったネガティブな感情はそのストレッサーが有害であるとの認知に関わっている。さらに、有害であると認知されるとそれを対処行動によって取り除くことができるかといった認知処理（二次的評価）がされる。ストレッサーがコントロール可能であると認知されればネガティブな感情は少なくなり、コントロールの可能性がまったくないと認知されればネガティブな感情はより多くなるといえる。このように、ストレッサーとなる刺激が強くても個人の認知的評価が小さければ結果としてストレス反応は小さく、逆にストレッサーが弱くても認知的評価が大きければストレス反応は大きくなるといえる。

さらに、ラザラスは日常のささいないらだち事も積み重なると大きなストレッサーとなり、健康に影響することを明らかにしている。

■ 参考文献

1）田中正敏（1987）：ストレスそのとき脳は？、講談社
2）佐藤昭夫、朝長正徳（編）（1991）：ストレスの仕組みと積極的反応、藤田企画出版

（高柳茂美）

# 5. 一体不可分な心と身体

## 1. 心と身体は相関関係にある

19 世紀に確立された近代医学は、心と身体を分離してとらえるデカルトの「心身二元論」の考え方を前提にしている。この近代医学は、心の存在や作用は傍らに置き、身体の解剖学的組織や生理的機能だけを研究することに専念してきた。しかし、20 世紀に入って、こうした心身二元論に対して疑問が提出されるようになった。

フロイトの精神分析において、心（無意識）が原因で起こる病気があることが明らかにされた。ヒステリーの発作は、四肢の痙攣、硬直、瞳孔の激しい痛み、耳が聞こえない、目が見えない、高熱などの身体的症状を伴うが、生理的器官にはまったく異常が認められない。すなわち、心というものの在り方を考慮しないと説明がつかない神経症であることが判明したのである。

また、ストレス学説がセリエによって確立された。彼は卵巣ホルモンを研究していくうちに、心理的ストレッサーが内分泌腺のホルモン分泌に異常をきたし、自律神経の活動に影響を与えることを発見したのである。今日では、深層心理学に生理学が結びついた「心身医学」が心理的ストレスが原因となっている病気一般、すなわち「心身症」を扱うに至っている。

「バイオフィードバック」や「自律訓練法」は、心を安静にしていくことによって身体の生理的機能の緊張を緩和していくものであり、ストレス対処法となり得ている。「バイオフィードバック」は脳波を心によってコントロールし、瞑想に入りやすい状態にするという実験的研究である。これを契機に、脳波ばかりでなく、心拍や皮膚の電気的反応、血流量など、それまでは随意的にはコントロールしがたいとされていた「自律系」の器官の機能までも、心によってコントロールできるということが明らかにされていった。「自律訓練法」は、「気持ちが落ち着いている」「両腕両脚が重たい」「両腕両脚が温かい」「心臓が静かに規則正しく打っている」「楽に呼吸している」「お腹が温かい」「額が涼しい」という 7 段階の公式を心の中で繰り返す練習を積んでいく。この練習の特色は、いずれもこうした心理に即した生理的変化を目指しているということである。例えば「重たい」というのは、筋肉の緊張が緩んだときに自覚される感じであり、「温かい」は、その部位の血管が拡張して血液の流れが増加したときに生じるものである。「温かい」と感じるとともに、それに伴う客観的な生理的変化が生じているのである。こうして、心と身体の相関関係が明らかにされてきた。

もっと日常的なレベルでの心と身体の相関関係を示す例は、「笑い」と健康の話である。大笑いは、大きな身体動作を伴い、その結果血圧を上げ、心拍を早め、酸素消費を増加させ、交感神経が優位な状態を生み出す。しかし、笑い終わって筋肉の緊張がとれると、血圧、心拍ともに低下し、呼吸もゆっくりとなり、血中の酸素濃度も上昇し、副交感神経が優位な状態へと移る。こうした変化は運動した場合と同じで、ストレスの減少に役立つ。ところが、大きな身体動作を伴わない「楽しいと感じること」自体も、ストレスを減少させる。膠原病のひとつである強直性脊髄炎にかかったノーマン・カズンズの体験は有名である。彼はアメリカの有名誌『サタデーレビュー』の元編集長であり、発熱、全身の痛みと強度の運動障害で入院するが、ビタミンの大量摂取とともに、毎日面白い本を読む、喜劇映画を観るなどの「笑い療法」を行った結果、痛みは和らぎ、2 週間後には日光浴に出かけ、数ヵ月後には復職している。

また、「笑い」が免疫機能を活性化させるという実験報告が次々となされている。免疫機構の一方である細胞性免疫においては、リンパ球の中に「ナチュラルキラー細胞」（NK 細胞）が存在し、腫瘍細胞を破壊して生体を守っている。この NK 細胞は、定期試験中の大学生においては活性が低下しているのに対し、大阪の吉本興業の演芸場「なんば花月」で漫才や喜劇などを観たボランティアのほとんどがNK細胞活性が高まったと報告されている。さらには、悪性腫瘍にかかったとき、笑うなどの心のもちようでその進行や予後がかなり変わってくることや、笑いが悪性腫瘍にならないための予防効果を有することが、信頼すべきいくつかの研究により明らかになっている。こうした領域の研究は「精神腫瘍学」(サイコオンコロジー)と呼ばれ、1986年以来、国際会議が催されている。

## 2. 修行—身体を追い込み、心の高みへ—

近代医学を発達させた西洋に対して、中国、日本をはじめとする東洋においては、「修行」という言葉や文化の中に「心と身体の一体不可分の関係」が伝えられてきた。「修行」は、身体の訓練を意味するとともに、それを通して心そのものを鍛錬するということである。現代においても、学校の部活動において「身体を鍛えて、心を鍛えよう」というスローガンが掲げられているのはその伝統をひくものである。実際のところ、現場で体育や武道の指導にあたっている教師は、苦しい訓練に耐えることが精神力や強い意志力を育てるということをきちんと認識している。心と身体の調和のとれた発達を図ることは、現代の私たちにとって非常に重要な課題であるはずだ。日本各地には、さまざまな修行法が伝えられている。そのなかでも注目すべきは、中国天台宗から伝えられる「常行三昧」である。身体運動を主体とした修行法であり、坐禅をはじめとする“動かない”「常坐三昧」と同じ効果を上げようとするものである。例えば、狭義の「常行三昧」とは「歩く」修行のことであり、常に口で阿弥陀仏の名を唱え、心には絶えず阿弥陀仏を念じつつ本尊阿弥陀仏の周りを回り続ける「行」である。期間は90日間にもわたり、堂内の柱間にしつらえた横木を頼りに歩いたり、天井からつり下げられた麻ひもにつかまって歩を休めることはできるが、決して坐臥することは許されない。また比叡山には、「籠山行」「千日回峰行」などが伝えられている。「籠山行」は、「五体投地礼」とも呼ばれる。まず直立して胸の前で「蓮華合唱」し、その「蓮華合唱」を頭頂、眉間、のどへと移行させた後、胸の前に戻す。続いて地面に全身を平伏させる動作に入る。両膝と両手を地面につける。額も地面につけた後、立ち上がって胸の前で「蓮華合唱」する。これを1日に何千回も、何ヵ月もの間ずっと繰り返す。

「千日回峰行」は、9世紀以来、千年余りの伝統をもつ難行である。7年間で山々峰々を1,000日歩くというもので、距離は約4万km(地球一周)に達する。平均すると、1日40kmとなる。一般的な日帰り登山などはせいぜい10km余りであるから、これは信じられない距離である。700日が終わった段階で、「堂入り」と呼ばれる不眠・不臥・断食・断水で9日間も堂に籠もる荒行が待ち構えている。「行」に入ったら、中途でやめることはできない。悪天候であっても、病気になったり、ケガをしたり、肉親の死に遭ったとしても、中途でやめた者は自ら命を絶つのが掟とされ、首つり用の死出ひもと自害用の短剣を携帯する。達成者は、天正13年から昭和15年までの350年間において37人、その後今日（2023年時点）までは14人にすぎない（天正13年以前については、織田信長の延暦寺焼き討ちによる資料消失のため不明）。このうち二度達成した人は3人で、そのうちの1人である酒井雄哉氏（1926-2013）は、48〜54歳、55〜61歳にかけて満行している。体力の充実した20歳代〜30歳代に達成する人が多い中、酒井氏は異例であり、「大阿闍梨」と呼ばれて信者の相談役を務めていた。

この修行においては、身体を限界まで、あるいは常識的な限界を超えるまで追い込んでいくことによって、無意識がもっている潜在的エネルギー（心の癖やコンプレックス）を活性化し、それをコントロールし、意識の側に統合することを目指す。円熟した人格の境地に向かうのである。修行における「悟り」などは神秘的・非科学的とされてきたが、深層心理学によってメカニズムが科学的に明らかにされ、それは西洋ではじまった「心理療法」に応用されていくことになった。こうした修行の訓練によって、心と身体の関係は本来の状態である、両者がひとつになったような「心身一如」に至ることになる。

■ 参考文献
1）湯浅泰雄（1986）：気・修行・身体、平河出版

（西村秀樹）

# 6. 心身一如とボディワーク

## 1. 身体をめぐる諸問題

デカルトの心身二元論以降、近代哲学・科学の世界では、心＝精神こそが人間が動物とは異なることを示す高尚なものであり、身体は堕落しやすい低俗なもので、心が身体を支配すると考えてきた。

身体の蔑視、精神の優位という西洋的思想をもたなかった日本では、心身一如の観念は自然なものだったと思われるが、明治以降西洋近代科学を取り入れる過程において、身体と心を切り離して考える思想が広まったと考えられる。しかし、自然に囲まれ、かつ、身体を使わなければ生活が成り立たなかった時代においては、無意識的であるにしても、身体と心は一体不可分であるという感覚はもち続けていたかもしれない。

しかし、過去50年ほどの間に、日本は高度に情報化・産業化し、加速度的にめざましい変化を経験してきた。複雑化した社会は、孤独感、不安感、自己喪失感を生み、身体を動かさない生活が日常化し、情報技術革命による携帯電話や電子メールの普及は人と人との直接的なコミュニケーションをより減少させる方向へと働いた。そのような現代社会においては、自己の存在を認識し、他者との交流を行うための拠り所としての身体が危うくなりつつある。日本中の人を震撼させた神戸の連続児童殺傷事件では、「透明な存在である僕」という表現が「実感のない自己・身体」を代弁しているようである。佐藤[1)]は身体の危機的状況を「人と交われない硬直した身体、人前に立つと萎縮してしまう身体、感受性と応答性を喪失した身体、硬い殻で覆われた自閉的な身体、突発的に暴力と破壊へと向かう身体、自虐的行為を繰り返す身体という、精神的な意味における身体の危機」と表現しており、「心と身体を一体」としてとらえる教育の必要性を訴えている。

## 2. 自我に対する身体

ローウエンは、われわれが「私」であることは身体の随意的な筋の動きと同一化していると考えた。

つまり、私が「私」であることは、意識的に身体をコントロールできるということであり、結果的に、このコントロールがいきすぎることによって身体の筋緊張を生じさせ、姿勢をゆがめることとなる。

一方、「私」が意識の部分で自己存在を認識するのとは別に、身体は生命として自律的に機能している。つまり身体には、「私」という意識にあがってこない内在する動きがある。血液の循環、呼吸、内臓の働き、無意識的な動きなどがそれにあたる。このような身体の働きは「私」という意識から見ると、コントロールが届かないという意味で「他者」的である。つまり、われわれには「意識できる私＝自我」と「コントロールできない身体＝無意識」が同時に存在しているといえる。

「私」と「身体」が調和していれば問題は生じないが、「私」が「身体」に無理を強いる結果、思いどおりに動かない「他者」の存在に気づかされることになる。「私＝自我」と「身体＝無意識」が調和するためには、どのようにすればいいのか。そのためには、無意識下にある内的な感覚や動きをできるだけ意識上にのぼらせ、「私」と対話できる環境をつくっていくことが必要となってくる。この「私＝自我」と「身体＝無意識」との間にある、川をわたるヒントとなるのがボディワークといえよう。

## 3. ボディワークとは

ボディワークは古今東西を起源としてさまざまなものがあり、その数は優に50を超えるといわれる。古くは、アーユルヴェーダ、漢方・針治療などを含む東洋医学から発祥したものや、気功、太極拳、ヨーガなど東洋の伝統的身体技法がある。近代以降は、アレクサンダー・テクニーク、フェルデンクライス・メソッド、バイオ・エナジェティックス、センサリー・アウェアネス、ロルフィング、操体法、野口整体、野口体操、臨床動作法などが比較的認知度が高い。いずれも「身体から入る心身相関」あるいは「自らの主体性と不可分な身体」という視点で共通している。

ボディワークを総じて定義すると、「からだを『全体性』の立場からとらえ、人間の全体的な統合をはかり、からだがもっている本来の機能を果たせるようにする」身体技法である。心身の緊張の緩和、人間本来の自然治癒力の回復、身体の内部感覚・五感・筋感覚などの身体意識や自己意識への気づきの促進、心身の調和などを目指したものといえるだろう。

ボディワークは、それぞれにさまざまな技法があるが、以下に挙げるような共通性が見られる。

### 1）緊張とリラクセーション

多くのボディワークはリラクセーション的要素を含んでいるが、それは、不必要な緊張から身体を解放することによって心理的な安心感を得ることが可能だからである。

ライヒやローウエンは、感情や欲求の抑圧があると筋肉の緊張や硬直が生じるとし、それを「筋肉の鎧」と表現している。このような「鎧」を身にまとうことで、ある種の心理的苦痛からは逃れることができるかもしれないが、同時に本来の自己をも閉じ込めてしまうことになる。したがって、身体の緊張を解消していくことは、同時に心理的な抑圧を解放し、本来の自己を取り戻すことにもつながる。特に現代人は日常的にストレスにさらされ、慢性的な緊張感を抱えていると考えられることから、身体の緊張を解き、生きる喜びを取り戻す必要がある。

### 2）身体感覚への気づき

ボディワークには、内的な身体と向き合い主観的な感覚を大切にするという点が共通しているといえよう。われわれは通常、病気やケガなどの異常が起こったときにはじめて身体を意識するということが多く、異常がなければ自ら身体を意識することは少ないと考えられる。内的な身体感覚、身体の使い方、身体の緊張などを意識化することは、通常は無意識のうちに行われる自己の行動・動きに改めて気づくことにもつながる。

### 3）重力に対する身体の調整

われわれの身体は地球の重力に対してうまく機能するようにできているが、身体に何らかのゆがみが生じてくると、重力に対して不自然な姿勢でバランスを取らなければならなくなり、結果として不要な緊張を要されることとなる。したがって、重力に対してできるだけ無理の少ない姿勢や動作が必要になってくるのである。野口体操では、自分自身の重さによって地球の中心とつながる感覚が、人間が人間であることの基礎感覚だとし、自分自身の身体の重さ感覚を重視している。

## 4．生きて実感のある身体

野口体操では、人の身体はその外見が同じように見えていても、さまざまな内的条件をもち、動きも固有のものがあり、したがって、個々人にふさわしい体操は人それぞれであると考えている。そして、自分の身体が現在どういう状態であるか、どのように行動・動作したら好ましいかということを、自らの身体が自然に感じられるよう、身体の発するどんな声にも耳を傾けようと提案している。

また、野口[2]は「生きているからだ」を「皮膚という薄い、柔らかい、大小無数の穴のあいている一つの生きた袋がある。そして、その中に、液体がいっぱい入っていて、骨、内臓、もちろん脳やなんかも、その中に浮かんでいる」と表現し、解剖学の知識としての身体と生きている実感のある身体との差異を指摘した。そして、身体の「柔らかさ」とは関節の可動域の広さではなく、「からだの内側がどう変化するか」ということが柔らかさ、あるいは動きということの本質であると述べている。

さらに、身体あるいは身体の動きを人間存在そのものととらえ、独特の体操を確立している。

■ 引用・参考文献

1）佐藤学（1995）：イニシエーションを奪われた若者たち、ひと、1995年10月号
2）野口三千三（1977）：野口体操からだに貞く、柏樹社、12.
3）久保健、新藤喜美子、高橋和子、原田奈名子、三上賀代（2001）：「からだ」を生きる、創文企画
4）A. ローウエン、村本詔司、国永史子（訳）（1996）：からだと性格、創元社

（高柳茂美）

# 7. 障害とは何か

## 1. 共生社会を考える

ノーマライゼーションとは、障害のある人や高齢者など社会的に不利を受けやすい人々が、そのあるがままの姿ですべての人々と同等の権利を享受し、社会の中で他者と同じように生活し活動することが社会の本来のあるべき姿であるという考え方であり、またそのような社会の成立を目指す活動のことである。しかしながら、このノーマライゼーションの理念は、社会にいまだに根づいたとはいいがたい。

藤田[1]は、障害のある人がスポーツをしている映像を学生に見せ、感想を書かせている。その感想の一部を取り上げ、「『障害者でさえ、あれだけがんばっているのに、障害がない自分は何をしているのだろう。私もしっかりしなくては』という内容の感想を書いてくる学生さんが必ず何人かいます。これらの考え方に共通してみられるのは、障害のある人を、自分と同じ権利や欲求を持ち、同じように悩んだり、喜んだり、悲しんだりする人間としては理解していないということです」(p. 24) と指摘している。ノーマライゼーションの理念に基づき、障害の有無に関わらず互いに支えあい、共生していく社会を迎えるためには、障害を克服されるべきものとしてマイナスの側面からのみ捉えるのではなく、プラスの側面も含めてさまざまな観点から考慮することが必要である。

## 2.「生活機能」を見つめる重要性

### 1) 国際障害分類による障害の定義

1980年にWHO（世界保健機関）によって採択された国際障害分類（International Classification of Impairments, Disabilities and Handicaps：ICIDH）では、障害には「機能・形態障害」「能力障害」および「社会的不利」の3つのレベルがあり、これらすべてをあわせたものを「障害」として捉えている。「機能・形態障害」とは、脳卒中や脊髄損傷などから生じる麻痺などの機能障害と、四肢の切断や一部の欠損などを指す形態障害をあわせた言葉である。「能力障害」とは、機能・形態障害により生じる能力上の困難や喪失を指す。脊髄損傷を負って歩くことが困難になった、障害により職業上で必要な能力を喪失したなどが例として挙げられる。「社会的不利」とは、機能・形態障害や能力障害に起因して生じる障害のことであり、さまざまな形で社会参加ができなくなることや社会的な差別を受けることなど、広い意味での社会的な問題を指す。

このICIDHには、複数の批判やさまざまな誤解があり、早い段階からその問題点が指摘されてきた。このため、1993年には改訂作業が始められることとなった。議論された主な問題点を、表Ⅱ-7-1に簡潔にまとめておく。

### 2) 人が生きることを捉える国際生活機能分類

障害をめぐる社会的状況や意識の変化を反映し、2001年には国際生活機能分類（International Classification of Functioning, Disability and Health：ICF）が新たに採択された（図Ⅱ-7-1）。ICFは障害を人が「生きる」こと全体の中に位置づけて、「生きることの困難」として理解するという、根本的に新しい視座に立っている[2]。生活機能には、「心身機能・構造」「活動」「参加」の3つのレベルがある。「心身機能・構造」とは、身体の動きや精神の動き、および視覚や聴覚などを含む機能と、身体の部分を指す構造のことである。「活動」とは、食事や洗顔などの日常生活の動作や、仕事などの社会生活上必要な行為や余暇活動、および趣味などを指す。「参加」とは、人生のさまざまな状況に関与し、役割を果たすことを指す。ICFでは、「障害」というマイナスの側面だけではなく、「生活機能」というプラスの側面を前提として、そこに生じる問題を捉えるのである。

また、ICFでは、すべての要素が相互に影響し

▶表Ⅱ-7-1　ICIDHモデルへの批判と誤解[2)]

| 問題点 | 指摘された内容 |
|---|---|
| 運命論的視点 | 「ある疾病・変調が生じると必ず機能・形態障害が起こり、それに伴い必ず能力障害を生じ、最終的には必ず社会的不利が生じる」という運命論を示しているという批判 |
| 時間的順序 | 「病気が固まったものが障害で、進行性の病気は障害として対応しない」「順番通りに治療・対応をすれば良い」などのように、時間的順序を含むといった誤解 |
| マイナス面に着目 | 障害のある人はマイナス面のみならず、それを上回るプラス面を持っているにも関わらず、マイナス面だけに偏って着目していることへの批判 |
| 環境因子の欠如 | 障害の発生には、機能・形態障害や能力障害だけでなく、環境的要因が大きく影響するにも関わらず、考慮していないことへの批判 |
| 社会的不利の捉え方 | 社会的不利に関する分類項目の少なさへの批判、疾病・変調が直接的に社会的不利を引き起こす場合を考慮していないことへの批判 |
| 当事者の立場の欠如 | ICIDHの作成過程に障害のある当事者が参加しておらず、当事者の立場が考慮されていないことへの批判 |
| 欧米中心 | 欧米の文化を前提として作成されていることへの批判 |
| 主観的障害の欠如 | 障害のある人の心の中にある主観的障害に関する理解の重要性の指摘 |

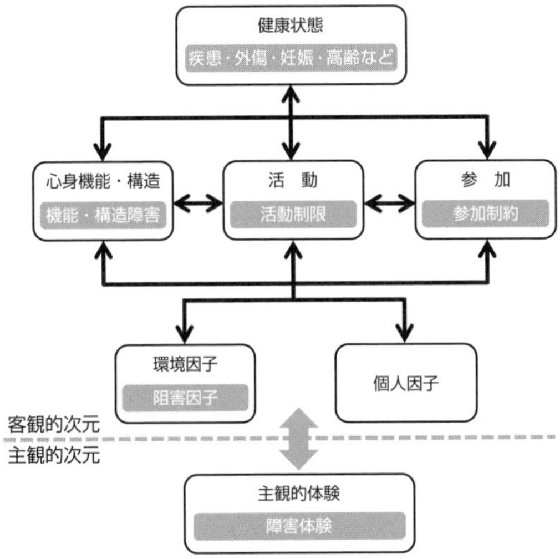


▶図Ⅱ-7-1　ICFモデルに基づく真の「生きることの全体像」[2)]

あっており、「心身機能・構造」「活動」および「参加」の因果関係は双方向に起こりうる。例えば、「心身機能・構造」レベルに脊髄損傷という機能・構造障害があったとしても、車いすを利用すれば移動することができるという「活動」レベルのプラスの側面を評価できる。しかし、車いすで街中に買い物に行った際に、お店の前に段差があると、そのお店にアクセスできないといった「参加」に制約が生まれる。そして、参加制約により買い物ができないという活動制限も生じるのである。

さらに、ICFでは、生活機能に影響を与えるものとして、「環境因子」と「個人因子」の2つの背景因子をモデルに位置づけた。「環境因子」とは、物理的・制度的・人的な環境因子や社会的な意識を含む。一方、「個人因子」とは、年齢、性別、価値観、パーソナリティ、およびライフスタイルなど、多様な個人の背景因子を指す。

これに加えて、上田[2)]は、障害のある人が心の中に抱えている問題を含む主観的次元と、ICFに示された客観的次元との相互作用を指摘している。多くの場合、機能・構造障害は、不可逆的な障害を伴う疾患である。特に中途身体障害者は、人生の半ばで事故や病気のために身体機能や身体部位を喪失し、ある日突然に障害者となる。そして、身体的な変化や生活上の変化、さらには社会的存在の変化を迫られ、その中でさまざまな喪失感を経験することになる。このように、受障経験に伴う心理的な影響は非常に大きく、障害を受容することは容易ではないが、一方でそれをはねのけて強く生きていこうというプラスの側面もある。このような主観的体験と客観的な次元の相互関係を含めて考えることで、はじめて真の「生きることの全体像」をとらえることができるのだ。

■ 引用・参考文献
1) 藤田紀昭（2008）：障害者スポーツの世界、角川学芸出版
2) 上田敏（2005）：ICFの理解と活用―人が「生きること」「生きることの困難（障害）」をどうとらえるか―、きょうされん

（内田若希）

# 8. 嗜好と依存症

「依存症は自分とは関係のない遠い世界のできごと」と考えていないだろうか？しかし、依存症というものはいつ誰がなってもおかしくないものである。成人年齢は18歳となったが、飲酒・喫煙が認められるのは20歳以上であることに変わりはない。本節では、飲酒や喫煙といった嗜好と依存症との関係について解説する。

## 1. 嗜好と依存症について

酒類やタバコは嗜好品であり、酒類とタバコの利用には年齢制限以外の規制はない。しかしながら、嗜好品の中には依存性があるものもあり、酒類とタバコも依存症に至りうる嗜好品である。依存症は、依存を引き起こす物質に繰り返し晒されたことにより、脳内報酬系に引き起こされた極めて長い期間持続するさまざまなタイプの異常によって起こる。これらの異常には、転写因子の発現や活性の変化およびエピジェネティックな変化も含まれており、脳内報酬系において薬物を求める行動のほぼ永続的な変化をもたらす[1)2)]。

本節では飲酒や喫煙について取りあげるが、危険ドラッグや違法薬物は強い依存を形成し、依存症になった場合の脳内変化は生涯変わることがないと理解してほしい。

依存症の治療は、依存を引き起こす物質を生涯にわたって摂取しないこと以外には存在しない。

## 2. 飲酒について

適度な飲酒は良好なコミュニケーションを生み、有益なものだが、適量を超えて習慣的な飲酒を行うようになると種々の問題が発生してくる。

わが国のアルコール依存症の生涯経験者率は、2018年の調査によると男性0.8％、女性0.2％、全体で0.5％　推計数54万人となる。アルコール関連問題のスクリーニングテストであるAUDITで、高レベルのアルコール問題者とされる15点を超える者は、2018年で男性5.2%、女性0.7%、全体で2.9%であり、推計数303万人となる[3)]。小中高で考えれば1クラスに1人はいる計算となり、それほど珍しい問題ではないことが判る。

### 1）アルコールによる健康被害

2016年の全世界での疾病および傷害による社会的損失の5.1％はアルコール摂取によるものであった[4)]。2010年（5.6％）と2016年（5.3％）の間で、アルコール起因死亡の割合はわずかに減少したが、社会的損失では、2010年と2016年で5.1%と変化がなく[4)]、WHOが2010年に“アルコールの有害な使用を低減するための世界戦略”を採択したにも関わらず、アルコールに起因する健康問題は改善している状況にはない。

2019年、全世界のアルコール起因疾患の社会的損失は、25歳から49歳では危険因子の第1位、10歳から24歳では第2位、全年齢では第9位であった[5)]。

### 2）わが国の飲酒の実態と問題飲酒

習慣的飲酒者は、平成元年（1989年）には男性で51.5％であったものが、令和元年（2019年）には、33.9％にまで大きく減少している。しかし、女性では同じ期間で6.3%から8.8%と逆に増加している[6)]。男性では全年代で減少しているにも関わらず、女性では30代から70代まで広い年代で増加となっている。

2003年の研究では、飲酒に関連した問題行動の被害者の割合は男女合計29％で、推計3,040万人の飲酒問題被害者が存在する[7)]。健康障害のみならず、問題行動を引き起こすような過量飲酒は、飲酒者自身の精神・身体に悪影響を及ぼすが、同時に周囲の関係者にも多大な悪影響を与える。アルコール依存症患者に代表される問題飲酒者への介入が、患者の健康回復の面からも社会的影響の面からも重要である。

飲酒の際には節度ある行動が重要で、無理強いや一気飲み、酔ったうえでのハラスメントなどは絶対に行ってはならない。

## 3．喫煙を取り巻く状況

2003年にWHOで「たばこ規制枠組み条約（FCTC）」が採択され、2005年の条約発効以降、喫煙による健康被害をなくすことが世界の潮流となっている。

わが国の受動喫煙対策は先進国の中で最低と指摘されていたが、FCTCのガイドラインで求められていた法整備は、期限から10年経過した2020年に改正健康増進法として整備され、受動喫煙防止がようやく強化された。

2006年から禁煙治療が保険適応となったが、これは喫煙習慣がニコチン依存症という疾患で、治療を要するものとみなされたことによる。

### 1）喫煙による健康被害

たばこの煙には約4,000種類の化学物質が含まれており、そのうち200種類が発ガン性物質を含む有害物質である。心筋梗塞や脳梗塞などの動脈硬化性疾患や肺がん、肺気腫、喉頭がん、胃潰瘍などが喫煙者では増加する。それらの危険性は喫煙本数が増えるほど、また喫煙年数が増えるほど増加するが、禁煙することでそれらの危険性が低減することも知られている。喫煙者自身だけでなく、副流煙の受動喫煙による健康被害も深刻な問題である。

米国の公衆衛生総監報告書において1986年に受動喫煙の健康被害が取りあげられ、2006年に、“Debate is over, science is clear.” と表現されたように受動喫煙の健康被害は科学的事実であり、安全域も存在しない。喫煙者が吸う主流煙よりも副流煙に多くの有害物質が含まれているが[8]、喫煙者が吐き出す呼出煙にも主流煙と同じ成分が含まれている。喫煙者が吐き出す呼出煙でも受動喫煙は起こるため、紙巻きタバコ以外でも発生する。

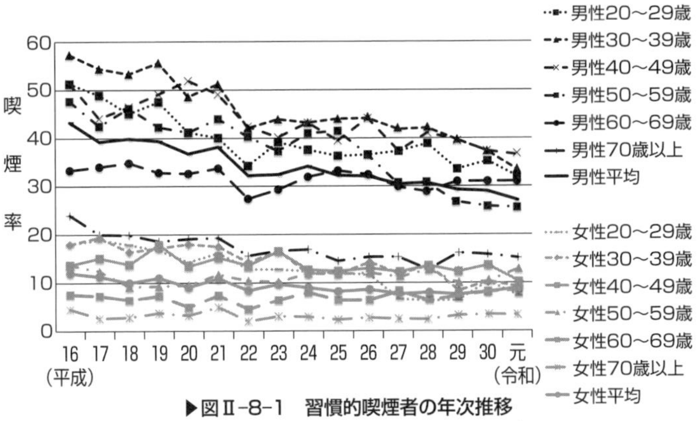


▶図Ⅱ-8-1　習慣的喫煙者の年次推移
（令和元年国民健康・栄養調査報告書より）

2018年の全世界の疾病および障害における社会的損失の7.9%が喫煙に起因するものであり、高血圧についで第2位であった[4]。

### 2）わが国の喫煙の実態

平成以降の習慣的喫煙者の年次推移（図Ⅱ-8-1）をみると、男女全体では徐々に減少しつつあり、男性は減少を続けているが、女性では横ばいの印象である。

現在、紙巻きタバコだけでなく、加熱式タバコや水タバコ、嚙みタバコ、嗅ぎタバコなどさまざまな形態のものが流通しているが、いずれもニコチンを含むためニコチン依存症となりうる。また、紙巻きでは見られない有害性があることも知られている。どのような形態であっても「喫煙」は有害なものである。

今後、喫煙がさまざまな局面でマイナス要因になることが予想される。現時点で採用時に喫煙者を雇用しないと表明している企業も増えてきている。喫煙習慣は“百害あって一利なし”という代物である。現在、喫煙習慣のない人は今後も喫煙しないよう、現在喫煙している人は学生の間に禁煙して非喫煙者になることが望まれる。

■ 引用文献

1）Welberg, L.(2011)：Addiction: from mechanisms to treatment. Nat Rev Neurosci 12, 621.
2）MacNicol, B.(2017)：The biology of addiction. Can J Anesth/J Can Anesth 64, 141-148.
3）尾崎米厚、金城　文、医学のあゆみ（2020）、Vol.274 No.1. 34-39
4）Global status report on alcohol and health 2018. Geneva: World Health Organization; 2018. Licence: CC BY-NC-SA 3.0 IGO.
5）GBD 2019 Diseases and Injuries Collaborators. Global burden of 369 diseases and injuries in 204 countries and territories, 1990-2019: a systematic analysis for the Global Burden of Disease Study 2019. Lancet. 2020 Oct 17；396(10258)：1204-1222.
6）国民栄養調査（平成元年～14年）国民健康・栄養調査報告（平成元年～令和元年）厚生労働省
7）厚生労働省科学研究費補助金健康 科学総合研究事業「成人の飲酒実態と関連問題の予防に関する研究」平成14年度～16年度総括・総合研究報告書、主任研究者樋口 進、平成17年3月
8）Stock SL：Risks the passive smoker runs, Lancet, 1980 Nov 15；2（8203）：1082.

（眞﨑義憲）

# 1. 身体・体力測定

## 1 形態測定

形態測定とは、ヒトの身体の大きさや形を数量化して表す方法のひとつであり、一定の計測器を用い、一定の部位を一定の方法に従って計測するものです。このようにして得られた測定値から、身体の大きさや形を知ることができます。ここでは、代表的な形態指標である「ボディ・マス・インデックス (BMI : Body Mass Index)」を求めてみましょう。

また最近では、ウエスト・ヒップ比やウエスト周囲径のみからメタボリックシンドロームを判定する方法も普及してきました。これらの測定も行ってみましょう。

183～185ページに、将来にも測定した数値を記録するページがあります。5年ごとに記録をしましょう。

### 1. BMIとは

BMIは、身長と体重から求められる体格指数のひとつで、肥満度の判定法としても国際的に普及しており、体脂肪率や疾病率との関連性が高い形態指標です。

BMIは次の計算式で求められます。

$$BMI = 体重(kg) / 身長(m)^2$$

あなたのBMIを求めてみましょう。また、BMIによる体格の判定を行い、あてはまる評価に○をつけましょう。

| 身　長 | m | 体　重 | kg | B M I | |
|---|---|---|---|---|---|

◎評 価

| B M I | 18.5未満 | 18.5～25.0未満 | 25.0以上 | 35.0以上 |
|---|---|---|---|---|
| 判　定 | 低 体 重 | 普通体重 | 肥　満 | 高度肥満 |

### 2. 標準体重の求め方

日本人の成人男女では、BMIの数値が22であると最も疾病発症率が低いという研究成績から、BMIと身長から理想的な体重として「標準体重」を求めることができます。次の計算式により、あなたの標準体重を求めましょう。

また、実測体重と標準体重の差から標準体重に対する偏差を算出し、肥満度の判定に用いることもできます。標準体重からあなたの体格の判定を行い、あてはまる評価に○をつけましょう。

$$標準体重(kg) = 身長(m)^2 \times 22$$

$$標準体重に対する偏差(\%) = [(実測体重 - 標準体重) / 標準体重] \times 100$$

| | | | |
|---|---|---|---|
| 標準体重 | kg | 標準体重からの偏差 | % |

◎評 価

| % | −10未満 | −10〜+10未満 | +10〜+20未満 | +20以上 |
|---|---|---|---|---|
| 判　定 | や　せ | 正　常 | 過　体　重 | 肥　満 |

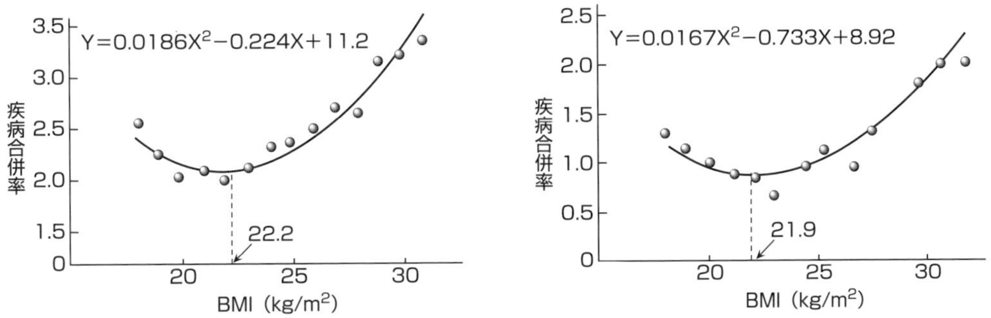


**[図Ⅱ.1.1] BMIと疾病合併率〔男性（左）と女性（右）〕**

Tokunaga K et al. (1991) : *International Journal of Obesity* 15 : 1-5.

## 3. ウエスト・ヒップ比（Waist Hip Ratio:W/H比）とウエスト周囲径

体脂肪がついている場所によって、いわゆる「洋なし型」肥満と「りんご型」肥満に分類されます。

臀部や大腿部に脂肪がたまった「洋なし型」肥満は、女性に多く見られるタイプです。この部分の脂肪は、妊娠や出産のときのエネルギー源ともなるため、むやみに減らすのは健康的でないともいわれています。

一方、腹部に脂肪がたまった「りんご型」肥満は、男性や中高年の女性に多く見られます。このタイプの肥満は、皮下脂肪だけでなく内臓の周りにも脂肪がついている場合が多く、糖尿病、高血圧、高脂血症などのメタボリックシンドロームが発生しやすいことがわかっています。ウエストとヒップの差がないほど数字は大きくなり、体重の大小にかかわらず、腹部のあたりに脂肪がついているということです。

ウエストとヒップの周囲径を測定し、下の計算式からあなたのW/H比を求めてみましょう。

**●測定の注意点●**

- ウエスト：へその周囲。お腹周りで一番太いと思われる部分を測る。
- ヒップ：お尻の最も突き出している部分（お尻の一番高いところ）を測る。

**W/H比 = ウエスト周囲径(cm) / ヒップ周囲径(cm)**

| | | | | | |
|---|---|---|---|---|---|
| ウエスト | cm | ヒップ | cm | W/H比 | |

◆W/H比の数値による判断

・ 男性では、1.0 以上

・ 女性では、0.8 以上

上記の数値が内臓肥満・腹部肥満の目安とされ、生活習慣の改善が必要とされます。該当した人は以下を読み、本書を参考にして生活習慣を改善させましょう。

○へそのレベルでの腹部断面で、内臓脂肪面積が100cm²以上だとメタボリックシンドロームの基準以上に内臓脂肪が蓄積されていると考えられる。ただし、内臓脂肪面積を直接測定することは容易ではないため、腹囲の測定で代用する基準が提案されている（「メタボリックシンドローム診断基準検討委員会」が2005年に発表した日本でのメタボリックシンドロームの暫定的な診断基準）。これによると、以下の数値を「内臓脂肪型肥満」と診断する。

・男性85cm以上

・女性90cm以上

○内臓脂肪は、食生活の改善や定期的な運動の実施で減らしやすいという特徴があるので、普段の生活習慣を見直すことで、腹部肥満を予防・改善することができる。

## 2 肥満度の測定

肥満とは、体脂肪が過剰に蓄積した状態であり、身体に蓄積した脂肪の量およびその割合（率）の高低で評価することができます。体脂肪は遺伝的要因に加え、身体活動の程度、食習慣などの後天的要因によっても変動することから、ある程度、種々の生活習慣病の予測が可能となります。

ここでは、体脂肪量を簡便に測定する方法として、皮下脂肪厚法により体密度を求め、さらにその数値を用いて体脂肪率を算出します。

### 1. 皮下脂肪厚の測定方法

●要 領●

①キャリパーの指針がゼロを示しているかどうかを確認する。ゼロを示していない場合は、ガラス面を回してゼロを合わせる（注：キャリパーのはさむ力は適切に調整されているので、ネジには絶対触れない）。

②被測定者は肩や腕の力を抜き、両腕を自然に下げた状態にする。

③測定部位（図Ⅱ.1.2）

・上腕背側部：右上腕背側部の肩と肘の中間のやや上方を長軸に直角にして、脂肪層を筋肉からはがすようにつまみ、そのまま指を離さないで、約1cm下部を測定する。

・肩甲骨下部：右肩甲骨下部を脊柱に対し、斜め下方約45度につまみ、そのまま指を離さないで、約1cm下部を測定する。

**●測定法●**

キャリパーのアームが測定部に直角になるよう保持したまま、ゆっくりとレバーを離し、一定圧がかかった後、2秒以内に0.5mm単位で数値を読み取る。さらに、つまんだまま再び圧力をかけ、数値がほぼ一致することを確認する。

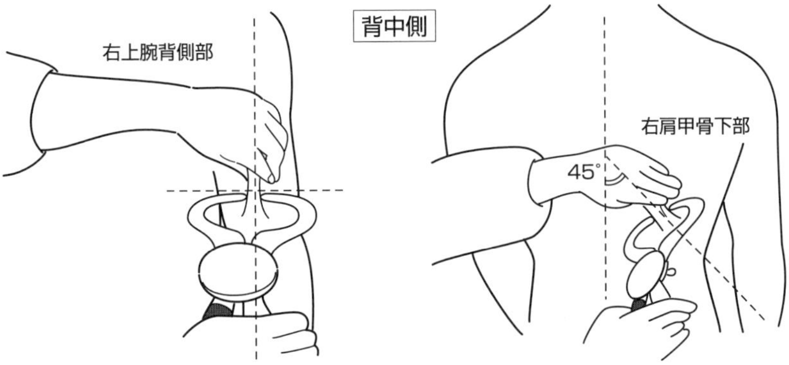


[図Ⅱ.1.2] キャリパーを用いた皮下脂肪厚の測定

| | | | |
|---|---|---|---|
| 上腕背側部 | mm | 肩甲骨下部 | mm |

## 2. 体脂肪率の求め方

体脂肪率（%Fat）とは、体重に占める体脂肪の割合を百分率で示したもので、測定された上腕背側部と肩甲骨下部の脂肪厚から、下に示す計算式を用いて算出できます。また、体脂肪率からあなたの体格の判定を行い、あてはまる評価に○をつけましょう。

% Fat = [(4.570 / D) − 4.142 ] × 100

Dは体密度を意味し、以下の式から求める。

男　子：D = 1.0913 − (0.00116 × 皮下脂肪厚の和)

女　子：D = 1.0897 − (0.00133 × 皮下脂肪厚の和)

| | | | |
|---|---|---|---|
| 体脂肪率 | ．　% | 体脂肪量 | ．　kg |

◎評 価

| | | | | | | |
|---|---|---|---|---|---|---|
| %Fat | 男子 | 10未満 | 10〜20未満 | 20〜25未満 | 25〜30未満 | 30以上 |
| | 女子 | 20未満 | 20〜30未満 | 30〜35未満 | 35〜40未満 | 40以上 |
| 評　価 | | や　せ | 正　常 | 軽度肥満 | 中度肥満 | 高度肥満 |

C O L U M N

## ■「最近の肥満度の測定法」

体脂肪の測定方法として、「体重計に乗るだけ」あるいは「両手で握るだけ」といった簡便な測定器が市販され利用されています。ここではその原理について説明していきましょう。

### <インピーダンス法(bioelectrical impedance analysis: BIA)>

BIAは、人体に弱い交流電流を流したときの生体電気抵抗値、すなわちインピーダンス(Z(Ω))を身体組成の推定に応用する方法です。

人体を脂肪組織(Fat)と除脂肪組織(LBM: lean body mass)に二分して導体と考えると、組織における伝導は導体に含まれる水分とその中に溶解している電解質量に比例します。したがって、水分と電解質から構成されているLBMは水分を含まないFatに比べて、抵抗が小さく電流が流れやすいという原理が成立します。

ここで、導体の組成を均一であると仮定し、一定周波数の電気を流すと、Z(Ω)は導体の長さ(L、cm)に比例し、横断面積(a、$cm^2$)に逆比例します。

$$Z(\Omega) = \rho L / a \cdots \ (1)$$

実際の人体は形も組成も複雑ですが、総体水分量(TBW: total body water)と電解質のバランスが一定であるという前提で、以下の関係式からTBWを推定するものです。式(1)の右辺にL / Lを乗じると次式が成り立ちます。

$$Z(\Omega) = \rho L^2 / aL \cdots \ (2)$$

aLは横断面積×長さであり、導体容量(V: TBW)を意味するため、次式と置き換えることができます。

$$Z(\Omega) = \rho L^2 / V \cdots \ (3)$$

式(3)をV(TBW)について展開すると次式となり、TBWは導体の長さの2乗に比例し、インピーダンスに逆比例することになります。

$$TBW = \rho L^2 / Z \cdots \ (4)$$

周波数50kHz前後の電気を流すと、Zは抵抗(R)と等しくなり、身体組成としてのTBWは次式のような関係式から推定が可能になります。

$$TBW = 身長^2 / R \cdots \ (5)$$

このようにして推定されたTBWを以下の式に代入することによって、FatとLBMに関する情報を得ることができます。これはヒトのLBMには水分が73.2%含まれるという仮定に基づくものです。

$$LBM = TBW / 0.732$$
$$Fat = 体重 - (TBW / 0.732)$$
$$\%Fat = 100 - \%TBW / 0.732$$

近年、BIAの精度を高めるため、身長$^2$ / Rに体重、性、年齢を加えた多くの推定式が開発されています。さらに最近では、流す電流の周波数を複数にし、骨や筋量までも推定する体組成計が市販されています。

## 3 体力の測定

体力は、行動体力、および防衛体力に区分できます。行動体力は、主としてスポーツ活動に必要な種々の体力要素から構成されます。具体的には、筋力、筋持久力、敏捷性、平衡性、柔軟性、全身持久性、調整力などです。この中で健康に関連した体力要素（健康体力）は、筋力、筋持久力、全身持久性、柔軟性などです。

ここでは、行動体力を構成している体力要素のうち、敏捷性（1. 反復横とび）、瞬発力（2. 立ち幅とび）、筋力（3. 握力）、筋持久力（4. 上体起こし）、柔軟性（5. 長座体前屈）について測定方法を学び、自己の体力評価を行います。なお、走る、投げることの基礎的運動能力（6. 50m走、7. ハンドボール投げ）、持久力（8. シャトルラン）についても紹介します。

これらの測定項目は、さまざまな機会に用いられますので、大学卒業後に計測する機会がある場合は、59ページに記載した現在の記録と比較してみましょう。シャトルランを行わない場合は、最大酸素摂取量の値からシャトルランの回数を推定して、記録しましょう。

成績は、59ページの「体力テスト記録表」に記録します。

### 1. 反復横とび

**❶ 準 備**

床の上に、図のように中央ラインを引き、その両側100cmのところに 2 本の平行ラインを引く。［ストップウォッチ］

**❷ 測定方法**

中央ラインをまたいで立ち、「始め」の合図で右側のラインを越すか、または踏むまでサイドステップし（ジャンプしてはいけない）、次に中央ラインに戻り、さらに左側のラインを越すか、または触れるまでサイドステップする。

**❸ 記 録**

①上記の運動を20秒間繰り返し、それぞれのラインを通過するごとに 1 点を与える（右、中央、左、中央で 4 点になる）。

②テストを 2 回実施して、よいほうの記録をとる。

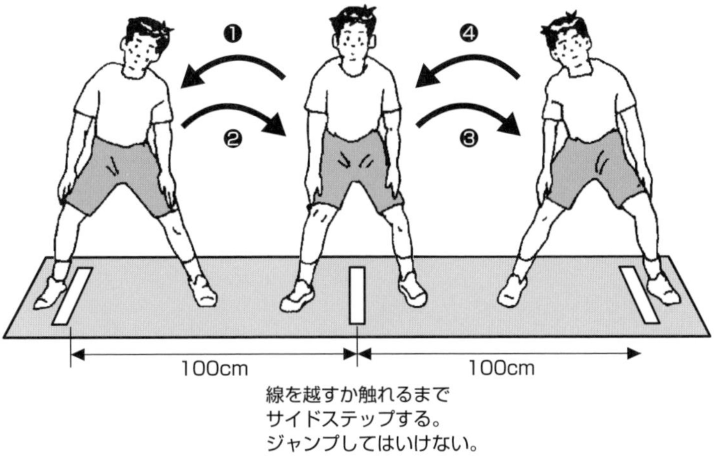
❶
❷
❸
❹
100cm
100cm
線を越すか触れるまで
サイドステップする。
ジャンプしてはいけない。

**❹ 実施上の注意**

①屋内、屋外のいずれで実施してもよいが、屋外で行う場合は、よく整地された安全で滑りにくい場所で実施すること（コンクリートなどの上では実施しない）。

②このテストは、同一の被測定者に対して続けて行わない。

③次の場合は点数としない。

・外側のラインを踏まなかったり、越えなかったりしたとき。

・中央ラインをまたがなかったとき。

## 2. 立ち幅とび

**❶ 準 備**

①屋外で行う場合：砂場の手前（30cm～1m）に踏み切り線を引く。**［砂場、巻き尺、ほうき、砂ならし］**

②屋内で行う場合：マットを壁につけて敷く。マットの手前（30cm～1m）の床にラインテープを張り、踏み切り線とする。**［マット（6m程度）、巻き尺、ラインテープ］**

**❷ 測定方法**

①両足を軽く開いて、つま先が踏み切り線の前端にそろうように立つ。

②両足で同時に踏み切って、前方へとぶ。

**❸ 記 録**

①身体が砂場（マット）に触れた位置のうち、最も踏み切り線に近い位置と、踏み切り前の両足の中央位置（踏み切り線の前端）とを結ぶ直線の距離を計測する。

②記録はcm単位とし、cm未満は切り捨てる。

③2回実施して、よいほうの記録をとる。

**❹ 実施上の注意**

①踏み切り線から砂場（マット）までの距離は、被測定者の実態によって加減する。

②踏み切りの際には、二重踏み切りにならないようにする。

③外で行う場合、踏み切り線周辺および砂場の砂面は、できるだけ整地する。

④屋内で行う場合、着地の際にマットがずれないようにテープなどで固定するとともに、片側を壁につける。滑りにくい（ずれにくい）マットを用意する。

⑤踏み切り前の両足の中央位置を任意に決めておくと、計測が容易になる。

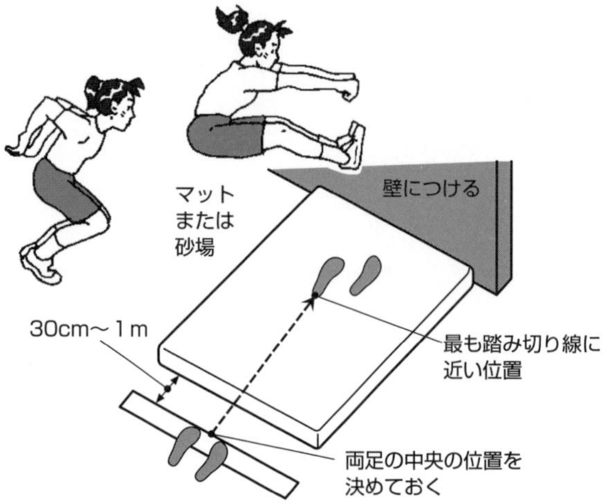

## 3. 握 力

### ❶ 準 備

［スメドレー式握力計］

### ❷ 測定方法

①握力計の指針が外側になるように持ち、図のように握る。この場合、人差し指の第2関節が、ほぼ直角になるように握りの幅を調節する。

②直立の姿勢で両足を左右に自然に開き、腕を自然に下げ、握力計を身体や衣服に触れないようにして力いっぱい握りしめる。この際、握力計を振り回さないようにする。

### ❸ 記 録

①右左交互に2回ずつ実施する。

②記録はkg単位とし、kg未満は切り捨てる。

③左右のよいほうの記録を平均し、kg未満は四捨五入する。

### ❹ 実施上の注意

①このテストは、右左の順に行う。

②このテストは、同一被測定者に対して2回続けて行わない。

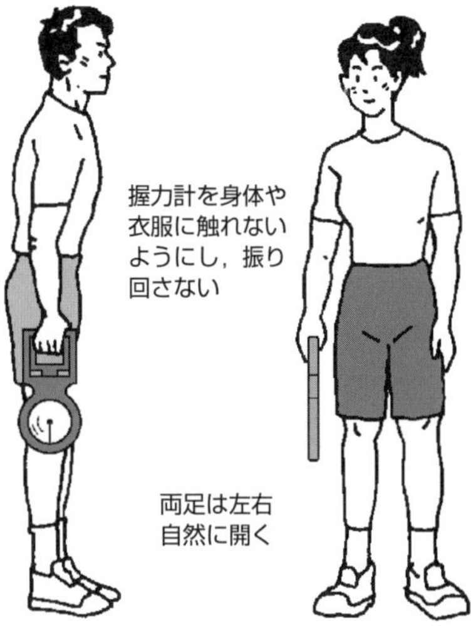
握力計を身体や
衣服に触れない
ようにし，振り
回さない
両足は左右
自然に開く

## 4. 上体起こし

### ❶ 準 備

［ストップウォッチ、マット］

### ❷ 測定方法

①マット上で仰臥姿勢をとり、両手を軽く握り、両腕を胸の前で組む。両膝の角度を90度に保つ。

②補助者は、被測定者の両膝をおさえ、固定する。

③「始め」の合図で、仰臥姿勢から、両肘と両大腿部がつくまで上体を起こす。

④素早く開始時の仰臥姿勢に戻す。

⑤30秒間、前述の上体起こしをできるだけ多く繰り返す。

### ❸ 記 録

①30秒間、前述の上体起こし（両肘と両大腿部がついた）の回数を記録する。ただし、仰臥姿勢に戻したとき、背中がマットにつかない場合は回数としない。

②実施は1回とする。

### ❹ 実施上の注意

①両腕を組み、両脇をしめる。仰臥姿勢の際は、背中（肩甲骨）がマットにつくまで上体を倒す。

②補助者は、被測定者の下肢が動かないように両腕で両膝をしっかり固定する。

しっかり固定するために、補助者は被測定者より体格が大きい者が望ましい。
③被測定者と補助者の頭がぶつからないように注意する。
④被測定者のメガネは、はずすようにする。

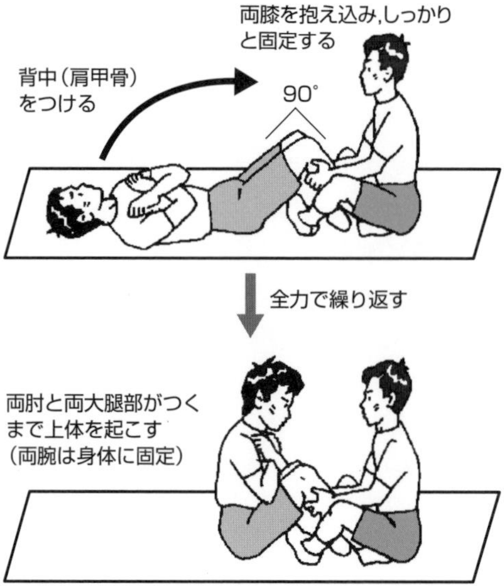


## 5. 柔軟性の測定

### ❶ 準 備

［デジタル長座体前屈計］

### ❷ 測定方法

①被測定者は長座姿勢をとる。壁に背、お尻をぴったりとつける。ただし、足首の角度は固定しない。肩幅の広さで両手のひらを下にして、手のひらの中央付近が測定器のテーブル手前の端にかかるように置き、胸を張って両肘を伸ばしたまま両手で測定器を手前に十分引きつけ、背筋を伸ばす。
②体前屈計のON / Cボタンを押す。
③両手を測定器のテーブルから離さずにゆっくりと前屈して、測定器をまっすぐ前方にできるだけ遠くまで滑らせる。このとき、膝が曲がらないように注意する。最大に前屈した後に測定器から手を離す。

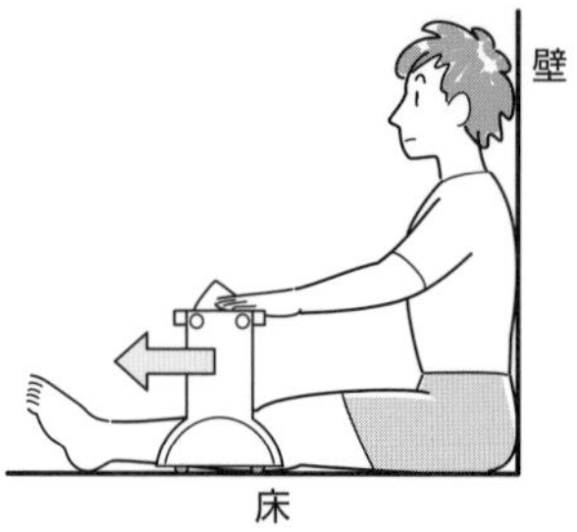


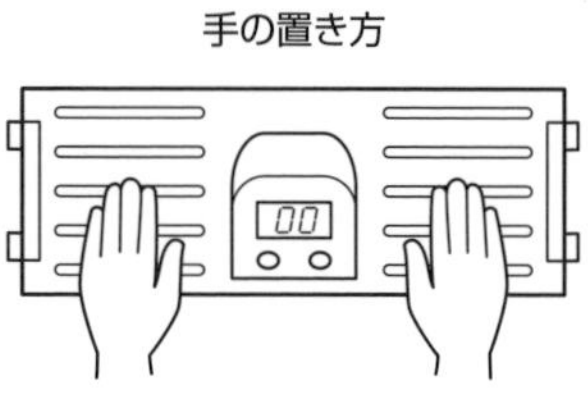

### ❸ 記 録

①初期姿勢から最大前屈時の測定器の移動距離を、表示窓から読み取る。
②記録はcm単位とし、cm未満は切り捨てる。
③２回実施して、よいほうの記録をとる。

### ❹ 実施上の注意

①前屈姿勢をとったとき、膝が曲がらないように気をつける。
②測定器がまっすぐ前方に移動するように注意する。前屈動作の途中でテーブルを戻すと、測定終了とみなし、数値を保持する。
③測定器がスムーズに滑るように床面の状態に気をつける。
④靴を脱いで実施する。

## COLUMN

**■身体のどこを「曲げている」か？**
**～「曲げていると思っていること」と「実際にやっていること」が違うかもしれない～**

長座体前屈を行う際に、「曲がっている」身体の部位がどこであるか注意してみましょう。「曲げている」部位は、腰椎や胸椎などのいわゆる「背骨」の部分ではありません。長座体前屈の形は、股関節部分が動くことにより成り立っています（股関節は骨盤のくぼみに大腿骨頭が入ってできており、可動性の高い関節です）。

脊椎部分を「曲げている」と勘違いして無理に曲げようとするため、可動域が狭くなっていることがしばしば見受けられます。股関節から動いているかどうかを補助者と確認しながら、再度、長座体前屈の測定を行ってみましょう。

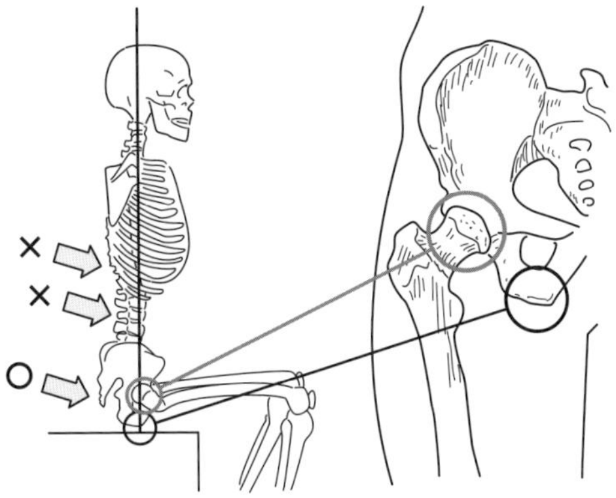

## 6. 50m走

**❶ 準 備**

**[図のような50m直走路、スタート合図用旗、ストップウォッチ]**

**❷ 測定方法**

①スタートは、クラウチングスタートの要領で行う。

②スタートの合図は、「位置について」、「用意」の後、音または声を発すると同時に、旗を下から上へ振り上げることによって行う。

**❸ 記 録**

①スタートの合図からゴールライン上に胴（頭、肩、手、足ではない）が到達するまでに要した時間を計測する。

②記録は1/10秒単位とし、1/10秒未満は切り上げる。

③実施は１回とする。

**❹ 実施上の注意**

①走路は、セパレートの直走路とし、曲走路や折り返し走路は使わない。

②走者は、スパイクやスターティングブロックなどを使用しない。

③ゴールライン後方５ｍのラインまで走らせるようにする。

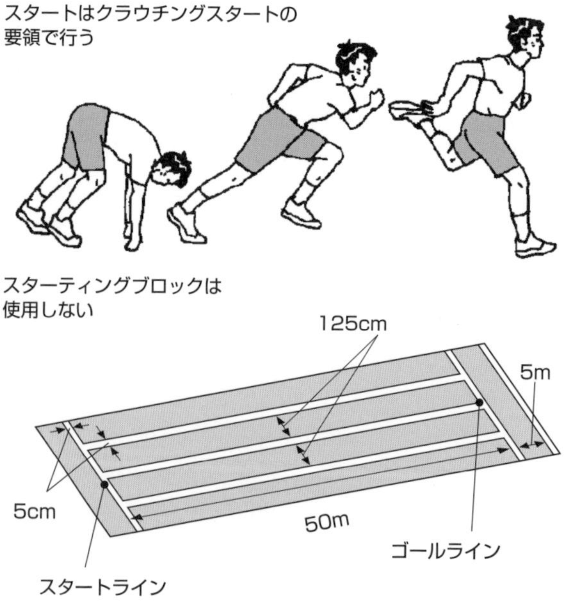

## 7. ハンドボール投げ

**❶ 準 備**

平坦な地面上に直径２ｍの円を描き、円の中心から投球方向に向かって、中心角が30度になるように直線を図のように２本引き、その間に同心円弧を１ｍ間隔に描く。

［ハンドボール２号（外周54～56cm、重さ325～400ｇ）、巻き尺］

**❷ 測定方法**

①投球は地面に描かれた円内から行う。

②投球中または投球後、円を踏んだり、越したりして円外に出てはならない。

③投げ終わったときは、静止してから円外に出る。

**❸ 記 録**

①ボールが落下した地点までの距離を、あらかじめ１ｍ間隔に描かれた円弧によって計測する。

②記録はｍ単位とし、ｍ未満は切り捨てる。

③２回実施して、よいほうの記録をとる。

**❹ 実施上の注意**

①ボールは規格に合っていれば、ゴム製のものでもよい。

②投球のフォームは自由であるが、できるだけ「下手投げ」をしないほうがよい。また、ステップして投げたほうがよい。

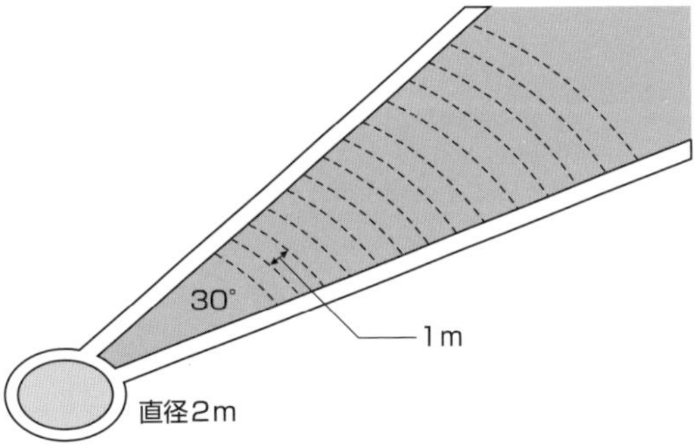


## 8. 20mシャトルラン（往復持久走）

**❶ 準 備**

［デジタイマ、20m間隔の２本の平行線］

**❷ 測定方法**

①図に示す２本のラインの一方から、テストの開始を告げる。電子音を合図にスタートする。

②「ド・レ・ミ・ファ・ソ・ラ・シ・ド」という電子音が鳴り終わるまでに20ｍ先の線に達し、向きを変えて次の電子音が鳴り終わるまでに、元の線に戻っていなければならない。この動作を繰り返す。大回りを防ぐために、線を越えるか、線に触れてからその場でターンする。電子音の鳴り終わる前に線に達した場合は、向きを変え、次の電子音が鳴り始めるまで線上でスタートを待つ。

③「ド・レ・ミ・ファ・ソ・ラ・シ・ド」という電子音の間隔は、はじめはゆっくりであるが、1分ごとに短くなる。つまり、走速度は1分ごとに増加していくが、できる限り音についていくようにする。

④電子音の速度を維持できなくなり、走るのをやめたとき、または、2回続けてどちらかの足で線に触れることができなくなったときにテストを終了する。なお、電子音からの遅れが1回の場合、次の電子音に間に合い、遅れを解消できれば、テストを継続することができる。

### ❸ 記 録

①テスト終了時（電子音についていけなくなった場合には、その直前）の折り返しの総回数を記録とする。

②57ページの表Ⅱ.1.1により、折り返しの総回数から最大酸素摂取量を推定する。

### ❹ 実施上の注意

①テスト実施前のウオーミングアップでは、足首、アキレス腱、膝などの柔軟運動（ストレッチングなどを含む）を十分に行う。

②テスト終了後は、ゆっくりとした運動などによるクーリングダウンをする。

③被測定者の健康状態に十分注意し、疾病および傷害の有無を確かめ、医師の治療を受けている者や実施が困難と認められる者については、このテストを実施しない。

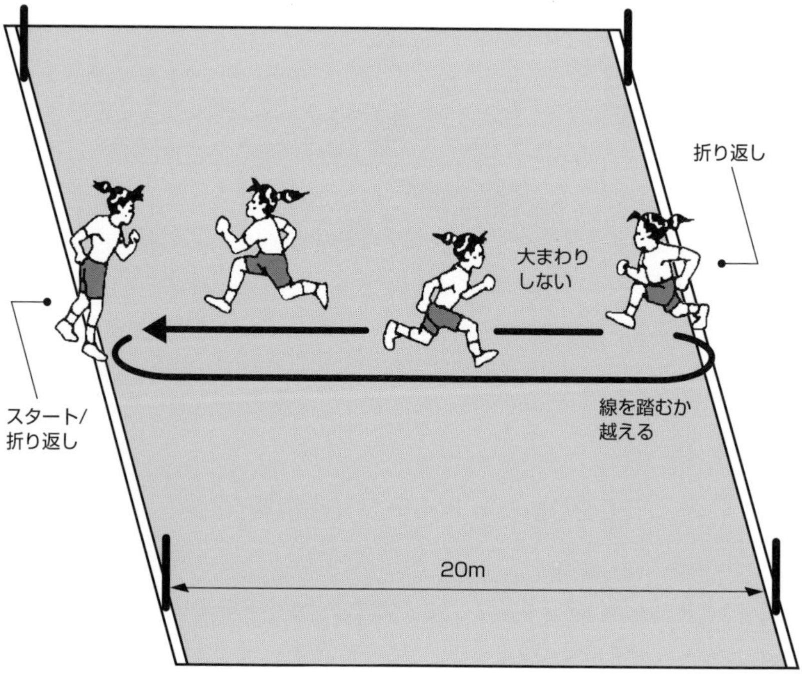

[表Ⅱ.1.1] 20mシャトルラン（往復持久走）　最大酸素摂取量推定表

| 折り返し数 | 推定最大酸素摂取量 | 折り返し数 | 推定最大酸素摂取量 | 折り返し数 | 推定最大酸素摂取量 | 折り返し数 | 推定最大酸素摂取量 |
|---|---|---|---|---|---|---|---|
| 8 | 27.8 | 46 | 36.4 | 84 | 44.9 | 122 | 53.5 |
| 9 | 28 | 47 | 36.6 | 85 | 45.1 | 123 | 53.7 |
| 10 | 28.3 | 48 | 36.8 | 86 | 45.4 | 124 | 53.9 |
| 11 | 28.5 | 49 | 37 | 87 | 45.6 | 125 | 54.1 |
| 12 | 28.7 | 50 | 37.3 | 88 | 45.8 | 126 | 54.4 |
| 13 | 28.9 | 51 | 37.5 | 89 | 46 | 127 | 54.6 |
| 14 | 29.2 | 52 | 37.7 | 90 | 46.3 | 128 | 54.8 |
| 15 | 29.4 | 53 | 37.9 | 91 | 46.5 | 129 | 55 |
| 16 | 29.6 | 54 | 38.2 | 92 | 46.7 | 130 | 55.3 |
| 17 | 29.8 | 55 | 38.4 | 93 | 46.9 | 131 | 55.5 |
| 18 | 30.1 | 56 | 38.6 | 94 | 47.2 | 132 | 55.7 |
| 19 | 30.3 | 57 | 38.8 | 95 | 47.4 | 133 | 55.9 |
| 20 | 30.5 | 58 | 39.1 | 96 | 47.6 | 134 | 56.2 |
| 21 | 30.7 | 59 | 39.3 | 97 | 47.8 | 135 | 56.4 |
| 22 | 31 | 60 | 39.5 | 98 | 48.1 | 136 | 56.6 |
| 23 | 31.2 | 61 | 39.7 | 99 | 48.3 | 137 | 56.8 |
| 24 | 31.4 | 62 | 40 | 100 | 48.5 | 138 | 57.1 |
| 25 | 31.6 | 63 | 40.2 | 101 | 48.7 | 139 | 57.3 |
| 26 | 31.9 | 64 | 40.4 | 102 | 49 | 140 | 57.5 |
| 27 | 32.1 | 65 | 40.6 | 103 | 49.2 | 141 | 57.7 |
| 28 | 32.3 | 66 | 40.9 | 104 | 49.4 | 142 | 58 |
| 29 | 32.5 | 67 | 41.1 | 105 | 49.6 | 143 | 58.2 |
| 30 | 32.8 | 68 | 41.3 | 106 | 49.9 | 144 | 58.4 |
| 31 | 33 | 69 | 41.5 | 107 | 50.1 | 145 | 58.6 |
| 32 | 33.2 | 70 | 41.8 | 108 | 50.3 | 146 | 58.9 |
| 33 | 33.4 | 71 | 42 | 109 | 50.5 | 147 | 59.1 |
| 34 | 33.7 | 72 | 42.2 | 110 | 50.8 | 148 | 59.3 |
| 35 | 33.9 | 73 | 42.4 | 111 | 51 | 149 | 59.5 |
| 36 | 34.1 | 74 | 42.7 | 112 | 51.2 | 150 | 59.8 |
| 37 | 34.3 | 75 | 42.9 | 113 | 51.4 | 151 | 60 |
| 38 | 34.6 | 76 | 43.1 | 114 | 51.7 | 152 | 60.2 |
| 39 | 34.8 | 77 | 43.3 | 115 | 51.9 | 153 | 60.4 |
| 40 | 35 | 78 | 43.6 | 116 | 52.1 | 154 | 60.7 |
| 41 | 35.2 | 79 | 43.8 | 117 | 52.3 | 155 | 60.9 |
| 42 | 35.5 | 80 | 44 | 118 | 52.6 | 156 | 61.1 |
| 43 | 35.7 | 81 | 44.2 | 119 | 52.8 | 157 | 61.3 |
| 44 | 35.9 | 82 | 44.5 | 120 | 53 | | |
| 45 | 36.1 | 83 | 44.7 | 121 | 53.2 | | |

[表Ⅱ.1.2] 項目別得点表（12～19歳対象）　〔上段：男子　下段：女子〕

| 得点 | 握力 | 上体起こし | 長座体前屈 | 反復横とび | 20mシャトルラン | 立ち幅とび | 得点 |
|---|---|---|---|---|---|---|---|
| 10 | 56kg以上<br>36kg以上 | 35回以上<br>29回以上 | 64cm以上<br>63cm以上 | 63点以上<br>53点以上 | 125回以上<br>88回以上 | 265cm以上<br>210cm以上 | 10 |
| 9 | 51～55<br>33～35 | 33～34<br>26～28 | 58～63<br>58～62 | 60～62<br>50～52 | 113～124<br>76～87 | 254～264<br>200～209 | 9 |
| 8 | 47～50<br>30～32 | 30～32<br>23～25 | 53～57<br>54～57 | 56～59<br>48～49 | 102～112<br>64～75 | 242～253<br>190～199 | 8 |
| 7 | 43～46<br>28～29 | 27～29<br>20～22 | 49～52<br>50～53 | 53～55<br>45～47 | 90～101<br>54～63 | 230～241<br>179～189 | 7 |
| 6 | 38～42<br>25～27 | 25～26<br>18～19 | 44～48<br>45～49 | 49～52<br>42～44 | 76～89<br>44～53 | 218～229<br>168～178 | 6 |
| 5 | 33～37<br>23～24 | 22～24<br>15～17 | 39～43<br>40～44 | 45～48<br>39～41 | 63～75<br>35～43 | 203～217<br>157～167 | 5 |
| 4 | 28～32<br>20～22 | 19～21<br>13～14 | 33～38<br>35～39 | 41～44<br>36～38 | 51～62<br>27～34 | 188～202<br>145～156 | 4 |
| 3 | 23～27<br>17～19 | 16～18<br>11～12 | 28～32<br>30～34 | 37～40<br>32～35 | 37～50<br>21～26 | 170～187<br>132～144 | 3 |
| 2 | 18～22<br>14～16 | 13～15<br>8～10 | 21～27<br>23～29 | 30～36<br>27～31 | 26～36<br>15～20 | 150～169<br>118～131 | 2 |
| 1 | 17kg以下<br>13kg以下 | 12回以下<br>7回以下 | 20cm以下<br>22cm以下 | 29点以下<br>26点以下 | 25回以下<br>14回以下 | 149cm以下<br>117cm以下 | 1 |

[表Ⅱ.1.3] 項目別得点表（20～64歳対象）　〔上段：男子　下段：女子〕

| 得点 | 握力 | 上体起こし | 長座体前屈 | 反復横とび | 20mシャトルラン | 立ち幅とび | 得点 |
|---|---|---|---|---|---|---|---|
| 10 | 62kg以上<br>39kg以上 | 33回以上<br>25回以上 | 61cm以上<br>60cm以上 | 60点以上<br>52点以上 | 95回以上<br>62回以上 | 260cm以上<br>202cm以上 | 10 |
| 9 | 58～61<br>36～38 | 30～32<br>23～24 | 56～60<br>56～59 | 57～59<br>49～51 | 81～94<br>50～61 | 248～259<br>191～201 | 9 |
| 8 | 54～57<br>34～35 | 27～29<br>20～22 | 51～55<br>52～55 | 53～56<br>46～48 | 67～80<br>41～49 | 236～247<br>180～190 | 8 |
| 7 | 50～53<br>31～33 | 24～26<br>18～19 | 47～50<br>48～51 | 49～52<br>43～45 | 54～66<br>32～40 | 223～235<br>170～179 | 7 |
| 6 | 47～49<br>29～30 | 21～23<br>15～17 | 43～46<br>44～47 | 45～48<br>40～42 | 43～53<br>25～31 | 210～222<br>158～169 | 6 |
| 5 | 44～46<br>26～28 | 18～20<br>12～14 | 38～42<br>40～43 | 41～44<br>36～39 | 32～42<br>19～24 | 195～209<br>143～157 | 5 |
| 4 | 41～43<br>24～25 | 15～17<br>9～11 | 33～37<br>36～39 | 36～40<br>32～35 | 24～31<br>14～18 | 180～194<br>128～142 | 4 |
| 3 | 37～40<br>21～23 | 12～14<br>5～8 | 27～32<br>31～35 | 31～35<br>27～31 | 18～23<br>10～13 | 162～179<br>113～127 | 3 |
| 2 | 32～36<br>19～20 | 9～11<br>1～4 | 21～26<br>25～30 | 24～30<br>20～26 | 12～17<br>8～9 | 143～161<br>98～112 | 2 |
| 1 | 31kg以下<br>18kg以下 | 8回以下<br>0回以下 | 20cm以下<br>24cm以下 | 23点以下<br>19点以下 | 11回以下<br>7回以下 | 142cm以下<br>97cm以下 | 1 |

[表Ⅱ.1.4] 総合評価基準表（男女共通）

| 年齢＼評価 | A | B | C | D | E |
|---|---|---|---|---|---|
| 18〜19 歳<br>表Ⅱ.1.2 の項目別得点表（12〜19 歳対象） | 49 以上 | 41〜48 | 32〜40 | 23〜31 | 22 以下 |
| 20〜24 歳<br>表Ⅱ.1.3 の項目別得点表（20〜64 歳対象） | 50 以上 | 44〜49 | 37〜43 | 30〜36 | 29 以下 |

評価基準は文部科学省新体力テスト実施要項に基づく。ただし、18〜19 歳の測定項目数は本来 8 項目（50m 走とハンドボール投げが加わる）であるため、6 項目に対応するように独自に評価基準を作成。25 歳以上は文部科学省新体力テスト実施要項を参照。

[表Ⅱ.1.5] 体力年齢判定基準表（男女共通）※表Ⅱ.1.3 の項目別得点表（20〜64 歳対象）を使用した場合。

**注意** 表Ⅱ.1.2 の項目別得点表（12〜19 歳対象）には対応していません。

| 得点 | 体力年齢 | 得点 | 体力年齢 | 得点 | 体力年齢 |
|---|---|---|---|---|---|
| 46 以上 | 20〜24 歳 | 36〜37 | 40〜44 歳 | 25〜26 | 60〜64 歳 |
| 43〜45 | 25〜29 歳 | 33〜35 | 45〜49 歳 | 22〜24 | 65〜69 歳 |
| 40〜42 | 30〜34 歳 | 30〜32 | 50〜54 歳 | 20〜21 | 70〜74 歳 |
| 38〜39 | 35〜39 歳 | 27〜29 | 55〜59 歳 | 19 以下 | 75〜79 歳 |

[表Ⅱ.1.6] 体力テスト記録表　　　　年齢（　　）歳

| 項　目 | | 記　録 | | 得　点 |
|---|---|---|---|---|
| 1）握力 | 右 | 1 回目　　kg | 2 回目　　kg | ／ |
| | 左 | 1 回目　　kg | 2 回目　　kg | ／ |
| | 右・左それぞれ大きい値の平均　　kg | | | |
| 2）上体起こし | | 回 | | |
| 3）長座体前屈 | | 1 回目　　cm | 2 回目　　cm | |
| 4）反復横とび | | 1 回目　　点 | 2 回目　　点 | |
| 5） | 最大酸素摂取量 | mL/kg/ 分 | | |
| | 20m シャトルラン | 折り返し数　　回 | | |
| 6）立ち幅とび | | 1 回目　　cm | 2 回目　　cm | |
| 得　点　合　計 | | ／ | | |
| 総　合　評　価 | | A　B　C　D　E | | |

# 2. 栄養・身体活動量評価

ここでは、体内に摂取されたエネルギーと体内で消費されたエネルギーのバランスから、適切なエネルギー摂取と消費および体組成との関わりについて実習します。

## 1. エネルギーバランス

摂取エネルギーと消費エネルギーとの差をエネルギーバランスといいます。プラスのエネルギーバランスは摂取エネルギー＞消費エネルギーであり、マイナスのエネルギーバランスは摂取エネルギー＜消費エネルギーとなります。

摂取エネルギーは、体内に取り込まれる栄養素の中でエネルギーとなる糖質、脂質、蛋白質（三大栄養素）のエネルギーの合計であり、消費エネルギーは基礎代謝量、安静時代謝量、活動時代謝量に大別されますが、食物の消化吸収のための食事誘発性産熱（DIT; diet-induced thermogenesis）も消費エネルギーに含まれます。

エネルギーバランスと体重増減の関係を図Ⅱ.2.1に示しました。エネルギーバランスが±0の状態であれば、体重の増減はなく体重は維持されます。過食による摂取エネルギーの増加や運動不足による消費エネルギーの減少はエネルギーバランスをプラスにし、体重の増加が起こります。減食などによる摂取エネルギーの減少や活発な身体活動による消費エネルギーの増加はエネルギーバランスをマイナスにし、体重の減少が起こります。

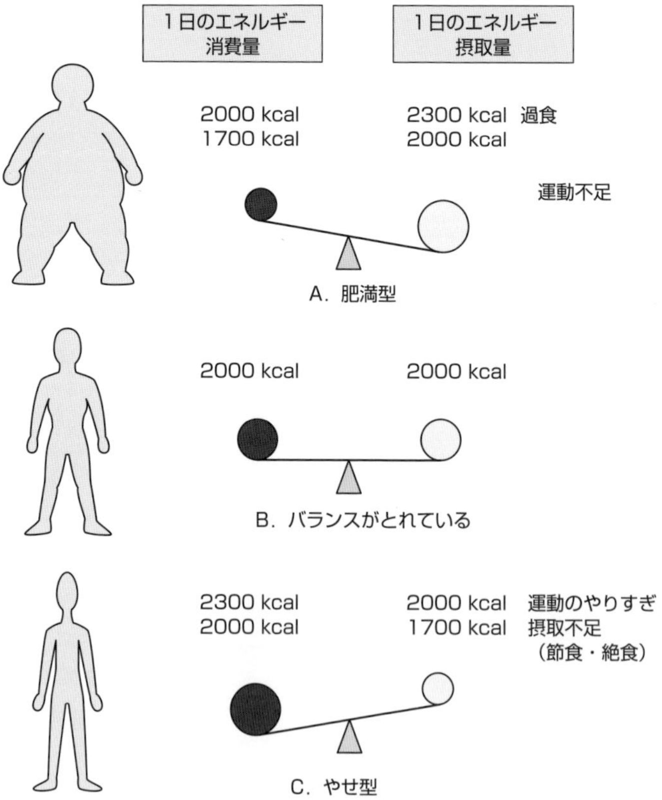


［図Ⅱ.2.1］エネルギーの摂取と消費のバランス（橋本、1984）

## 2. エネルギー摂取量の測定

個人の日常のエネルギー摂取量を正確に測定することは難しいものです。しかし、ここでは自分の食事の内容を確認し、摂取エネルギー量を計算することが目的ですので、食事記録法（目安量記録法）を用いて行います。「記録表」の記入例を参考に、3日間の食事内容を食事ごとに食物や飲み物の種類と量をすべて記録します。量は秤量することが望ましいですが、難しい場合はおおよその目安となる量を記入します。記入した内容をもとに、九大式栄養計算表（DietQ$^2$U：Diet Quesitonnaire of Q University）（資料①）を用いて、「九大式栄養計算表による1日の摂取エネルギー量の計算例」（表Ⅱ.2.1）に従って、エネルギー摂取量を計算します。

［表Ⅱ.2.1］九大式栄養計算表による１日の摂取エネルギー量の計算例

| 食行動記録表 | 計算に使用した食品など | エネルギー（kcal） | 蛋白質（g） | 脂質（g） | 糖質（g） | 食塩量（g） |
|---|---|---|---|---|---|---|
| 朝食 | | | | | | |
| ご飯　1杯 | 主食 | 252 | 3.8 | 0.5 | 55.7 | 0 |
| みそ汁　1杯 | 汁物 | 35 | 3.9 | 1.3 | 2.2 | 1.5 |
| 目玉焼き（たまご1個） | 卵 | 102 | 6.2 | 8.2 | 0.1 | 0.2 |
| 納豆 | 副菜 | 80 | 6.6 | 4 | 4.8 | 0 |
| 大根おろし | 主菜、魚、てんぷらオプション | 3 | 0.1 | 0 | 0.8 | 0 |
| しょうゆ | 調味料 | 2.8 | 0.4 | 0.0 | 0.4 | 0.6 |
| 緑茶　2杯 | 飲物 | 2 | 0.2 | 0 | 0.2 | 0 |
| 昼食（弁当） | | | | | | |
| 豚肉のソテー | 主菜、肉、豚生姜焼き×1/2 | 152 | 10.7 | 13.3 | 6 | 1.1 |
| ミニトマト　1個 | 果物等 | 4 | 0.2 | 0.0 | 1.1 | 0.0 |
| だし巻き卵 | 卵、厚焼き卵 | 95 | 6.3 | 5.3 | 5.3 | 0.7 |
| たかな+ごま | 副菜、漬け物 | 9 | 0.7 | 0.0 | 1.5 | 1.5 |
| ご飯 | 主食 | 252 | 3.8 | 0.5 | 55.7 | 0 |
| 緑茶　1杯 | 飲物 | 1 | 0.1 | 0 | 0.1 | 0 |
| 間食 | | | | | | |
| 缶コーヒー（190ml） | コーヒー飲料 | 72.2 | 1.33 | 0.57 | 15.6 | 0.2 |
| まんじゅう　1個 | 菓子、大福もち | 117 | 2.4 | 0.3 | 26.4 | 0.1 |
| 夕食 | | | | | | |
| サワラのホイル焼き | 主菜、魚類、ホイル焼き | 178 | 25.1 | 4.4 | 9.7 | 1.9 |
| なすのごま油炒め | 副菜、ほうれん草のおひたし | 29 | 3.7 | 0.4 | 4.1 | 1.3 |
| ご飯　2杯 | 主食 | 504 | 7.6 | 1 | 111.4 | 0 |
| 梅干し | 副菜、漬け物 | 9 | 0.7 | 0.0 | 1.5 | 1.5 |
| みそ汁　1杯 | 汁物 | 35 | 3.9 | 1.3 | 2.2 | 1.5 |
| 緑茶　2杯 | 飲物 | 2 | 0.2 | 0 | 0.2 | 0 |
| りんご　1／2 | 果物等 | 81 | 0.3 | 0.2 | 22.0 | 0.0 |
| | 計 | 1934 | 87.73 | 41.07 | 304.8 | 12.1 |

## 3. エネルギー消費量の測定

エネルギー消費量を測定するためには、酸素消費量を測定する必要があります。しかし、ここでは簡便法として、「エネルギー代謝率(RMR=Relative Metabolic Rate)」と「タイム·スタディー法」を用いて算出しましょう。

### ❶エネルギー代謝率

身体活動により消費されたエネルギーを、基礎代謝の何倍に相当するかで示したものを「エネルギー代謝率」といい、次式で示されます。

$$\mathrm{RMR} = \frac{\text{運動代謝}}{\text{基礎代謝}} = \frac{\text{運動時酸素消費量} - \text{安静時酸素消費量}}{\text{基礎代謝量}}$$

さまざまな身体活動時の酸素摂取量をあらかじめ測定し、RMRとして表されたものが「さまざまな動作・運動・スポーツのエネルギー代謝率」（資料②）です。

### ❷基礎代謝量の測定

生体の機能を維持していくために必要な代謝が基礎代謝です。基礎代謝は早朝覚醒時、安静臥位での酸素消費量の測定から求めますが、ここでは計算により求めてみます。基礎代謝は性、年齢、身体の大きさ（体表面積）により異なり、次式で示されます。

**基礎代謝量(kcal/時)=基礎代謝基準値（kcal/$m^2$/時間）×体表面積($m^2$)**

基礎代謝基準値は、「日本人の性・年齢別基礎代謝基準値」（表Ⅱ.2.2）、体表面積は「身長・体重別日本人の体表面積」（資料③）から求めます。

また、１日の身体活動（運動代謝）を除いた安静時の代謝は、日中は基礎代謝に比べ20～25％高く、睡眠中は基礎代謝の95％に相当するため、1日の安静代謝量は次式のようになります。

**1日の安静代謝量（kcal）＝基礎代謝（kcal/時）×（1.25×（24時間－睡眠時間）＋0.95×睡眠時間）…①**

[表Ⅱ.2.2] 日本人の性・年齢別基礎代謝基準値（単位: kcal / $m^2$ / 時間）

| 年　齢 | 男　性 | 女　性 |
|---|---|---|
| 18歳 | 38.8 | 35.9 |
| 19歳 | 38.2 | 35.3 |
| 20～29歳 | 37 | 34 |
| 30～39歳 | 36.7 | 33 |
| 40歳代：35.9、32.4　50歳代：34.7、32　60歳代：33.9、31.6（いずれも、左男性、右女性） | | |

### ❸タイム・スタディー法

ある時間内に消費されたエネルギー量は、その時間と行われた動作の強度の積として求めることができます。1日の生活行動内容を記録しておき、行動それぞれに要した時間と運動強度の積の合計から(式②)、1日の生活行動に用いられたエネルギーを求める方法をタイム·スタディー法といいます。

**1日の身体活動のエネルギー消費量（運動代謝量）=基礎代謝(kcal/時間)×Σ(RMR×時間)…②**

1日の安静代謝量（①）と1日の運動代謝量（②）の合計が1日のエネルギー消費量になります。

表Ⅱ.2.3の「タイム・スタディー法による1日のエネルギー消費量の算出例」を生活行動記録表をもとに、エネルギー消費量を算出します。ただし、資料②「さまざまな動作・運動・スポーツのエネルギー代謝率」に示されたRMRには幅があり、同一の動作が含まれていない場合は類似する運動·動作のものを用いて算出してください。

[表Ⅱ.2.3] タイムスタディー法による1日のエネルギー消費量の算出例　〔例；男性（18歳、身長172cm、体重66kg）〕

| 時刻 | 生活行動記録表 |
|---|---|
| 7:00 | 起床 |
| 7:00-7:10 | 洗顔等 |
| 7:10-7:30 | 朝食 |
| 7:30-7:45 | 身支度 |
| 7:45-7:55 | 駅まで小走り |
| 7:55-8:25 | 電車(満員、立位) |
| 8:25-8:40 | 移動 |
| 8:40-12:00 | 授業(座位) |
| 12:00-12:10 | 移動 |
| 12:10-12:30 | 昼食 |
| 12:30-13:00 | 休憩·談話 |
| 13:00-18:10 | 授業 |
| 18:10-18:30 | 移動 |
| 18:30-19:00 | 電車(立位) |
| 19:00-19:15 | 家まで歩く |
| 19:15-20:00 | 休憩·談話 |
| 20:00-20:30 | 夕食 |
| 20:30-21:30 | テレビを見る |
| 21:30-22:00 | 入浴 |
| 22:00-23:30 | 宿題(パソコン使用) |
| 23:30 | 就寝 |

| 運動動作の種類 | RMR | 時間(hr) | RMR×時間(hr) |
|---|---|---|---|
| 洗顔等→炊事 | 1.0 | 0.17 | 0.17 |
| 朝食→食事 | 0.5 | 0.33 | 0.165 |
| 身支度→炊事 | 1.0 | 0.25 | 0.25 |
| 駅まで小走り→ランニング120m | 6.0 | 0.17 | 1.02 |
| 電車(立位) | 2.0 | 0.5 | 1 |
| 移動→歩行60m | 2.7 | 0.25 | 0.675 |
| 授業(座位)→読書·筆記 | 0.3 | 3.33 | 0.999 |
| 移動→歩行60m | 2.7 | 0.17 | 0.459 |
| 昼食→食事 | 0.5 | 0.33 | 0.165 |
| 休憩·談話→会議 | 0.5 | 0.5 | 0.25 |
| 授業(座位)→読書·筆記 | 0.3 | 5.17 | 1.551 |
| 移動→歩行60m | 2.7 | 0.33 | 0.891 |
| 電車(立位) | 1.0 | 0.5 | 0.5 |
| 家まで歩く→80m | 3.5 | 0.25 | 0.875 |
| 休憩·談話→会議 | 0.5 | 0.75 | 0.375 |
| 夕食→食事 | 0.5 | 0.5 | 0.25 |
| テレビを見る | 0.2 | 1 | 0.2 |
| 入浴 | 1.8 | 0.5 | 0.9 |
| パソコン入力 | 1.0 | 1.5 | 1.5 |
| 計 | | 16.5 | 12.195 |
| | | | |
| 睡眠 | - | 7.5(24−16.5) | |

基礎代謝量(kcal/時)=体表面積×性·年齢別基礎代謝基準値…①
=1.73×38.8=67.12(kcal/時)
安静代謝量=基礎代謝(kcal/時;①)×(1.25×(24時間−睡眠時間)+0.95×睡眠時間)…②
=67.12kcal/時×(1.25×16.5+0.95×7.5)=1863kcal
運動代謝量=基礎代謝(kcal/時;①)×Σ(RMR×時間)…③
=67.12kcal/時×12.195=818kcal

**1日の総エネルギー消費量=1863+818=2681kcal**

# 《資　料》

[資料①.1]

| | DietQ²Uv2.1<br>(できるだけ近い食品を選ぶ) | 1単位の目安×量・大きさ | エネルギー(kcal) | 蛋白質(g) | 脂質(g) | 炭水化物(g) | 食塩相当量(g) |
|---|---|---|---|---|---|---|---|
| 【主食】 | 白ご飯 | 普通の茶碗1杯(150g) | 252 | 3.8 | 0.5 | 55.7 | 0.0 |
| | 白ご飯 | どんぶり1杯(250g) | 420 | 6.3 | 0.8 | 92.8 | 0.0 |
| | おにぎり(具なし・梅干くらいの具) | コンビニの三角おにぎり1個 | 215 | 3.2 | 0.4 | 47.3 | 0.6 |
| | おにぎり(具あり・こってり系) | コンビニの三角おにぎり1個 | 263 | 5.2 | 4.7 | 47.9 | 1.0 |
| | 魚のにぎり寿司 | 魚のにぎり1個(平均) | 109 | 5.4 | 1.7 | 17.0 | 0.8 |
| | 太巻き寿司 | 1切れ | 68 | 1.3 | 0.3 | 14.5 | 0.3 |
| | ちらし寿司 | 1人前 | 428 | 14.2 | 2.6 | 86.9 | 3.8 |
| | もち | 角もち1個(50g) | 118 | 2.1 | 0.4 | 25.2 | 0.0 |
| | 食パン | 6枚切り1枚(4枚切りは×1.5) | 158 | 5.6 | 2.6 | 28.0 | 0.8 |
| | ロールパン | 1個(30g) | 95 | 3.0 | 2.7 | 14.6 | 0.4 |
| | クロワッサン | 中1個(40g) | 179 | 3.2 | 10.7 | 17.6 | 0.5 |
| | (パンのオプション) | | | | | | |
| | マーガリン | 10g | 76 | 0.0 | 8.2 | 0.1 | 0.1 |
| | ジャム | 10g | 20 | 0.1 | 0.0 | 4.8 | 0.0 |
| | はちみつ | 10g | 29 | 0.0 | 0.0 | 8.0 | 0.0 |
| | あんぱん | 1個(100g) | 280 | 7.9 | 5.3 | 50.2 | 0.7 |
| | クリームパン | 1個(70g) | 213 | 7.2 | 7.6 | 29.0 | 0.6 |
| | メロンパン | 1個 | 466 | 10.7 | 14.2 | 73.9 | |
| | アップルパイ | 1個(100g) | 304 | 4.0 | 17.5 | 32.7 | 0.7 |
| | カレーパン | 1個 | 398 | 10.2 | 22.9 | 37.7 | |
| | コーンフレーク | 40g(1食分,牛乳;飲物参照) | 152 | 3.1 | 0.7 | 33.4 | 0.8 |
| | ピザ | 大の1/8枚分くらい | 89 | 3.9 | 4.6 | 7.7 | 0.3 |
| | 肉まん | 1個 | 201 | 7.4 | 3.5 | 34.9 | 0.7 |
| | 親子丼 | 丼1杯分 | 594 | 23.4 | 13.9 | 88.1 | 3.3 |
| | カツ丼 | 丼1杯分 | 670 | 27.4 | 22.4 | 85.1 | 4.2 |
| | 牛丼 | 丼1杯分(吉野家の並くらい) | 530 | 19.6 | 9.7 | 86.1 | 1.7 |
| | カレーライス | 1人前弱 | 508 | 14.8 | 7.9 | 90.8 | 3.4 |
| | オムライス | 1人前くらい | 715 | 26.3 | 29.4 | 79.6 | 2.6 |
| | 炒飯 | 1人前くらい | 621 | 13.2 | 25.9 | 79.5 | 2.8 |
| | ミックスサンドイッチ(ハム・卵) | 直角三角形のを1個 | 171 | 5.6 | 7.9 | 19.6 | 0.8 |
| | かつサンドイッチ | 直角三角形のを1個 | 239 | 8.0 | 10.0 | 28.9 | 1.2 |
| | チーズバーガー | 1個 | 330 | 18.5 | 12.2 | 32.4 | 1.4 |
| | ホットドッグ(プレーンドッグ) | 1本 | 410 | 13.6 | 23.4 | 33.7 | 2.2 |
| | かけうどん | 1杯 | 313 | 8.1 | 0.9 | 63.9 | 5.0 |
| | かけそば | 1杯 | 379 | 15.3 | 2.3 | 73.1 | 3.8 |
| | (そば・うどんのオプション) | | | | | | |
| | えび天 | 2尾 | 173 | 10.0 | 10.9 | 7.6 | 0.2 |
| | 肉 | 味付け肉 | 117 | 8.4 | 5.8 | 5.4 | 1.5 |
| | きつね | 味付け油揚げ2枚 | 115 | 4.0 | 6.6 | 9.1 | 2.5 |
| | 月見 | 卵1個 | 76 | 6.2 | 5.2 | 0.2 | 0.2 |
| | わかめ | | 1 | 0.1 | 0.0 | 0.4 | 0.2 |
| | ラーメン | 1杯 | 514 | 16.7 | 19.9 | 65.4 | 4.2 |
| | 焼きそば | 1人前 | 438 | 12.2 | 15.3 | 61.1 | 2.6 |
| | ちゃんぽん | 1杯分 | 700 | 21.6 | 37.5 | 65.9 | 3.6 |
| | スパゲッティ(ミートソース) | 一皿分 | 601 | 27.4 | 29.3 | 60.7 | 2.7 |
| | スパゲッティ(カルボナーラ) | 一皿分 | 667 | 23.4 | 35.8 | 58.5 | 2.3 |
| | マカロニグラタン | グラタン皿一皿分 | 520 | 19.4 | 33.2 | 33.8 | 1.4 |
| | カップヌードル | 1個 | 363 | 9.8 | 16.0 | 44.9 | 4.0 |
| | カップ焼きそば(インスタント) | 1個 | 561 | 9.6 | 23.7 | 77.2 | 4.7 |

[資料①.2]

| | DietQ²Uv2.1<br>（できるだけ近い食品を選ぶ） | 1単位の目安×量・大きさ | エネルギー(kcal) | 蛋白質(g) | 脂質(g) | 炭水化物(g) | 食塩相当量(g) |
|---|---|---|---|---|---|---|---|
| 【主菜】肉類 | 焼肉 | 1人前くらい | 488 | 23.0 | 35.1 | 17.9 | 1.2 |
| | 焼肉オプション：たれ | 17g（大さじ1） | 21 | 0.6 | 0.1 | 4.5 | 0.9 |
| | 肉じゃが | （主菜として）一皿分 | 367 | 8.0 | 25.1 | 26.9 | 1.7 |
| | すきやき | たっぷり1人前 | 704 | 40.7 | 42.7 | 38.6 | 4.9 |
| | ビーフシチュー | たっぷり一皿分 | 545 | 18.4 | 43.8 | 14.5 | 2.6 |
| | ハンバーグ（ソースあり） | 1個 | 389 | 21.4 | 26.6 | 12.0 | 2.1 |
| | 豚肉生姜焼き | 1人前くらい | 304 | 14.2 | 24.9 | 2.6 | 1.0 |
| | ぎょうざ（たれあり） | 中1個 | 75.8 | 3.0 | 3.0 | 8.6 | 0.4 |
| | 麻婆豆腐 | 1人前 | 288 | 17.3 | 19.0 | 10.1 | 3.2 |
| | とんかつ | 大きいの一枚（100g） | 479 | 23.0 | 36.3 | 11.1 | 1.3 |
| | メンチかつ | 1個 | 347 | 14.0 | 22.2 | 20.0 | 1.8 |
| | 鶏のから揚げ | 1個（唐揚げ弁当サイズ） | 55.8 | 3.6 | 3.7 | 1.2 | 0.3 |
| | クリームシチュー | 一皿分 | 444 | 20.3 | 23.4 | 37.7 | 1.9 |
| | チキンソテー | 大きめの一枚 | 301 | 20.4 | 27.7 | 1.5 | 1.7 |
| | 焼き鳥 | 1本 | 101 | 5.7 | 5.7 | 6.5 | 0.8 |
| 魚類 | あじ塩焼き | 1尾 | 121 | 20.7 | 3.5 | 0.1 | 2.8 |
| | さんま塩焼き | 中くらいの1/2尾 | 217 | 12.9 | 17.2 | 0.1 | 2.2 |
| | 魚の照り焼き | （ぶり）1切れ | 236 | 18.1 | 14.1 | 4.7 | 1.8 |
| | ホイル焼き（魚と野菜） | （鮭）大を1切れ | 178 | 25.1 | 4.4 | 9.7 | 1.9 |
| | ホイル焼き（きのこ） | 副菜サイズ | 45 | 1.9 | 4.2 | 2.1 | 0.6 |
| | さば味噌煮 | さば1切れ | 176 | 15.8 | 8.9 | 5.1 | 1.8 |
| | 煮魚（白身） | 1切れ | 122 | 16.3 | 1.1 | 8.7 | 0.7 |
| | いかと里芋の煮物 | （主菜として）一皿分 | 213 | 17.7 | 1.4 | 32.2 | 2.6 |
| | さば竜田揚げ | （さば）1枚程度 | 232 | 16.9 | 14.7 | 5.8 | 0.9 |
| | わかさぎ南蛮漬け | 中3尾くらい | 194 | 11.9 | 9.4 | 13.6 | 1.5 |
| | てんぷら（いか） | 3〜4切れ | 163 | 13.3 | 8.2 | 7.6 | 0.4 |
| | てんぷら（えび） | 車えび小さいの1尾 | 89 | 6.1 | 4.3 | 6.1 | 0.1 |
| | てんぷら（白身魚） | 1切れ | 35 | 3.8 | 2.1 | 0.0 | 0.1 |
| | てんぷら（かきあげ） | 1枚分くらい | 169 | 7.4 | 7.3 | 17.3 | 0.5 |
| | （オプション）天つゆ | | 8 | 0.4 | 0.0 | 0.8 | 0.7 |
| | （オプション）大根おろし | | 3 | 0.1 | 0.0 | 0.8 | 0.0 |
| | 刺身（いか） | 1切れ（10g） | 8 | 1.8 | 0.1 | 0.0 | 0.0 |
| | 刺身（まぐろ） | 1切れ（10g） | 12 | 2.6 | 0.1 | 0.0 | 0.0 |
| | （オプション）つけじょうゆ | | 7 | 0.8 | 0.0 | 1.0 | 1.5 |
| | ししゃもの干物 | 1尾 | 35 | 3.1 | 2.3 | 0.1 | 0.3 |
| 野菜 | 野菜の炊き合わせ | （副菜として）一皿分 | 191 | 11.0 | 3.8 | 32.2 | 5.9 |
| | 野菜炒め | （主菜として）一皿分 | 231 | 2.9 | 20.3 | 10.9 | 1.0 |
| | （オプション）肉 | 60g | 182 | 10.9 | 14.5 | 0.2 | 0.1 |
| | （オプション）ソーセージ | 魚肉ソーセージ1本orウインナー | 178 | 7.6 | 14.8 | 3.7 | 1.1 |
| | 筑前煮 | （主菜として）一皿分 | 292 | 11.7 | 17.7 | 21.8 | 1.9 |
| | 八宝菜 | 一皿分 | 371 | 24.3 | 17.0 | 29.1 | 2.8 |
| | ポテトコロッケ | 1個 | 192 | 5.2 | 11.5 | 16.0 | 1.5 |
| | クリームコロッケ | 1個 | 174 | 4.5 | 10.0 | 14.0 | 0.5 |
| | てんぷら（サツマイモ） | 1個 | 27.6 | 0.3 | 1.1 | 4.1 | 0.0 |
| | てんぷら（かぼちゃ） | 1個 | 40.9 | 0.6 | 2.6 | 3.4 | 0.0 |
| | てんぷら（しいたけ） | 1個 | 24.3 | 0.4 | 1.7 | 1.7 | 0.0 |
| | てんぷら（なすび） | 1個 | 28.9 | 0.5 | 1.8 | 2.3 | 0.0 |

[資料①.3]

| | DietQ²Uv2.1<br>(できるだけ近い食品を選ぶ) | 1単位の目安×量・大きさ | エネルギー(kcal) | 蛋白質(g) | 脂質(g) | 炭水化物(g) | 食塩相当量(g) |
|---|---|---|---|---|---|---|---|
| 鍋類 | 水炊き(つけじょうゆあり) | 1人前 | 265 | 22.5 | 15.4 | 9.5 | 1.4 |
| | 寄せ鍋 | 1人前 | 238 | 31.1 | 9.8 | 6.5 | 2.5 |
| | おでん(大根) | 1個 | 17 | 0.6 | 0.1 | 4.0 | 0.5 |
| | おでん(こんにゃく) | 三角の1個 | 12 | 0.4 | 0.0 | 3.8 | 0.5 |
| | おでん(牛すじ) | 1個 | 38 | 6.0 | 1.0 | 1.5 | 0.5 |
| | おでん(さつまあげ) | 1個 | 62 | 5.3 | 1.5 | 7.1 | 1.3 |
| | おでん(つみれ) | 1個 | 40 | 3.9 | 1.3 | 3.5 | 0.9 |
| 卵 | ゆで卵・生卵 | 1個 | 76 | 6.2 | 5.2 | 0.2 | 0.2 |
| | 目玉焼き(何もつけない) | 卵1個分 | 102 | 6.2 | 8.2 | 0.1 | 0.2 |
| | (オプション)ハム | ハム2枚くらい | 39 | 3.3 | 2.8 | 0.3 | 0.5 |
| | プレーンオムレツ | 卵2個分程度 | 234 | 12.4 | 19.4 | 0.5 | 1.0 |
| | (オプション)具 | ひき肉(50gくらい) | 186 | 10.6 | 12.7 | 7.4 | 1.5 |
| | 厚焼卵 | 卵1個分 | 95 | 6.3 | 5.3 | 5.3 | 0.7 |
| 【副菜】 | 茶碗蒸し | 茶碗蒸し碗1個分 | 86 | 11.2 | 3.4 | 3.0 | 1.5 |
| | 冷奴 | 小パック1個分(150g) | 108 | 9.9 | 6.3 | 2.4 | 0.0 |
| | (オプション)しょうゆ | 少々(5g) | 3 | 0.4 | 0.0 | 0.5 | 0.7 |
| | 納豆 | 四角パック1個分 | 80 | 6.6 | 4.0 | 4.8 | 0.0 |
| | (オプション)しょうゆたれ | | 2 | 0.2 | 0.0 | 0.3 | 0.4 |
| | たらこ(明太子) | 1/2腹分 | 56 | 9.6 | 1.9 | 0.2 | 1.9 |
| | 里芋の煮ころがし | 小鉢一皿分 | 89 | 2.5 | 0.1 | 17.5 | 1.7 |
| | ほうれん草のお浸し | 小鉢一皿分 | 29 | 3.7 | 0.4 | 4.1 | 1.3 |
| | ひじきの煮物 | 小鉢一皿分 | 118 | 3.9 | 6.5 | 15.5 | 1.4 |
| | 酢の物 | 小鉢一皿分 | 36 | 2.3 | 0.2 | 7.3 | 2.7 |
| | 漬け物 | 小鉢一皿分 | 9 | 0.7 | 0.0 | 1.5 | 1.5 |
| | 人参グラッセ | 4個(40g)くらい | 35 | 0.3 | 1.8 | 4.6 | 0.3 |
| | フライドポテト | じゃがいも小1個分(100g) | 168 | 1.6 | 10.1 | 17.7 | 0.1 |
| サラダ | ポテトサラダ | 小鉢一皿分 | 195 | 2.3 | 11.4 | 22.1 | 2.3 |
| | コールスロー(キャベツ) | 小鉢一皿分 | 89 | 1.0 | 7.8 | 4.5 | 0.2 |
| | ごぼうサラダ | 小鉢一皿分 | 135 | 1.7 | 11.1 | 7.5 | 0.7 |
| | マカロニサラダ | 小鉢一皿分 | 209 | 5.2 | 14.5 | 14.6 | 1.5 |
| | グリーンサラダ | 小鉢一皿分 | 37 | 2.0 | 0.2 | 9.0 | 0.0 |
| | (オプション)プロセスチーズ | 6Pチーズの1個(25g) | 84 | 5.7 | 6.5 | 0.3 | 0.7 |
| | (オプション)フレンチドレッシング | 1回分(15g) | 60 | 0.0 | 6.3 | 0.9 | 0.5 |
| | (オプション)マヨネーズ | 1回分(15g) | 105 | 0.2 | 11.3 | 0.7 | 0.3 |
| 【汁物】 | 味噌汁 | お椀1杯分 | 35 | 3.9 | 1.3 | 2.2 | 1.5 |
| | (オプション)豆腐 | 30g | 21 | 2.0 | 1.3 | 0.5 | 0.0 |
| | (オプション)わかめ | 0.5g | 1 | 0.1 | 0.0 | 0.2 | 0.1 |
| | (オプション)油揚げ | 5g | 19 | 0.9 | 1.7 | 0.1 | 0.0 |
| | (オプション)大根 | 20g | 3 | 0.1 | 0.0 | 0.8 | 0.0 |
| | すまし汁 | お椀1杯分 | 13 | 2.6 | 0.1 | 1.3 | 1.1 |
| | 豚汁 | お椀1杯分 | 133 | 8.8 | 5.5 | 12.7 | 2.0 |
| | 野菜スープ(澄んだスープ) | スープカップ1杯分 | 95 | 5.3 | 5.7 | 5.9 | 1.3 |
| | コーンクリームスープ | スープカップ1杯分 | 64 | 1.2 | 2.1 | 10.1 | 1.1 |
| | かきたまスープ | お椀1杯分 | 45 | 2.8 | 1.7 | 4.5 | 1.8 |

[資料①.4]

| | DietQ²Uv2.1<br>（できるだけ近い食品を選ぶ） | 1単位の目安×量・大きさ | エネルギー(kcal) | 蛋白質(g) | 脂質(g) | 炭水化物(g) | 食塩相当量(g) |
|---|---|---|---|---|---|---|---|
| 【果物】 | いちご | 1粒 | 5 | 0.1 | 0.0 | 1.3 | 0.0 |
| | 温州みかん | 1個 | 46 | 0.7 | 0.1 | 12.0 | 0.0 |
| | かき | 中1個 | 90 | 0.6 | 0.3 | 23.9 | 0.0 |
| | キウイフルーツ | 小1個 | 39 | 0.8 | 0.1 | 10.1 | 0.0 |
| | グレープフルーツ | 1個 | 114 | 2.7 | 0.3 | 28.8 | 0.0 |
| | すいか | 1切れ | 37 | 0.6 | 0.1 | 9.5 | 0.0 |
| | なし | 大1個 | 172 | 1.2 | 0.4 | 45.2 | 0.0 |
| | バナナ | 1本 | 86 | 1.1 | 0.2 | 22.5 | 0.0 |
| | ぶどう | 1粒（巨峰サイズ） | 8 | 0.1 | 0.0 | 2.4 | 0.0 |
| | メロン | 中1/2個 | 84 | 2.2 | 0.2 | 20.6 | 0.0 |
| | もも | 1個 | 80 | 1.2 | 0.2 | 20.4 | 0.0 |
| | りんご | 1個 | 162 | 0.6 | 0.3 | 43.8 | 0.0 |
| | トマト,ミニトマト | 1/4もしくは2個（30g） | 8 | 0.3 | 0.0 | 2.2 | 0.0 |
| 【菓子】 | カステラ1切れ | 50g | 155 | 3.1 | 2.3 | 31.6 | 0.1 |
| | 大福もち | 1個（50g） | 117 | 2.4 | 0.3 | 26.4 | 0.1 |
| | どら焼き | 1個（70g） | 198 | 4.3 | 1.8 | 41.2 | 0.2 |
| | 飴玉 | 1個（3g） | 11 | 0.0 | 0.0 | 2.9 | 0.0 |
| | ガム | 1個 | 11 | 0.0 | 0.0 | 2.9 | 0.0 |
| | 塩せんべい | 1枚（10g） | 37 | 0.8 | 0.1 | 8.3 | 0.2 |
| | シュークリーム | 1個（60g） | 147 | 5.0 | 8.2 | 13.4 | 0.2 |
| | ショートケーキ | 1個（100g） | 344 | 7.4 | 14.0 | 47.1 | 0.2 |
| | ゼリー | 1カップ（100g） | 70 | 2.3 | 0.0 | 15.3 | 0.0 |
| | プリン | 小1カップ | 131 | 4.1 | 5.9 | 15.3 | |
| | ヨーグルト | 小1カップ（90g） | 81 | 3.1 | 2.1 | 12.7 | |
| | ハードビスケット | 1枚（8g） | 34 | 0.6 | 0.8 | 6.2 | 0.1 |
| | ポテトチップス | 1袋（95g） | 526 | 4.5 | 33.4 | 52.0 | 0.9 |
| | コーンスナック | 1袋（95g） | 473 | 4.7 | 24.4 | 58.8 | 1.1 |
| | ミルクチョコレート | 板チョコ1枚（70g） | 389 | 5.2 | 23.8 | 38.8 | 0.1 |
| | ドーナツ（チョコファッション） | ミスタードーナツ1個 | 295 | 2.9 | 18.9 | 28.2 | |
| | アイスクリーム | 1カップ（80g） | 179 | 2.5 | 10.9 | 17.8 | 0.2 |
| | ソフトクリーム | 1個 | 146 | 3.8 | 5.6 | 20.1 | 0.0 |
| 【飲物】 | 牛乳 | コップ1杯分（200cc） | 134 | 6.6 | 7.6 | 9.6 | 0.2 |
| | 豆乳 | コップ1杯分（200cc） | 92 | 7.2 | 4.0 | 6.2 | 0.0 |
| | ジュース（りんご,オレンジ等） | コップ1杯分（200cc） | 84 | 1.2 | 0.2 | 22.1 | 0.0 |
| | トマト・野菜ジュース（塩あり） | 100ccあたり | 17 | 0.7 | 0.1 | 4.0 | 0.6 |
| | スポーツ・ドリンク（低カロリー） | 100ccあたり | 19 | 0.0 | 0.0 | 4.7 | |
| | 乳酸菌飲料 | 100ccあたり | 71 | 1.1 | 0.1 | 16.4 | 0.0 |
| | お茶（煎茶・紅茶・ウーロン茶） | 100ccあたり | 1 | 0.1 | 0.0 | 0.1 | 0.0 |
| | コーヒー | カップ1杯分（150cc） | 6 | 0.3 | 0.0 | 1.1 | 0.0 |
| | （オプション）さとう | 5g（スティックシュガー1本） | 19 | 0.0 | 0.0 | 5.0 | 0.0 |
| | （オプション）ミルク | ホワイトナー小1個（5g） | 11 | 0.3 | 0.9 | 0.3 | 0.0 |
| | コーヒー飲料 | 100ccあたり | 38 | 0.7 | 0.3 | 8.2 | 0.1 |
| | 炭酸飲料（コーラ等） | 350cc缶1本 | 161 | 0.3 | 0.0 | 39.9 | 0.0 |
| | ビール | 350cc缶1本 | 140 | 1.1 | 0.0 | 10.9 | 0.0 |
| | ウイスキー | シングル1杯（20g） | 47 | 0.0 | 0.0 | 0.0 | 0.0 |
| | ワイン | グラス1杯（100cc） | 78 | 0.2 | 0.0 | 2.0 | 0.0 |
| | チューハイ | 350cc缶1本 | 210 | 0.4 | 0.0 | 27.1 | 0.0 |
| | 日本酒 | 1合（180cc） | 198 | 0.9 | 0.0 | 9.0 | 0.0 |
| 【調味料】 | 醤油 | 2g（魚型容器1本） | 1.4 | 0.2 | 0.0 | 0.2 | 0.3 |
| | とんかつソース | 10g（弁当用1パック） | 13 | 0.1 | 0.0 | 3.1 | 0.6 |
| | ケチャップ | 12g（弁当用1パック） | 14 | 0.2 | 0.0 | 3.3 | 0.4 |
| | マヨネーズ | 12g（弁当用1パック） | 84 | 0.2 | 9.0 | 0.5 | 0.2 |
| | ドレッシング（油系） | 15g（弁当用1パック） | 61 | 0.0 | 6.3 | 0.9 | 0.5 |
| | ノンオイルドレッシング | 15g（弁当用1パック） | 12 | 0.5 | 0.0 | 2.4 | 1.1 |

[資料②] さまざまな動作・運動・スポーツのエネルギー代謝率

| | 運動・動作 | RMR |
|---|---|---|
| 日常生活・仕事 | 静かに坐っている | 0.1 |
| | 読書・筆記 | 0.3 |
| | 乗り物　座っている | 0.5 |
| | 乗り物　立っている | 1 |
| | 乗り物　満員の中立っている | 2 |
| | 乗り物　運転 | 0.8−1.2 |
| | 階段・昇り | 7 |
| | 階段・降り | 3 |
| | 活け花 | 0.6 |
| | ピアノを弾く | 0.5−2.5 |
| | ミシン | 0.8−1.2 |
| | 炊事 | 1.0−2.0 |
| | 和洋裁 | 0.5−0.7 |
| | 育児・看病 | 0.6 |
| | ふき掃除 | 1.7−5.0 |
| | はき掃除 | 2.5 |
| | 洗濯　自動 | 1 |
| | 洗濯　手洗い | 1.5−2.5 |
| | 入浴 | 1.8 |
| | 食事 | 0.5 |
| | テレビを見る | 0.2 |
| | 会議 | 0.5 |
| | 講義（立位） | 1 |
| | 事務作業 | 0.8 |
| | パソコン入力 | 1 |
| | 立位軽作業（売り子） | 1.5−2.5 |
| | 歩行を主とした軽作業（配達） | 2.5−4.0 |
| | 自転車を主とした軽作業（配達） | 2.5−4.0 |
| | 自動車を主とした軽作業（配達） | 0.5−1.5 |
| | 軽い筋肉労働（園芸・草刈り） | 2.0−5.0 |
| | 中程度の筋肉労働（大工・農作業） | 3.0−6.0 |
| | 強度の筋肉労働（土木・重量物運搬） | 4.0−8.0 |
| 歩行 | 60m/分 | 2.7 |
| | 70m/分 | 3 |
| | 80m/分 | 3.5 |
| | 90m/分 | 4 |
| | 100m/分 | 5 |
| | 110m/分 | 6.4 |
| | 120m/分 | 8.5 |
| ランニング | 120m/分 | 6 |
| | 140m/分 | 7 |
| | 160m/分 | 8.5 |
| | 180m/分 | 10 |
| | 200m/分 | 12 |
| | 220m/分 | 14 |
| | 240m/分 | 16 |
| スポーツ | サイクリング　10km/時 | 3 |
| | 15km/時 | 4 |
| | 20km/時 | 5 |
| | 25km/時 | 6 |
| | ラジオ体操 | 4 |
| | 筋力トレーニング | 4.0−7.0 |
| | ウエイトリフティング　プレス | 90 |
| | スナッチ | 110 |
| | ジャーク | 120 |
| | ボディビル　ダンベル | 11−12 |
| | バーベル | 7−11 |

| 運動・動作 | RMR |
|---|---|
| 縄跳び　60−70回／分 | 8 |
| 70−80回／分 | 9.5 |
| 80−90回／分 | 11 |
| 陸上競技 | |
| ・走種目（競技）100m | 205 |
| 400m | 95 |
| 1500m | 30 |
| 10000m | 17 |
| マラソン | 15.6 |
| ・走種目（練習）短距離 | 5.1 |
| 中距離 | 7.7 |
| 長距離 | 6.7 |
| ・投てき種目（競技）砲丸投 | 54−65 |
| 円盤投 | 58−70 |
| ハンマー投 | 98−134 |
| やり投 | 100 |
| ・投てき種目（練習） | 4.4−9 |
| ・跳躍種目（練習）走り幅跳び | 65−116 |
| 三段跳び | 126−165 |
| 棒高跳び | 99−125 |
| 走り幅跳び | 68−78 |
| ・跳躍種目（練習） | 4.6−6.1 |
| 水泳 | |
| ・競技　100mクロール | 47 |
| 1500mクロール | 21 |
| 100m背泳 | 45 |
| 100m平泳ぎ | 40 |
| 100mバタフライ | 56 |
| ・練習（軽く流す・50m）クロール | 20 |
| 平泳ぎ | 10 |
| 横泳ぎ | 8 |
| ・練習（力泳・50m）クロール | 34 |
| 平泳ぎ | 20 |
| 背泳 | 27 |
| 横泳ぎ | 19 |
| ボート | |
| ・競技　1マイル | 24 |
| 2000m | 22 |
| ・練習 | 6.8 |
| ・エイト　No work | 6.6 |
| Lowpitch paddle | 10 |
| Four work | 12 |
| Paddle | 12−17 |
| Start dush | 26.9 |
| 野球 | |
| ・試合　投手 | 5.5 |
| 捕手 | 4.5 |
| 内野手 | 2.3 |
| 外野手 | 1.8 |
| ・練習　投手 | 5.1 |
| 捕手 | 4.6 |
| 野手 | 3.6 |
| サッカー | |
| ・試合　前衛 | 7.5 |
| 後衛 | 8 |
| ゴールキーパー | 1.5 |
| ・練習 | 3.7−6.9 |

| 運動・動作 | RMR |
|---|---|
| ラグビー　試合 | 8−13 |
| 練習 | 5−9 |
| アメリカンフットボール　ライン | 6.8 |
| バックス | 7 |
| バスケットボール | 10−17 |
| バレーボール | 2−15 |
| 硬式テニス　男子シングルス | 10.9 |
| 男子ダブルス | 7.7 |
| 女子シングルス | 8.6 |
| 女子ダブルス | 6.3 |
| 軟式テニス　男子前衛 | 4.5 |
| 男子後衛 | 7 |
| 女子前衛 | 3.2 |
| 女子後衛 | 6.1 |
| バドミントン　男子シングルス | 6.6 |
| 男子ダブルス | 5.3 |
| 女子シングルス | 5.1 |
| 女子ダブルス | 3.3 |
| 卓球（大学生） | 7.3 |
| アイスホッケー | 4.5 |
| アイススケート | 7−9 |
| ローラースケート | 3−8 |
| スキー　歩行 | 3.3−6.5 |
| 直滑降 | 6−11 |
| スラローム | 23.4 |
| 柔道 | 10−16 |
| 剣道　試合 | 7−19 |
| 練習きりかえし | 34 |
| かかり稽古（かかり） | 43 |
| かかり稽古（うけ） | 19 |
| 体操（競技）　鞍馬 | 23 |
| 平行棒 | 27 |
| 鉄棒 | 37 |
| 跳馬 | 75 |
| つり輪 | 26 |
| 床 | 24 |
| 相撲 | 5−8 |
| 登山 | |
| 登り（重いリュック） | 8 |
| 下り（重いリュック） | 5 |
| ゴルフ | 3.6 |

（アメリカスポーツ医学会，1980）

［資料③］身長・体重別日本人の体表面積

| 体重＼身長 | 136 | 138 | 140 | 142 | 144 | 146 | 148 | 150 | 152 | 154 | 156 | 158 | 160 | 162 | 164 | 166 | 168 | 170 | 172 | 174 | 176 | 178 | 180 | 182 | 184 | 186 | 188 | 190 |
|---|---|---|---|---|---|---|---|---|---|---|---|---|---|---|---|---|---|---|---|---|---|---|---|---|---|---|---|---|
| 36 | 1.13 | 1.14 | 1.15 | 1.17 | 1.18 | 1.19 | 1.20 | 1.21 | 1.22 | 1.23 | 1.24 | 1.25 | 1.26 | 1.27 | 1.28 | 1.29 | 1.30 | 1.31 | 1.32 | 1.33 | 1.34 | 1.35 | 1.36 | 1.37 | 1.38 | 1.39 | 1.40 | 1.41 |
| 38 | 1.16 | 1.17 | 1.18 | 1.19 | 1.20 | 1.22 | 1.23 | 1.24 | 1.25 | 1.26 | 1.27 | 1.28 | 1.29 | 1.30 | 1.31 | 1.32 | 1.33 | 1.35 | 1.36 | 1.37 | 1.38 | 1.39 | 1.40 | 1.41 | 1.42 | 1.43 | 1.44 | 1.45 |
| 40 | 1.19 | 1.20 | 1.21 | 1.22 | 1.23 | 1.24 | 1.26 | 1.27 | 1.28 | 1.29 | 1.30 | 1.31 | 1.32 | 1.33 | 1.34 | 1.35 | 1.37 | 1.38 | 1.39 | 1.40 | 1.41 | 1.42 | 1.43 | 1.44 | 1.45 | 1.46 | 1.47 | 1.48 |
| 42 | 1.21 | 1.22 | 1.24 | 1.25 | 1.26 | 1.27 | 1.28 | 1.29 | 1.31 | 1.32 | 1.33 | 1.34 | 1.35 | 1.36 | 1.37 | 1.38 | 1.40 | 1.41 | 1.42 | 1.43 | 1.44 | 1.45 | 1.46 | 1.47 | 1.48 | 1.49 | 1.50 | 1.51 |
| 44 | 1.24 | 1.25 | 1.26 | 1.27 | 1.29 | 1.30 | 1.31 | 1.32 | 1.33 | 1.34 | 1.36 | 1.37 | 1.38 | 1.39 | 1.40 | 1.41 | 1.42 | 1.44 | 1.45 | 1.46 | 1.47 | 1.48 | 1.49 | 1.50 | 1.51 | 1.52 | 1.53 | 1.55 |
| 46 | 1.26 | 1.28 | 1.29 | 1.30 | 1.31 | 1.32 | 1.34 | 1.35 | 1.36 | 1.37 | 1.38 | 1.39 | 1.41 | 1.42 | 1.43 | 1.44 | 1.45 | 1.46 | 1.48 | 1.49 | 1.50 | 1.51 | 1.52 | 1.53 | 1.54 | 1.55 | 1.57 | 1.58 |
| 48 | 1.29 | 1.30 | 1.31 | 1.32 | 1.34 | 1.35 | 1.36 | 1.37 | 1.39 | 1.40 | 1.41 | 1.42 | 1.43 | 1.45 | 1.46 | 1.47 | 1.48 | 1.49 | 1.50 | 1.52 | 1.53 | 1.54 | 1.55 | 1.56 | 1.57 | 1.58 | 1.60 | 1.61 |
| 50 | 1.31 | 1.32 | 1.34 | 1.35 | 1.36 | 1.37 | 1.39 | 1.40 | 1.41 | 1.42 | 1.44 | 1.45 | 1.46 | 1.47 | 1.48 | 1.50 | 1.51 | 1.52 | 1.53 | 1.54 | 1.55 | 1.57 | 1.58 | 1.59 | 1.60 | 1.61 | 1.62 | 1.64 |
| 52 | 1.33 | 1.35 | 1.36 | 1.37 | 1.39 | 1.40 | 1.41 | 1.42 | 1.44 | 1.45 | 1.46 | 1.47 | 1.49 | 1.50 | 1.51 | 1.52 | 1.53 | 1.55 | 1.56 | 1.57 | 1.58 | 1.59 | 1.61 | 1.62 | 1.63 | 1.64 | 1.65 | 1.66 |
| 54 | 1.36 | 1.37 | 1.38 | 1.40 | 1.41 | 1.42 | 1.43 | 1.45 | 1.46 | 1.47 | 1.49 | 1.50 | 1.51 | 1.52 | 1.54 | 1.55 | 1.56 | 1.57 | 1.58 | 1.60 | 1.61 | 1.62 | 1.63 | 1.65 | 1.66 | 1.67 | 1.68 | 1.69 |
| 56 | 1.38 | 1.39 | 1.40 | 1.42 | 1.43 | 1.44 | 1.46 | 1.47 | 1.48 | 1.50 | 1.51 | 1.52 | 1.53 | 1.55 | 1.56 | 1.57 | 1.59 | 1.60 | 1.61 | 1.62 | 1.64 | 1.65 | 1.66 | 1.67 | 1.68 | 1.70 | 1.71 | 1.72 |
| 58 | 1.40 | 1.41 | 1.43 | 1.44 | 1.45 | 1.47 | 1.48 | 1.49 | 1.51 | 1.52 | 1.53 | 1.55 | 1.56 | 1.57 | 1.58 | 1.60 | 1.61 | 1.62 | 1.64 | 1.65 | 1.66 | 1.67 | 1.69 | 1.70 | 1.71 | 1.72 | 1.73 | 1.75 |
| 60 | 1.42 | 1.43 | 1.45 | 1.46 | 1.48 | 1.49 | 1.50 | 1.52 | 1.53 | 1.54 | 1.56 | 1.57 | 1.58 | 1.60 | 1.61 | 1.62 | 1.63 | 1.65 | 1.66 | 1.67 | 1.69 | 1.70 | 1.71 | 1.72 | 1.74 | 1.75 | 1.76 | 1.77 |
| 62 | 1.44 | 1.46 | 1.47 | 1.48 | 1.50 | 1.51 | 1.52 | 1.54 | 1.55 | 1.57 | 1.58 | 1.59 | 1.61 | 1.62 | 1.63 | 1.65 | 1.66 | 1.67 | 1.68 | 1.70 | 1.71 | 1.72 | 1.74 | 1.75 | 1.76 | 1.77 | 1.79 | 1.80 |
| 64 | 1.46 | 1.48 | 1.49 | 1.50 | 1.52 | 1.53 | 1.55 | 1.56 | 1.57 | 1.59 | 1.60 | 1.62 | 1.63 | 1.64 | 1.66 | 1.67 | 1.68 | 1.70 | 1.71 | 1.72 | 1.73 | 1.75 | 1.76 | 1.77 | 1.79 | 1.80 | 1.81 | 1.83 |
| 66 | 1.48 | 1.50 | 1.51 | 1.53 | 1.54 | 1.55 | 1.57 | 1.58 | 1.60 | 1.61 | 1.62 | 1.64 | 1.65 | 1.66 | 1.68 | 1.69 | 1.71 | 1.72 | 1.73 | 1.75 | 1.76 | 1.77 | 1.79 | 1.80 | 1.81 | 1.82 | 1.84 | 1.85 |
| 68 | 1.50 | 1.52 | 1.53 | 1.55 | 1.56 | 1.57 | 1.59 | 1.60 | 1.62 | 1.63 | 1.65 | 1.66 | 1.67 | 1.69 | 1.70 | 1.71 | 1.73 | 1.74 | 1.76 | 1.77 | 1.78 | 1.80 | 1.81 | 1.82 | 1.84 | 1.85 | 1.86 | 1.88 |
| 70 | 1.52 | 1.54 | 1.55 | 1.57 | 1.58 | 1.59 | 1.61 | 1.62 | 1.64 | 1.65 | 1.67 | 1.68 | 1.69 | 1.71 | 1.72 | 1.74 | 1.75 | 1.76 | 1.78 | 1.79 | 1.81 | 1.82 | 1.83 | 1.85 | 1.86 | 1.87 | 1.89 | 1.90 |
| 72 | 1.54 | 1.56 | 1.57 | 1.59 | 1.60 | 1.62 | 1.63 | 1.64 | 1.66 | 1.67 | 1.69 | 1.70 | 1.72 | 1.73 | 1.74 | 1.76 | 1.77 | 1.79 | 1.80 | 1.81 | 1.83 | 1.84 | 1.86 | 1.87 | 1.88 | 1.90 | 1.91 | 1.92 |
| 74 | 1.56 | 1.57 | 1.59 | 1.60 | 1.62 | 1.63 | 1.65 | 1.66 | 1.68 | 1.69 | 1.71 | 1.72 | 1.74 | 1.75 | 1.77 | 1.78 | 1.79 | 1.81 | 1.82 | 1.84 | 1.85 | 1.86 | 1.88 | 1.89 | 1.91 | 1.92 | 1.93 | 1.95 |
| 76 | 1.58 | 1.59 | 1.61 | 1.62 | 1.64 | 1.65 | 1.67 | 1.68 | 1.70 | 1.71 | 1.73 | 1.74 | 1.76 | 1.77 | 1.79 | 1.80 | 1.82 | 1.83 | 1.84 | 1.86 | 1.87 | 1.89 | 1.90 | 1.91 | 1.93 | 1.94 | 1.96 | 1.97 |
| 78 | 1.60 | 1.61 | 1.63 | 1.64 | 1.66 | 1.67 | 1.69 | 1.70 | 1.72 | 1.73 | 1.75 | 1.76 | 1.78 | 1.79 | 1.81 | 1.82 | 1.84 | 1.85 | 1.87 | 1.88 | 1.89 | 1.91 | 1.92 | 1.94 | 1.95 | 1.96 | 1.98 | 1.99 |
| 80 | 1.61 | 1.63 | 1.65 | 1.66 | 1.68 | 1.69 | 1.71 | 1.72 | 1.74 | 1.75 | 1.77 | 1.78 | 1.80 | 1.81 | 1.83 | 1.84 | 1.86 | 1.87 | 1.89 | 1.90 | 1.92 | 1.93 | 1.94 | 1.96 | 1.97 | 1.99 | 2.00 | 2.02 |
| 82 | 1.63 | 1.65 | 1.66 | 1.68 | 1.70 | 1.71 | 1.73 | 1.74 | 1.76 | 1.77 | 1.79 | 1.80 | 1.82 | 1.83 | 1.85 | 1.86 | 1.88 | 1.89 | 1.91 | 1.92 | 1.94 | 1.95 | 1.97 | 1.98 | 1.99 | 2.01 | 2.02 | 2.04 |
| 84 | 1.65 | 1.67 | 1.68 | 1.70 | 1.71 | 1.73 | 1.75 | 1.76 | 1.78 | 1.79 | 1.81 | 1.82 | 1.84 | 1.85 | 1.87 | 1.88 | 1.90 | 1.91 | 1.93 | 1.94 | 1.96 | 1.97 | 1.99 | 2.00 | 2.02 | 2.03 | 2.05 | 2.06 |
| 86 | 1.67 | 1.68 | 1.70 | 1.72 | 1.73 | 1.75 | 1.76 | 1.78 | 1.79 | 1.81 | 1.83 | 1.84 | 1.86 | 1.87 | 1.89 | 1.90 | 1.92 | 1.93 | 1.95 | 1.96 | 1.98 | 1.99 | 2.01 | 2.02 | 2.04 | 2.05 | 2.07 | 2.08 |
| 88 | 1.68 | 1.70 | 1.72 | 1.73 | 1.75 | 1.77 | 1.78 | 1.80 | 1.81 | 1.83 | 1.84 | 1.86 | 1.88 | 1.89 | 1.91 | 1.92 | 1.94 | 1.95 | 1.97 | 1.98 | 2.00 | 2.01 | 2.03 | 2.04 | 2.06 | 2.07 | 2.09 | 2.10 |
| 90 | 1.70 | 1.72 | 1.73 | 1.75 | 1.77 | 1.78 | 1.80 | 1.82 | 1.83 | 1.85 | 1.86 | 1.88 | 1.89 | 1.91 | 1.93 | 1.94 | 1.96 | 1.97 | 1.99 | 2.00 | 2.02 | 2.03 | 2.05 | 2.06 | 2.08 | 2.09 | 2.11 | 2.12 |
| 92 | 1.72 | 1.73 | 1.75 | 1.77 | 1.78 | 1.80 | 1.82 | 1.83 | 1.85 | 1.87 | 1.88 | 1.90 | 1.91 | 1.93 | 1.95 | 1.96 | 1.98 | 1.99 | 2.01 | 2.02 | 2.04 | 2.05 | 2.07 | 2.08 | 2.10 | 2.11 | 2.13 | 2.14 |
| 94 | 1.73 | 1.75 | 1.77 | 1.78 | 1.80 | 1.82 | 1.83 | 1.85 | 1.87 | 1.88 | 1.90 | 1.92 | 1.93 | 1.95 | 1.96 | 1.98 | 2.00 | 2.01 | 2.03 | 2.04 | 2.06 | 2.07 | 2.09 | 2.10 | 2.12 | 2.13 | 2.15 | 2.16 |
| 96 | 1.75 | 1.77 | 1.78 | 1.80 | 1.82 | 1.84 | 1.85 | 1.87 | 1.88 | 1.90 | 1.92 | 1.93 | 1.95 | 1.97 | 1.98 | 2.00 | 2.01 | 2.03 | 2.05 | 2.06 | 2.08 | 2.09 | 2.11 | 2.12 | 2.14 | 2.15 | 2.17 | 2.19 |
| 98 | 1.77 | 1.78 | 1.80 | 1.82 | 1.84 | 1.85 | 1.87 | 1.89 | 1.90 | 1.92 | 1.94 | 1.95 | 1.97 | 1.98 | 2.00 | 2.02 | 2.03 | 2.05 | 2.06 | 2.08 | 2.10 | 2.11 | 2.13 | 2.14 | 2.16 | 2.17 | 2.19 | 2.21 |
| 100 | 1.78 | 1.80 | 1.82 | 1.83 | 1.85 | 1.87 | 1.89 | 1.90 | 1.92 | 1.94 | 1.95 | 1.97 | 1.99 | 2.00 | 2.02 | 2.03 | 2.05 | 2.07 | 2.08 | 2.10 | 2.12 | 2.13 | 2.15 | 2.16 | 2.18 | 2.19 | 2.21 | 2.23 |
| 102 | 1.80 | 1.82 | 1.83 | 1.85 | 1.87 | 1.89 | 1.90 | 1.92 | 1.94 | 1.95 | 1.97 | 1.99 | 2.00 | 2.02 | 2.04 | 2.05 | 2.07 | 2.09 | 2.10 | 2.12 | 2.13 | 2.15 | 2.17 | 2.18 | 2.20 | 2.21 | 2.23 | 2.24 |
| 104 | 1.81 | 1.83 | 1.85 | 1.87 | 1.88 | 1.90 | 1.92 | 1.94 | 1.95 | 1.97 | 1.99 | 2.00 | 2.02 | 2.04 | 2.05 | 2.07 | 2.09 | 2.10 | 2.12 | 2.14 | 2.15 | 2.17 | 2.18 | 2.20 | 2.22 | 2.23 | 2.25 | 2.26 |
| 106 | 1.83 | 1.85 | 1.86 | 1.88 | 1.90 | 1.92 | 1.93 | 1.95 | 1.97 | 1.99 | 2.00 | 2.02 | 2.04 | 2.05 | 2.07 | 2.09 | 2.10 | 2.12 | 2.14 | 2.15 | 2.17 | 2.19 | 2.20 | 2.22 | 2.24 | 2.25 | 2.27 | 2.28 |
| 108 | 1.84 | 1.86 | 1.88 | 1.90 | 1.92 | 1.93 | 1.95 | 1.97 | 1.99 | 2.00 | 2.02 | 2.04 | 2.05 | 2.07 | 2.09 | 2.11 | 2.12 | 2.14 | 2.16 | 2.17 | 2.19 | 2.21 | 2.22 | 2.24 | 2.25 | 2.27 | 2.29 | 2.30 |
| 110 | 1.86 | 1.88 | 1.90 | 1.91 | 1.93 | 1.95 | 1.97 | 1.98 | 2.00 | 2.02 | 2.04 | 2.05 | 2.07 | 2.09 | 2.11 | 2.12 | 2.14 | 2.16 | 2.17 | 2.19 | 2.21 | 2.22 | 2.24 | 2.26 | 2.27 | 2.29 | 2.31 | 2.32 |
| 112 | 1.87 | 1.89 | 1.91 | 1.93 | 1.95 | 1.97 | 1.98 | 2.00 | 2.02 | 2.04 | 2.05 | 2.07 | 2.09 | 2.11 | 2.12 | 2.14 | 2.16 | 2.17 | 2.19 | 2.21 | 2.22 | 2.24 | 2.26 | 2.27 | 2.29 | 2.31 | 2.32 | 2.34 |
| 114 | 1.89 | 1.91 | 1.93 | 1.94 | 1.96 | 1.98 | 2.00 | 2.02 | 2.03 | 2.05 | 2.07 | 2.09 | 2.10 | 2.12 | 2.14 | 2.16 | 2.17 | 2.19 | 2.21 | 2.22 | 2.24 | 2.26 | 2.28 | 2.29 | 2.31 | 2.33 | 2.34 | 2.36 |
| 116 | 1.90 | 1.92 | 1.94 | 1.96 | 1.98 | 2.00 | 2.01 | 2.03 | 2.05 | 2.07 | 2.09 | 2.10 | 2.12 | 2.14 | 2.16 | 2.17 | 2.19 | 2.21 | 2.23 | 2.24 | 2.26 | 2.28 | 2.29 | 2.31 | 2.33 | 2.34 | 2.36 | 2.38 |
| 118 | 1.92 | 1.94 | 1.96 | 1.97 | 1.99 | 2.01 | 2.03 | 2.05 | 2.07 | 2.08 | 2.10 | 2.12 | 2.14 | 2.15 | 2.17 | 2.19 | 2.21 | 2.22 | 2.24 | 2.26 | 2.28 | 2.29 | 2.31 | 2.33 | 2.34 | 2.36 | 2.38 | 2.39 |
| 120 | 1.93 | 1.95 | 1.97 | 1.99 | 2.01 | 2.03 | 2.04 | 2.06 | 2.08 | 2.10 | 2.12 | 2.14 | 2.15 | 2.17 | 2.19 | 2.21 | 2.22 | 2.24 | 2.26 | 2.28 | 2.29 | 2.31 | 2.33 | 2.35 | 2.36 | 2.38 | 2.40 | 2.41 |

奇数値は中間値を用いること

## 《記録表》

月　　日（　）曜日

[記入例]

| 時刻 | 生活行動記録表 |
|---|---|
| 7:00 | 起床 |
| 7:00-7:10 | 顔を洗う |
| 7:10-7:30 | 朝食 |
| 7:30-7:45 | 身支度 |
| 7:45-7:55 | 駅まで小走り |
| 7:55-8:25 | 電車（満員、立位） |
| 8:25-8:40 | 学校まで歩く |
| 8:40-12:00 | 授業（座位） |
| 12:00-12:10 | 食堂へ移動 |
| 12:10-12:30 | 昼食 |
| 12:30-13:00 | 休憩・談話 |
| 13:00-18:10 | 授業 |
| 18:10-18:30 | 駅まで歩く |
| 18:30-19:00 | 電車（立位） |
| 19:00-19:15 | 家まで歩く |
| 19:15-20:00 | 休憩・談話 |
| 20:00-20:30 | 夕食 |
| 20:30-21:30 | テレビを見る |
| 21:30-22:00 | 入浴 |
| 22:00-23:30 | 宿題（パソコン使用） |
| 23:30 | 就寝 |
| | |
| | |
| | |
| | |
| | |
| | |
| | |
| | |
| | |

| 食事 | 食行動記録表 |
|---|---|
| 朝食 | ご飯　1杯 |
| | みそ汁　1杯 |
| | 目玉焼き（たまご1個） |
| | 納豆 |
| | 大根おろし |
| | しょうゆ |
| | 緑茶　2杯 |
| | |
| 昼食（弁当） | 豚肉のソテー |
| | ミニトマト　1個 |
| | だし巻き卵 |
| | たかな+ごま |
| | ご飯 |
| | 緑茶　1杯 |
| | |
| | |
| 間食 | 缶コーヒー（190mL） |
| | まんじゅう　1個 |
| 夕食 | サワラのホイル焼き |
| | なすのごま油炒め |
| | ご飯　2杯 |
| | 梅干し |
| | みそ汁　1杯 |
| | 緑茶　2杯 |
| | りんご　1/2 |
| | |
| | |
| 夜食 | |
| | |
| | |

月　　日（　）曜日

| 時刻 | 生活行動記録表 |
|---|---|
| | |
| | |
| | |
| | |
| | |
| | |
| | |
| | |
| | |
| | |
| | |
| | |
| | |
| | |
| | |
| | |
| | |
| | |
| | |
| | |
| | |
| | |
| | |
| | |
| | |
| | |
| | |
| | |
| | |
| | |
| | |
| 総エネルギー消費量 | （　　　　）kcal |

| 食事 | 食行動記録表 |
|---|---|
| 朝食 | |
| | |
| | |
| | |
| | |
| | |
| | |
| | |
| 昼食 | |
| | |
| | |
| | |
| | |
| | |
| | |
| | |
| 間食 | |
| | |
| | |
| 夕食 | |
| | |
| | |
| | |
| | |
| | |
| | |
| | |
| | |
| 夜食 | |
| | |
| | |
| 総エネルギー摂取量 | （　　　　）kcal |

月　　日（　）曜日

| 時刻 | 生活行動記録表 |
|---|---|
| | |
| | |
| | |
| | |
| | |
| | |
| | |
| | |
| | |
| | |
| | |
| | |
| | |
| | |
| | |
| | |
| | |
| | |
| | |
| | |
| | |
| | |
| | |
| | |
| | |
| | |
| | |
| | |
| | |
| | |
| | |
| 総エネルギー消費量 | (　　　　　　) kcal |

| 食事 | 食行動記録表 |
|---|---|
| 朝食 | |
| | |
| | |
| | |
| | |
| | |
| | |
| | |
| 昼食 | |
| | |
| | |
| | |
| | |
| | |
| | |
| | |
| 間食 | |
| | |
| | |
| 夕食 | |
| | |
| | |
| | |
| | |
| | |
| | |
| | |
| | |
| 夜食 | |
| | |
| | |
| 総エネルギー摂取量 | (　　　　　　) kcal |

月　　日（　）曜日

| 時 刻 | 生活行動記録表 |
| --- | --- |
| | |
| | |
| | |
| | |
| | |
| | |
| | |
| | |
| | |
| | |
| | |
| | |
| | |
| | |
| | |
| | |
| | |
| | |
| | |
| | |
| | |
| | |
| | |
| | |
| | |
| | |
| | |
| | |
| | |
| | |
| | |
| 総エネルギー消費量 | （　　　　　　　　）kcal |

| 食 事 | 食行動記録表 |
| --- | --- |
| 朝 食 | |
| | |
| | |
| | |
| | |
| | |
| | |
| | |
| 昼 食 | |
| | |
| | |
| | |
| | |
| | |
| | |
| | |
| 間 食 | |
| | |
| | |
| 夕 食 | |
| | |
| | |
| | |
| | |
| | |
| | |
| | |
| | |
| 夜 食 | |
| | |
| | |
| 総エネルギー摂取量 | （　　　　　　　　）kcal |

# 3. ストレッチング

## 1. ストレッチング

### ❶ ストレッチングとは

主に関節の可動域（関節が動く範囲：ROM）を広げる目的で行われます。スポーツ傷害の予防として、ウオーミングアップやスポーツ後の疲労回復の促進として、クーリングダウンの一環として多く行われます。

**●ストレッチングの効果●**

①筋の緊張が減少し、身体がリラックスする。
②動きがより自由・容易になる。
③ROMの増加。
④柔軟性を維持する。
⑤身体のさまざまな部位に意識を集中することで、その部位を感じ、自分の身体を知るようになる。
⑥気分が爽快になる。

### ❷ 静的ストレッチング

一般に、ストレッチングというと「静的ストレッチング」を指し、*"STRETCHING"*（Anderson B. 1975）で一躍有名になった手法です。勢いをつけずに、息を吐きながら、伸びているけれども痛みのない程度までゆっくりと筋肉を伸ばし、その姿勢を20秒程度維持します。この際、急激に、過度にストレッチングをしてはいけません。ストレッチングは痛みを伴わないことが大切です。他にも、いわゆる柔軟運動で行うような、はずみをつけて行う「動的ストレッチング」もありますが、筋や腱の過伸展を防ぐという意味では静的ストレッチングのほうが安全であるといえます。

### ❸ 身体のROMを制限する因子

身体のROMを制限する因子として、①筋および筋内の結合組織、②腱、靭帯、関節包、③その他、があります。筋自体は比較的伸展性が大きいですが、これを束ねる結合組織は伸展性が大きくありません。また、腱や靭帯は強くできています。したがって、ストレッチングでは、直接的に筋（特に結合組織）や腱、間接的に靭帯を伸ばすことで、関節のROMを大きくしています。

### ❹ ストレッチングの実際

1種目につき、20～30秒間行います。図に示した❶～⓮を1～2回ほど繰り返します。実施中は、自然に呼吸をして、ゆっくり行ってください。図の網のかかった部位が伸長されます。

**●実施上の注意●**

①ストレッチ感を味わう。
②反動や弾みをつけずに緩やかに。
③しばらく伸ばし続ける（20～30秒）。
④バランスのよい楽な姿勢で行う。
⑤呼吸を止めずにリラックスして行う。
⑥他人のことは気にしない。

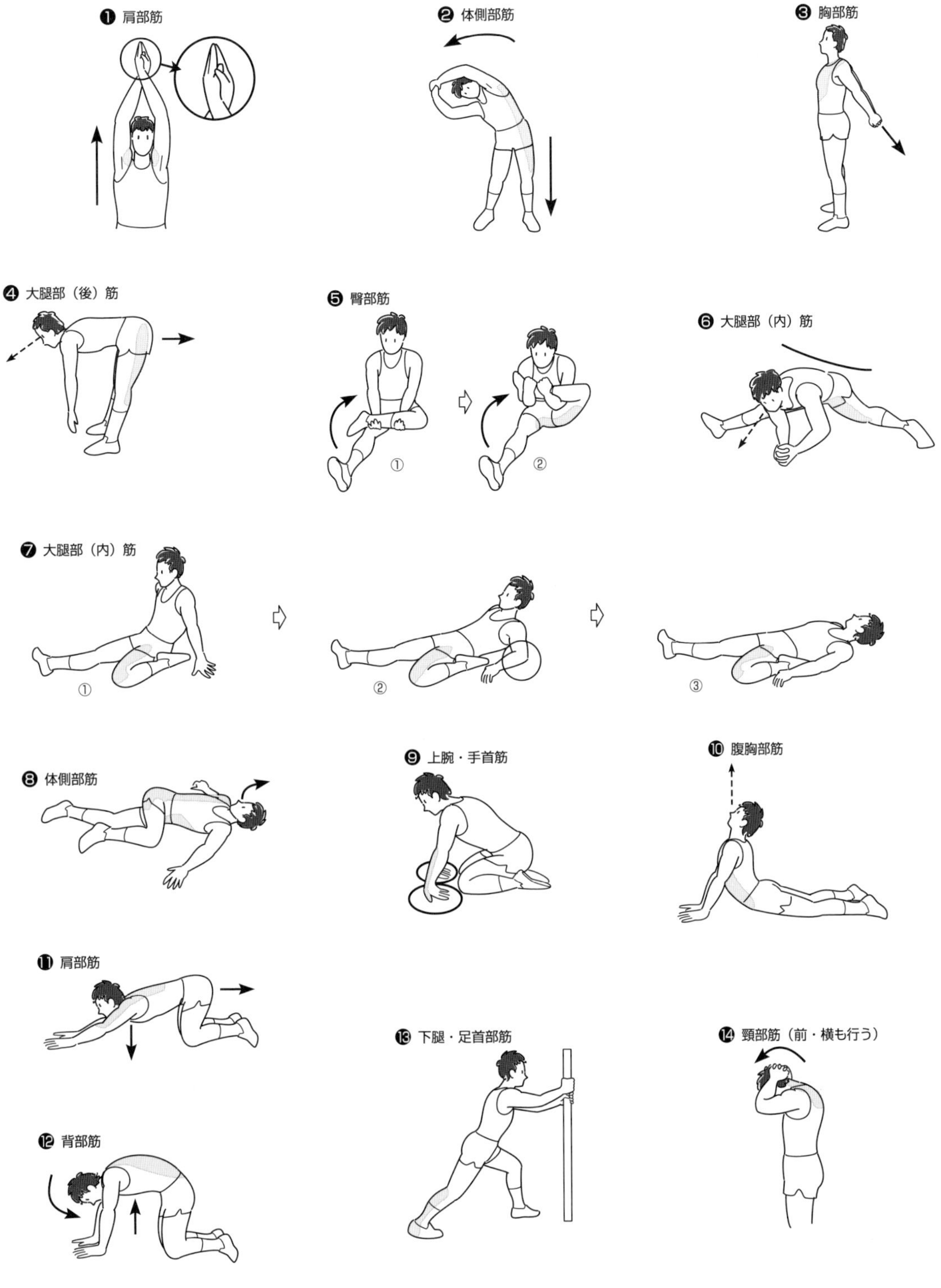


[図Ⅱ.3.1] ストレッチングの実際

■ 参考文献

1）栗山節郎、山田 保（1986）：ストレッチングの実際、南江堂
2）原田奈名子 他（2002）：からだほぐしを楽しもう 2、汐文社
3）ボブ・アンダーソン、小室史恵、杉山ちなみ(監訳)（2002）：ストレッチング、ナップ

# 第Ⅲ部

# エクササイズを知る

第Ⅲ部 理論編

# 健康づくりのための運動

## 1. 運動とエネルギー

### 1. 筋収縮の直接的エネルギー源

運動は､筋の収縮によって起こる｡筋が収縮するためには､エネルギーが必要である｡その筋収縮のエネルギー源は､アデノシンと3つのリン酸基が高エネルギーリン酸結合をしたアデノシン3リン酸(ATP)の分解によって得られる｡すなわち､ATPが加水分解され､アデノシン2リン酸(ADP)と無機リン酸（Pi）に分解されるときに､7.3 kcal/mol（30 kJ/mol）のエネルギーが遊離され、これが筋の収縮を引き起こすために使われる。

$$ATP \rightarrow ADP + Pi + ⓔ$$

このATPを細胞内に大量に貯蔵することはできない｡筋に貯蔵されているATP(一般の人では、筋100 gあたり2.43 mmol）は、全力で運動した場合1、2秒で枯渇してしまう。そこで、ATPは補充されなければならない。

### 2. ATPの供給系

ATPの供給系として、図Ⅲ-1-1に示すように、3つの系がある。

#### 1）ATP-CP系

骨格筋に貯蔵されているクレアチンリン酸（CP）を分解して、先に分解されたATPを再合成する過程である。CPも高エネルギー結合をしており、容易にATPを再合成できる。ATPの分解およびATPの再合成は、酸素を必要としない無酸素性（無気的）反応である。この系では、筋に貯蔵されているATPとCPを利用するため、エネルギー産生速度はきわめて速く、パワーもきわめて大きい（13 cal/kg/sec）。したがって、ATP-CP系は、瞬発的な運動時のエネルギー供給源となる。しかし骨格筋のCP貯蔵量は限定的であり（筋100 gあたり6.78 mmol､体重1 kgあたり100 cal)、全力で運動すると7、8秒で枯渇してしまう。このATP-CP系では、全力での運動で約10秒しかエネルギーを供給できない。

#### 2）乳酸系

糖（グリコーゲンやグルコース）をピルビン酸までに分解する間に、ATPを産生する過程である。この系も無酸素的過程（無気的解糖）である。酸素の供給が不十分な場合､最終的に乳酸（lactic acid）が産生されるので､この系を乳酸系という。1分子のグリコーゲンあるいはグルコースから4個のATPが産生される。しかしグリコーゲンの分解に1分子、グルコースの分解の場合はさらに1分子を必要とするため、ATPの利得はグリコーゲンの場合3 ATP、グルコースの場合2 ATPとなる。乳酸系はATP-CP系の次にATP産生速度が速く、パワーも比較的大きい（7.8 cal/kg/sec)。グリコーゲンは筋グリコーゲン（一般の人では、約300～400 g、230 cal/kg)､肝グリコーゲン(約70～90 g)として蓄えられ､またグルコースは血中グルコース（約5 g）として存在する。一般の人でもこれらの糖を利用すれば、1,500～1,800 kcalのエネルギーを供給できる。

しかし､この系では大量の水素イオン（$H^+$）が生成され､骨格筋の緩衝能や解糖系の諸酵素活性を低下させ、最終的には骨格筋の収縮を止めてしまう。理論的には全力で運動すると約33秒で筋収縮は不可能となる。通常はこの乳酸系は30～90秒程度の運動時の主要なエネルギー供給源となる。

乳酸やピルビン酸は、糖新生という処理過程を経て、再度グルコースとなり、再利用できる。また血液中に移動した乳酸は、血液の緩衝作用により､直ちに乳酸塩(lactate)となる。なお､ATP-CP系と乳酸系の無酸素性（無気的）反応は、筋の細

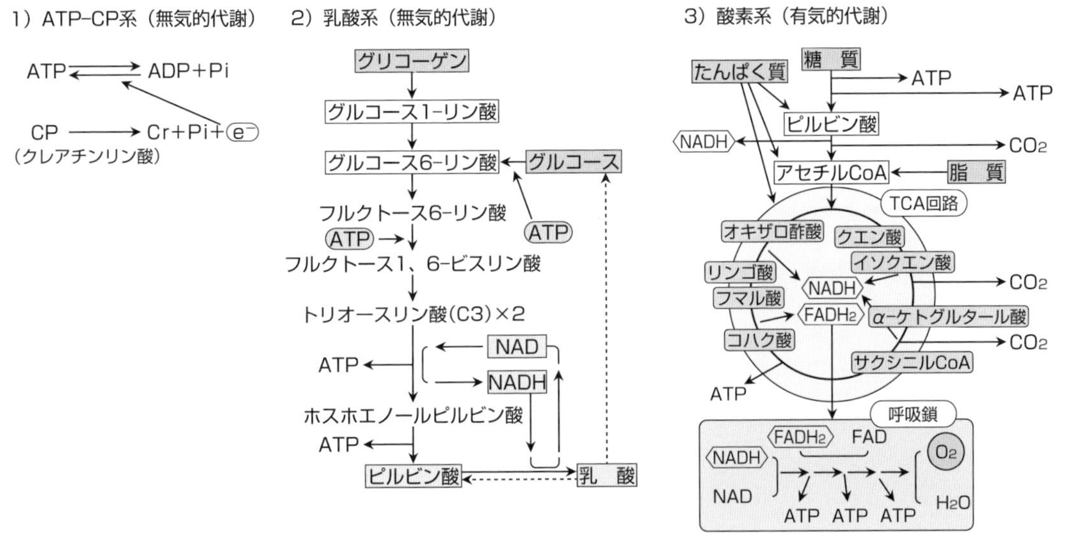


▶図Ⅲ-1-1　3つのATP供給系

胞質の中で起こる。

### 3）酸素系

糖をピルビン酸までに分解する過程は、乳酸系と同じである。もし酸素の供給が十分な場合、ピルビン酸はアセチル-CoA（酢酸）を経て、トリカルボン酸回路（TAC回路、あるいはクエン酸回路、クレブス回路）に入り、ここで1分子の糖あたり2分子のATPが産生される。またこの回路で生じた補酵素ニコチンアミドアデニンジヌクレオチドとフラビンアデニンジヌクレオチドが還元されたNADHと$FADH_2$がさらに呼吸鎖（チトクローム回路、電子伝達系）に入り、ここで酸化されて合計34分子のATPが産生される。呼吸鎖において酸素が利用されることから、この一連の系を酸素系（有酸素性、有気的代謝）と呼び、TCA回路および呼吸鎖での解糖を有気的解糖という。この無気的および有気的解糖系を合わせた酸素系でのATP利得は、グリコーゲン1分子あたり39 ATP、グルコース1分子あたり38 ATPであり、乳酸系に比べて格段に多くのATPが産生される。

この酸素系では、糖だけでなく脂質と蛋白質もATPの産生のエネルギー源として利用できる。代表的な脂肪酸であるパルミチン酸1分子を分解すると、130分子もの大量のATPが産生される。このTCA回路および呼吸鎖での反応は、ミトコンドリアの中で行われる。

この酸素系の反応は複雑なため、ATPの産生が遅く、パワーも小さい（3.6 cal/kg/sec）。しかし最終代謝産物が二酸化炭素と水である。二酸化炭素は呼吸によって、水は発汗や不感蒸泄によって、体外に排泄される。また身体には多量の脂質、糖質、蛋白質が貯蔵されている。これらのことからこの酸素系では、ほぼ無限大のエネルギー供給が可能である。

## 3．無酸素性運動と有酸素性運動

3つの系のATP産生に時間差があり、それぞれの系のパワーが異なる。運動の強度によって、主たるエネルギーの供給源が異なり、持続できる時間も限られる。すなわち非常に激しく、瞬間的あるいは約30秒間しか持続できない運動ではATP-CP系が主となる。激しく約30～90秒しか持続できない運動では、乳酸系から大部分が供給される。また激しいが90秒～3分間持続できる運動では、乳酸系に加えて酸素系からも供給されなければならない。一方、激しくなく、数分以上持続できる運動では、酸素系が主である。運動に必要なエネルギーのほとんどを酸素系によって賄える運動を、有酸素性運動（有気的運動：aerobic exercise）という。約3分以内しか持続できない激しい運動は、ATP産生が乳酸系（無気的解糖系）に大きく依存し、無酸素性運動（無気的運動：anaerobic exercise）と呼ばれる（呼吸をしないで、あるいは無酸素状況下での運動という意味ではない）。多くのスポーツ競技では、無酸素性と有酸素性のエネルギー供給が混在し、それがスポーツ競技の難しさと醍醐味ともなっている。

（大柿哲朗）

# 2. 運動強度と心臓血管系・代謝系の応答

## 1．循環系諸因子の応答

数分間以上持続する運動に必要なエネルギーは、酸素の供給によって賄われる。運動の強度が増せば､それだけ多くの酸素（$O_2$）が必要となる。したがって、酸素摂取量（$\dot{V}O_2$）は運動強度と直線的な比例関係にある。その直線的関係は、個人が行えるほぼ限界の強度近く（最大酸素摂取量：$\dot{V}O_2max$）まで成立する。

$O_2$ は、血液中のヘモグロビンと結合し、心臓の左心室から動脈血によって全身に送られ、組織で利用される。そして、利用されなかった $O_2$ は静脈血に含まれて再び心臓へ戻ってくる。$\dot{V}O_2$ は1分間あたりに使用された酸素量であるから、組織で利用された $O_2$ 濃度の差、すなわち心臓から送り出された動脈血の $O_2$ 濃度と心臓に戻ってきた静脈血の $O_2$ 濃度の差（動静脈酸素差：vol%）と1分間に拍出される血液量（心拍出量：L/分）の積となる。また心拍出量は、左心室の1回の収縮によって拍出される血液量（一回拍出量：mL）と1分間あたりの心臓の拍動数（心拍数：拍/分）の積となる。これらの関係は、次式（Fick の式）で表される。

酸素摂取量（L/分）
　＝心拍出量（L/分）×動静脈酸素差（vol%）
　＝一回拍出量（mL）×心拍数（拍/分）×
　　動静脈酸素差（vol%）

これらの指標と $\dot{V}O_2$ の関係を示すと、図Ⅲ-2-1のようになる。

動脈血の $O_2$ 濃度は安静時においてもほぼ飽和状態で、運動中にもその飽和状態のままである。一方、静脈血の $O_2$ 濃度は組織の $O_2$ 利用が高まるにつれて減少する。そのため動静脈酸素差は、酸素摂取量とほぼ比例関係にある。また心拍出量も運動強度の増加に伴い直線的に増加し、$\dot{V}O_2$ とも直線的関係にある。しかし一回拍出量は、左心室の容積に限界があるため、比較的低い運動強度（40 % $\dot{V}O_2max$）で最大に達する。そのため、それ以上の運動強度では、組織での酸素需要を満たすために、心拍数を増加することによって対応しなければならない。このため、$\dot{V}O_2max$ の40 %程度に相当する強度以上の運動では、心拍数と $\dot{V}O_2$（運動強度）の間にも直線的関係が成立する。したがって、運動中の心拍数を測定する

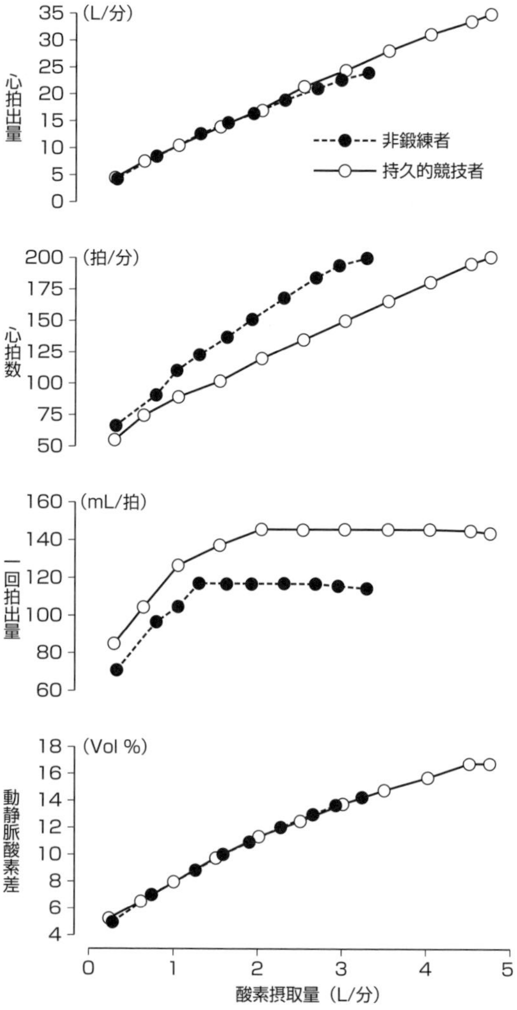


▶図Ⅲ-2-1　酸素摂取量と循環系諸因子の関係

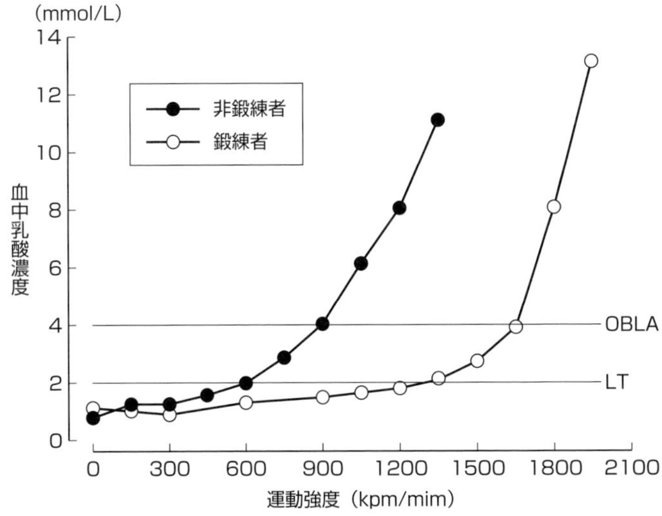


▶図Ⅲ-2-2　運動強度と血中乳酸濃度

ことによって、運動強度を知る手がかりとなる。

## 2. 無気的作業閾値

$O_2$ の運搬・消費系の応答は、一回拍出量以外は運動強度、すなわち $\dot{V}O_2$ と直線的関係にある。しかし、ある程度以上の運動強度では、筋の中でのエネルギー産生系に変化が起こっている。図Ⅲ-2-2 に、運動強度と血中乳酸濃度の関係を示した。

乳酸は、安静時や低い運動強度でも産生されているが、骨格筋や心筋、腎臓、肝臓などで処理されている。そのため安静時や強度の低い運動時には、乳酸の産生と処理のバランスがとれている（安静時の血中乳酸濃度：0.5〜1.0 mmol/L）。運動に必要なエネルギーがすべて酸素系で賄えるような比較的軽い運動強度では、乳酸の産生も少なく、またその乳酸は十分に処理される。しかし運動強度がある程度高くなると、運動に必要なエネルギーの供給が乳酸系にも依存せざるを得なくなる。その結果、乳酸が筋でたくさん産生され、乳酸の処理が間に合わず、結局は血中の濃度（乳酸塩）が上昇することになる。さらに運動強度が高くなると、血液中の乳酸濃度は指数関数的に上昇し、血中乳酸濃度が 10〜15 mmol/L 程度になると、運動を継続できなくなる。

このように乳酸の産生がその処理能力を上回りはじめる点を、無気的作業閾値（Anaerobic Threshold：AT）という。AT の定義は一定していないが、血中乳酸濃度が 2 mmol/L に相当する点を乳酸閾値（Lactate Threshold：LT）、4 mmol/L に相当する点を血中乳酸蓄積開始点（Onset of Blood Lactate Accumulation：OBLA）という。

血液は弱アルカリ性（pH 7.4）にほぼ一定に保たれている。酸性の乳酸（La・H）が血液に移行すると、血液中の重炭酸ナトリウム（$NaHCO_2$）やカリウムが乳酸を中和して乳酸塩と炭酸（$H_2CO_3$）となる。炭酸はさらに水と $CO_2$ に分解され、血液のアルカリ性が保たれる（血液の酸塩基緩衝作用）。これらの一連の反応を示すと以下のようになる。

$$La \cdot H + NaHCO_2 \rightarrow NaLa + H_2O + CO_2$$

この結果生じた $CO_2$ は、組織において代謝の過程で産生された $CO_2$ とともに、血液中の $CO_2$ 濃度を高める。血中 $CO_2$ 濃度の増加は、頸動脈、大動脈、脳幹にある化学的受容器を刺激し、反射的に呼吸数と一回換気量の増加が起こる。運動強度が低い場合には、毎分換気量（呼吸数×一回換気量）も $\dot{V}O_2$（運動強度）と直線的関係にある。しかし血中乳酸濃度が急に上昇する LT を超えると、それまで運動強度と比例関係にあった換気量が急に増加する（換気性閾値、Ventilatory Threshold：VT）。さらに運動強度が OBLA を超えると、換気量は指数関数的に増加し、呼吸が乱れ、息苦しさを感じる。この OBLA を超える運動強度では、血中のカテコラミン濃度も上昇し、血圧の上昇も著しくなり、身体が緊急体制をとることになる。なお、最大分時換気量は、20 歳代の一般的な人では 90 〜 120 L/分程度であるが、鍛錬された持久的競技者では、180 〜 200 L/分にもなる。

（大柿哲朗）

# 3. サーキットトレーニングとその効果

## 1. サーキットトレーニングとは

サーキットトレーニングは、筋力トレーニング（無酸素運動）と有酸素運動を組み合わせた高度に効率的なトレーニング方法である。このトレーニング形式では、さまざまな種類の運動を一定の順番で行い、各運動間にほとんど休憩を挟まずに続ける。これにより短時間で心拍数と体温を高め、心肺機能の向上、筋肉の成長、そして脂肪の燃焼を促進する効果がある。

## 2. 有酸素運動と無酸素運動

有酸素運動は心肺機能を高め、脂肪を効率よく燃焼させる。有酸素運動には、長時間継続できる強度で行うものが多く、ジョギング、水泳、サイクリングなどが該当する。一方、無酸素運動は短時間に高強度で運動し、筋力の向上を目的とする。重量挙げ、プッシュアップ（腕立て伏せ）、シットアップ（腹筋運動）などがその例である。

## 3. サーキットトレーニングのメニュー例

サーキットトレーニングのメニューでは、腕、胸、腹、背、脚といった筋群を目的別に鍛える運動に、全身運動（縄跳び、昇降運動など）を加える。通常は6～12種類の運動を選び、それらを1セットとして3回ほど循環（サーキット）させる。

サーキットトレーニングの効果を報告した264研究から9研究を選び、体重の減少効果を検証したメタアナリシスでは、肥満者の体重は平均5.15 kg、過体重者の体重は平均3.89 kg減少することが報告されている。

## 4. メニュー作成のポイント

運動の選択は、全身のバランスを考慮することが重要である。各運動間の休憩は15～30秒程度に抑えることで、心拍数を一定以上に保つようにする。

サーキット内での運動順序も工夫が必要で、大きな筋群から小さな筋群へと進めると効果的であると考えられている。

29名の大学生に3種類のサーキットトレーニングを行い、持久力の変化を比較した。3種とは、1つはマシントレーニングのみ、1つはフリーウェイトトレーニングのみ、1つはこれらに加え有酸素運動を行ったものであった。すべてのサーキットトレーニングは種目数、運動時間など統一されていた。その結果、マシントレーニング＋フリーウェイトトレーニング＋有酸素運動のすべてを行う群が最も持久力が向上した。

## 5. サーキットトレーニングの多面的な効果

サーキットトレーニングは、複数の運動を組み合わせることで、脂肪燃焼、筋力向上、持久力向上など多くの効果が期待できる。さらに、体重や体組成、骨代謝、心血管代謝、身体的フィットネスにも良い影響を与えることが報告されている。

サーキットトレーニングの効果は、男女で異なる可能性がある。また、トレーニングの種類や時間、強度、頻度、期間などによっても効果が異なる。これは個々の体質や目的によっても調整が必要なため、自身に合ったプランを作成することが重要となる。

## 6. サーキットトレーニングの注意点

サーキットトレーニングは高強度の運動が続くため、怪我のリスクがある。特に、次の点に注意が必要である、1）運動の効果を最大限に引き出すため正しいフォームで行う、2）適切な負荷を設定し、初心者は無理をせず自分に合った負荷で行う。負荷が強すぎると怪我のリスクが高まる、3）運動前後のウォームアップとクールダウンを欠かさず、怪我を防ぐ。

## 7. サーキットトレーニングと加齢の影響

サーキットトレーニングの利点の1つは、老化に伴う身体的な衰えに対抗する効果があるとされている。ここでは2つの利点を紹介する。

### 1）筋肉量の維持と向上

筋肉量は老化とともに自然と減少する。サーキットトレーニングは筋肉量を維持、または増加させる効果があり、これが中高年にとっては有益である。筋肉が維持されると日常生活で必要な余力も維持され、転倒のリスクが低減する。

### 2）骨密度の保持

サーキットトレーニングには、骨密度を高める効果が散見される。特に、重量を持ち上げるような筋力トレーニングは、骨に良い刺激を与え、骨折リスクを減少させる可能性がある。

### 3）心血管系の健康

有酸素運動が組み込まれることで、心血管系の機能も向上する。中年・高齢期には心血管疾患のリスクが高くなるため、その予防にも寄与する。また、青年期においても、サーキットトレーニングは代謝の低下を防ぎ、心身を活性化させる。これにより体重管理がしやすい身体をつくる。

## 8. まとめ

サーキットトレーニングは筋力、心肺機能、および脂肪燃焼の向上に有用で、青年期以降の筋力の衰えを防ぎ、心血管系または代謝系の機能に良い影響を与える。年齢や健康状態を問わず、多くの健康効果が期待できる一方、最良の結果を得るためには、個人の状態に適したプログラム設計、適切な運動フォーム、正確な負荷設定、そして十分なウォームアップとクールダウンが不可欠である。

サーキットトレーニングを健康づくりに活用するにはデメリットも存在することを十分に理解する必要がある。高い集中力とエネルギーを要するため、疲労度が高く、怪我も発生しやすいことである。特に、初心者や運動を日頃実践していない者が不適切なフォームで行うと、筋肉や関節への負担が増大する可能性がある。また、有酸素と無酸素運動を組み合わせるため、一方に特化したトレーニングとなりやすく、効果が制限されることがある。さらに、多くの場合で広いスペースや複数の機器が必要となるため、設備の限られた環境では実施が困難であり、環境の工夫も必要であろう。

短時間で効果を狙う場合は、これらの要因を総合的に考慮して、継続的なトレーニングを計画することが重要である。

■ 引用文献

1）Seo YG, et al.(2019)：Weight loss effects of circuit training interventions：A systematic review and meta-analysis. Obes. Rev. 20：1642−1650.
2）Benito PJ. Et al.(2016)：Cardiovascular Fitness and Energy Expenditure Response during a Combined Aerobic and Circuit Weight Training Protocol. PLOS One 11：e0164349.

（岸本裕歩）

# 4. 適切な有酸素性運動

運動に必要なエネルギーは、有気的代謝および無気的代謝によって供給される。これらの供給過程は独立しているのではなく、連続したものである。すなわち、運動に必要なエネルギーは運動強度が低い場合や運動時間が長い場合には有気的代謝が、運動強度がある程度高くなると無気的代謝への依存度が高くなる。したがって、適切な有酸素性運動のためには運動の強度が重要となり、有酸素性運動の効果を得るためには運動の時間や頻度、種類が重要となる。

## 1. 運動の強度

安全で、効果的な運動の最も基本的な要素は運動強度である。運動強度は一般に「$\%\dot{V}O_2max$（最大酸素摂取量に対する割合）」で表される。日常生活の行動は30～40 $\%\dot{V}O_2max$ 以下の強度である。一方、一般の人の無気的作業閾値は60～70 $\%\dot{V}O_2max$ であり、それ以上の強度では無気的代謝の占める割合が多くなる。健康の維持増進のための運動強度としては40～70 $\%\dot{V}O_2max$、特に50～60 $\%\dot{V}O_2max$ 強度の運動が推奨されている。

しかし、通常、運動を実施する際、酸素摂取量を測定することは困難である。そこで、運動中に以下のような指標に基づいて運動強度を設定し、運動強度を把握することになる。

### 1）心拍数による設定

運動時の酸素摂取量と心拍数との間には直線的な関係が成立する。そのため、心拍数は運動強度の指標として最もよく用いられている。その表し方として、2つの方法がある。ひとつは、年齢から予測される最高心拍数（HRmax、220－年齢）の何％に相当するか（%HRmax）で表す方法である。この方法は簡便であるが、個人差の大きい安静時の心拍数を考慮しておらず、%HRmax の強度がそのまま $\%\dot{V}O_2max$ の強度と一致しないという欠点がある。これに対し、次式で示す目標心拍数（カルボーネン法）は、そのまま $\%\dot{V}O_2max$ 強度を反映する有効な方法である。例えば、60 $\%\dot{V}O_2max$ での目標心拍数は、「目標心拍数（拍/分）＝（最高心拍数－安静心拍数）×運動強度（0.6）＋安静心拍数」となる（24ページ参照）。

ただし、心拍数は体温の上昇など運動の持続時間に伴い、同一強度（スピードなど）を維持していても漸増していく。したがって、同一心拍数を維持するように運動を続けた場合、運動強度は低下していくことを考慮する必要がある。

### 2）歩行および走行スピードによる設定

酸素摂取量と運動強度は直線的関係にある。したがって、前もって歩行、あるいは走行速度と酸素摂取量との関係を求めて、40～70 $\%\dot{V}O_2max$ に相当する速度を求め、その速度で運動を実施することができる。また、12分間走で最大酸素摂取量を推定した場合は、12分間に走った距離から最大平均スピードを算出し、その平均スピードから走速度を求めることができる。すなわち、12分間に走れた距離がX（m）であった場合、そのときの最大平均スピードY（m/分）は、Y（m/分）＝X（m）×0.09＋11.6から求められる。50～60 $\%\dot{V}O_2max$ に相当する速度で歩行もしくは走行する場合、Y（m/分）を0.5倍と0.6倍し、その間の速度を用いることになる。

### 3）主観的運動強度による設定

個人の主観による運動強度と心拍数にも直線的関係が認められている。代表的なものに、運動中の主観的強度を数値化し、その数値を10倍すると心拍数に相当するように工夫されたRPE（Rating of Perceived Exertion）がある（25ページ参照）。ただし、歩行やランニングなどの全身運動で、一定のペースで運動を継続した場合の全身の負担度の指標であり、脚部など局所の疲労にはむかない。また、RPEは20歳代を基準に作成されているので、中高年者の場合にはRPEの10倍がそのまま心拍数とはならない。健康の維持増進のため

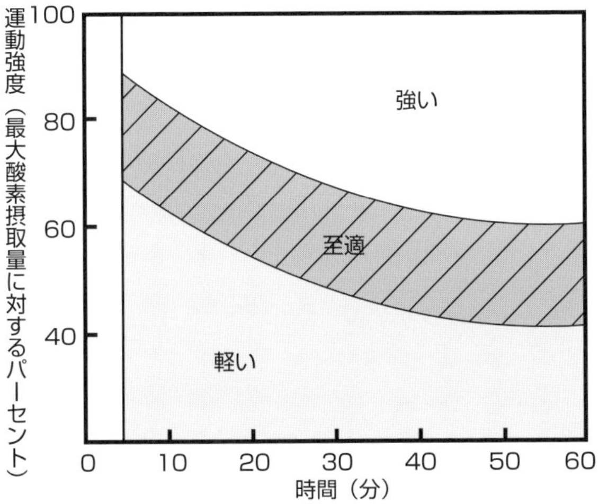


▶図Ⅲ-4-1　安全で効果的な有酸素性運動のための時間と強度の関係

の運動強度は20〜30歳代では「ややきつい」から「きつい」と感じる強度の運動を、40歳以上の年齢の人では「楽である」から「ややきつい」と感じる範囲の運動を目指すとよい。

いずれの強度も相対的なものなので、体力が向上すれば絶対的強度（スピードなど）は高くなる。

## 2. 運動の時間

運動の量は運動強度と運動時間の積で表される。したがって、運動強度が高ければ短い時間で、運動強度が低くても運動時間が長ければ同一の運動量が得られる。しかし、短時間の運動では高い強度が求められることになり、得られる効果よりもリスクが大きくなる（図Ⅲ-4-1）。一般の人が有酸素性運動を行う場合の運動強度が60〜70％$\dot{V}O_2max$であるとすると、図から少なくとも15分以上持続することが求められる。

また、エネルギー基質として脂肪の利用割合が大きくなるためには、運動開始後20分間程度の時間が必要とされている。したがって、体内に十分酸素を取り入れて呼吸・循環・代謝が活性化するためには、「5分間のウオーミングアップ＋15分間以上の主運動（有酸素性運動）＋5分間のクーリングダウン」といった組み合わせで行うことが適していることになる。主運動の時間は運動の目的、運動者の体力や体調により設定される必要がある。また、運動時間は体力の向上に伴い、徐々に延ばすことが可能であるが、体調により毎回異なる。

## 3. 運動の頻度

有酸素性運動の効果に対する運動頻度の影響は運動者の体力水準により異なるが、基本的に運動の強度および時間と関係する。日常的にほとんど運動を行っていない人では、運動を継続することによって、1週間に1回でも健康の維持増進の効果は得られる。しかし、週1回の運動では身体が運動に適応しづらいため、体力の向上は望めず、毎回、疲労感が残る。また、運動に対し、身体がスムーズに動かないことによるケガなどを起こしやすいといわれている。これに対し、週2回以上の運動では呼吸循環系機能の改善や全身持久力の向上が認められ、週3回以上の運動では効果の蓄積が顕著となり疲労も少なくなる。休息日を週何回にするかは、1回の運動の強度と時間によって異なる。比較的高い強度の有酸素性運動を長時間行う場合は、翌日を休息日とし、中程度の強度の運動の場合は、週1回の休息日を設ける程度で十分とされている。

## 4. 運動の種類

運動は無酸素性運動、有酸素性運動、さらに多くのスポーツのように有酸素性運動と無酸素性運動とが組み合わされた混合運動に大別できる。健康の維持増進のための運動として、有酸素性運動（全身持久的運動）が推奨されている。有酸素性運動は、心臓への負担が比較的軽度であり、運動に伴う交感神経系の興奮も小さく、安全である。また、生活習慣病に対する予防・軽減的効果が高い。さらに、日常生活の大部分が有酸素活動であり、有酸素性運動は全身持久力を高め、日常生活における余裕力の向上をもたらす。健康の維持増進のための有酸素性運動としては、リズミカルに繰り返される運動で、身体の一部だけではなく全身的な運動がよい。したがって、歩行、ジョギング、ランニング、サイクリング、水泳、水中歩行などが代表的な運動である。ただし、これらの運動も、高い強度で実施された場合、無酸素性運動となるため注意が必要である。

（斉藤篤司）

# 5. 水中歩行時の生体応答

## 1. 水中歩行

水中運動は、陸上での運動が困難な人々に対する運動として用いられてきた。その中でも、水中歩行は、水泳のような特殊な技能を必要とせず、また年齢を問わず容易に実践することができる運動であるため、水中運動において、最も一般的に用いられている。

## 2. 水の物理的特性

水中歩行の有用性について理解するためには、以下のような水の物理的特性（浮力、抵抗および水温）について理解する必要がある。

### 1）浮力

浮力は、アルキメデスの原理によると、「物体は、浸水時に置換された液体の重量と同等の上向きに押し上げる力がかかる」と説明されている。水中での免荷の量は、水面下にある身体の割合に依存する。例えば、水中歩行時に、胸位まで浸水した場合、体重の約70%が免荷される[1]。

したがって、水中歩行は、運動時に免荷を要する高齢者の健康維持・増進プログラム、肥満者の運動療法、ならびに下肢に整形外科的疾患を有する人々に対するリハビリテーションとして、有用な運動様式であると考えられる。

### 2）抵抗

水中での運動は、水の抵抗（空気の約800倍）に打ち勝ちながら、実施しなければならない。水の抵抗は、水中での移動速度の約2乗に比例するため、動作の速度が速ければ速いほど、身体は強い抵抗を受ける[1]。また、近年、運動実施者の水表面積を意図的に増加するためのダンベルやパドルなどの商品も入手可能となってきた。

このように、水中歩行時には、動作の速度や水表面積を変化させることによって、運動強度を自由に可変設定することができる。

### 3）水温

水中運動を実施する際には、水温も重要な要素となり得る。例えば、低い水温（25℃および18℃）での水中運動時の酸素摂取量は、陸上および33℃の水温での水中運動時よりも大きい[2]。また、温かい水温（36.1℃）での水中運動時には、30.5℃の水温での水中運動時よりも、心拍数の上昇が大きい[3]。

したがって、水中歩行時には、運動の目的や対象者によって、水温を調節しながら運動を指導していくことが重要であると考えられる。

## 3. 水中歩行時の生体応答

水の物理的特性によって、水中歩行時の生体応答は、陸上歩行時のそれとは異なる。私たちは、これまで、回流水槽内にトレッドミルを設置した水中トレッドミル（図Ⅲ-5-1）を用いて、さまざまな条件下での水中歩行時の生体応答に関する研究を実施してきた[1)4)5)]。

ここでは、水中歩行時の歩行の方向、歩行速度・水流負荷および歩数の変化が、生体応答に及ぼす影響について紹介する。

### 1）水中歩行時の歩行方向の変化が生体応答に及ぼす影響

水中歩行時の歩行方向に変化を加えて、単なる前方歩行だけでなく、さまざまな歩行の方向を工夫することによって、飽きることなく運動を実施

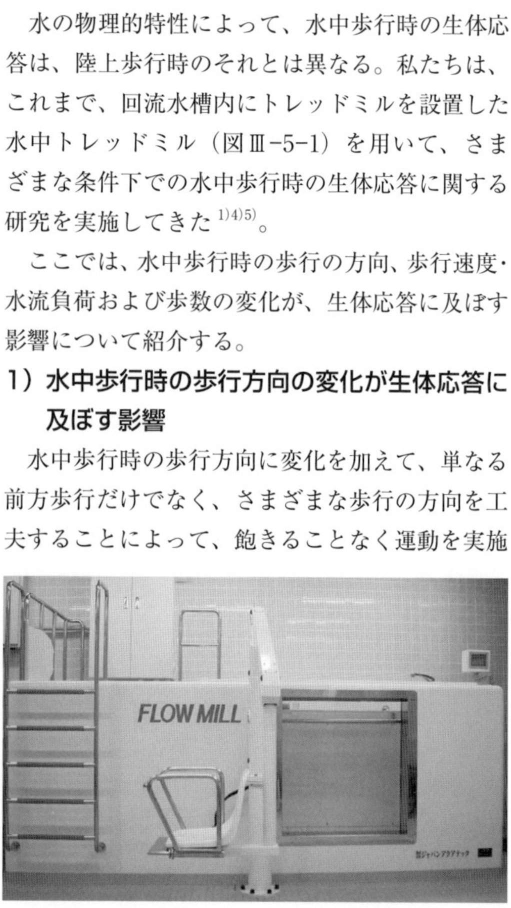


▶図Ⅲ-5-1　水中トレッドミル

することができる。

例えば、水中での後ろ向き歩行時の呼吸循環系応答（酸素摂取量、心拍数）は、前向き歩行時よりも大きい[4]。また、水中での後ろ向き歩行時には、脊柱起立筋、内側広筋および前脛骨筋が、水中での前向き歩行以上に活動する[1]。

このように、水中歩行時の歩行の方向を変化させることによって、運動の目的に応じた選択的なトレーニングを実施することが可能である。

### 2）水中歩行時の歩行速度および水流負荷の変化が生体応答に及ぼす影響[1]

水中歩行時には、速度の増加や水流負荷を加えることによって、運動強度を調節することができる。

例えば、水中歩行時には、陸上歩行時の1/2の歩行速度で、同等の呼吸循環系応答を獲得することができる。しかしながら、同一の呼吸循環系応答で運動強度を規定した場合、水中歩行時の筋活動は、陸上歩行時よりも低い。このことは、陸上歩行時および水中歩行時の上肢の運動パターンの違いや浮力による体重免荷の割合等と関連していると考えられる。

また、同一の速度で歩行した場合には、水中歩行時の呼吸循環系応答、筋活動の量および主観的運動強度は、陸上歩行時よりも大きく、水中歩行時の歩数は、陸上歩行時よりも少ない。このことから、同一の歩行速度で運動を実施した場合、水中歩行時には、陸上歩行時よりも、ゆっくりとした動作で、高い運動強度を獲得することができると考えられる。

さらに、水中歩行時には、歩行速度の増加に伴って、生体負担度（呼吸循環系応答や筋活動）は増加するものの、歩行速度の増加に対する生体負担度の増加率が、陸上歩行時よりも大きい。したがって、急激な運動強度の増加を避ける必要がある人々に対して水中歩行を指導する際には、注意を要する。

### 3）水中歩行時の歩数の変化が生体応答に及ぼす影響

実際に、プール施設において、水中歩行を実施する際には、最も快適であると感じるペース（選好ペース）で、運動を実施することが多い。

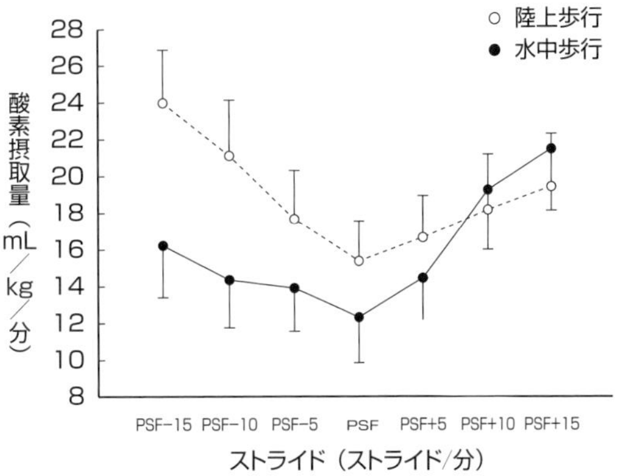


**▶図Ⅲ-5-2　水中および陸上歩行時の歩数の変化が酸素摂取量に及ぼす影響[5]**
**PSF：選好ペース（Preferred stride frequency）**
（例　PSF＋5：自分が最も快適であると思うペース（ストライド/分）＋5ストライド/分）

最近の研究によって、選好ペースで運動を実施した場合、水中歩行時の呼吸循環系応答（酸素摂取量、心拍応答）、歩数、歩行速度および主観的運動強度は、陸上歩行時よりも、低くなることが明らかになった[5]。水中において、選好ペースで運動を実施する場合に、陸上歩行時と同等の運動強度を獲得するためには、水中歩行時の歩数を増加する（～10ストライド/分）必要があると考えられる（図Ⅲ-5-2）。

水中歩行を実践するためには、「水着に着替えること」や「プール施設を利用すること」が前提条件となる。しかしながら、水中歩行が有する独特な効果は、きわめて魅力的である。今後も、水中歩行に関する発展的な研究によって、更なる有用性が明らかになってくることが期待される。

■ 参考文献

1）Masumoto K, Mercer JA（2008）：*Exerc Sport Sci Rev*, 36（3）：160-169.
2）McArdle WD et al.（1976）：*J Appl Physiol*, 40（1）：85-90.
3）Gleim GW, Nicholas JA（1989）：*Am J Sports Med*, 17（2）：248-252.
4）Masumoto K et al.（2009）：*Gait Posture*, 29（2）：199-203.
5）Masumoto K et al.（2013）：*Gait Posture*, 38（2）：335-339.

（増本賢治）

# 6．ランニングの運動処方：障害予防の観点から

## 1．陸上ランニング時の下肢への衝撃力

ランニングは、健康の維持・増進を目的とした運動プログラムにおいて、広く用いられてきた。しかしながら、陸上でのランニング時の下肢への衝撃力[1]は、疲労骨折などのスポーツ障害を引き起こす要因のひとつとなっている。

身体運動科学における研究の魅力のひとつは、運動時に、身体にかかる負荷（図Ⅲ-6-1）を変化させながら、効果的な運動方法を模索することである。

ここでは、下肢への衝撃力を軽減しながら、健康の維持・増進に貢献し得る、有用なランニングの運動方法を紹介する。

## 2．種々のランニング時の生体応答

### 1）異なる方向へのランニング時（後方ランニング時）の生体応答

ランニング時には、前方方向だけではなく、さまざまな方向への運動を実施することができる。例えば、後ろ向きランニング（後方ランニング）は、下肢の障害のリハビリテーションおよび障害予防のための運動として用いられてきた。

後方ランニングが、リハビリテーション・プログラムにおいて、積極的に用いられる理由のひとつとして、後方ランニング時の膝関節に及ぼす負担が、前方ランニングと比較して、低いことが挙げられる[2]。また、後方ランニング時には、前方ランニング時と比較して、大腿直筋および内側広筋の活動量が大きい[3]。さらに、後方ランニング時の生理学的負担も、前方ランニング時よりも大きい（例：酸素摂取量における78％の増加）[4]。

このように、後方ランニングは、前方ランニングと比較して、膝関節への負担を軽減しながら、より大きい生体負担度（筋活動や呼吸循環系応答）を獲得することが可能であるため、膝関節に障害を有する集団に対するリハビリテーション・プログラムとして有用であると考えられる。

今後は、後方ランニングに加えて、異なる方向への移動運動時の生体応答について明らかにするための研究や、それらの臨床的な応用に関する研究の実施が望まれる。

### 2）水中ランニング時の生体応答

水中ランニングは、リハビリテーションや競技力向上を目的とした運動として用いられてきた。特に、Deep water running（図Ⅲ-6-2）は、水深が3メートル以上のプールにおいて、浮揚ベストを用いて運動を実施することから、完全に体重を免荷した状態での運動の実施が可能であり、体重免荷を要する集団（高齢者、障害を有するスポーツ選手など）に対して有用な運動様式である。

しかしながら、一般的に、水中ランニング時には、浮力や抵抗の影響によって、運動強度を設定することが困難である。そこで、私たちは、水中および陸上ランニング時の運動強度を、同一の主観的運動強度[5]、歩数[6]および心拍数[7]で規定した場合の生体応答について調査を実施してきた。

同一の主観的運動強度で運動強度を規定した場合には、水中ランニング時の下肢筋の活動量が、陸上ランニング時よりも低かった[5]。また、同一

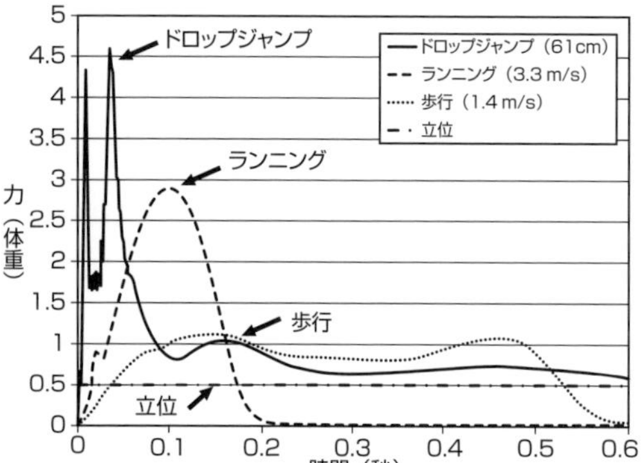

▶図Ⅲ-6-1　身体運動時に下肢に及ぼす衝撃力[1]

(A)　(B)

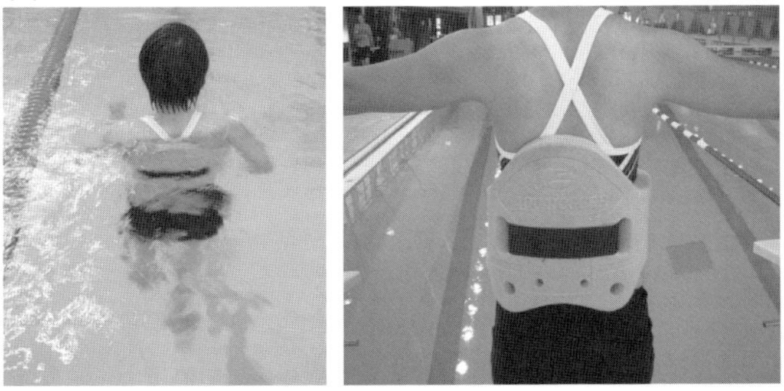

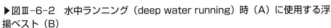

▶図Ⅲ-6-2　水中ランニング（deep water running）時（A）に使用する浮揚ベスト（B）

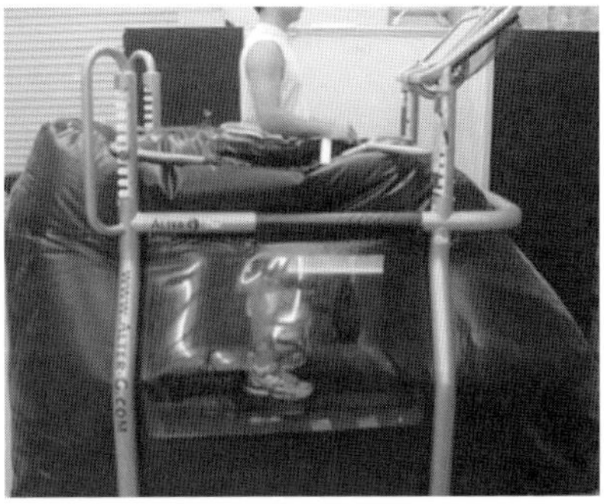

▶図Ⅲ-6-3　ランニング時の下肢への衝撃力を、任意に設定することが可能なトレッドミル

の歩数で運動強度を規定した場合には、水中ランニング時の下肢筋の活動量が、陸上ランニング時よりも低い（大腿直筋、腓腹筋）または同等（大腿二頭筋、前脛骨筋）であった[6]。しかしながら、同一の心拍数で運動強度を規定した場合には、水中および陸上ランニング時の、腓腹筋以外の下肢筋の筋活動量が、同等であった[7]。

これらのことから、水中ランニング時に、陸上ランニング時と同等の筋活動量を獲得するためには、同等の心拍数で運動を実施する必要があると考えられる。

### 3）下肢への衝撃力を免荷したトレッドミルでのランニング時の生体応答

ランニング時での体重を免荷する方法の違い（例：水中環境 vs. 陸上での運動負荷装置を用いた体重免荷）は、生体応答に影響を及ぼす[8]。

近年、運動時の下肢への衝撃力を任意に調節することが可能な運動負荷装置が開発されてきた（図Ⅲ-6-3）。本装置は、下肢への衝撃力の割合、速度および傾斜を、独立して調節することが可能な運動負荷装置であり、体重を免荷したランニング時の生体応答を正確に同定することができる。

私たちは、本装置を用いて、下肢への衝撃力を軽減したランニング時の生体応答について研究してきた。その結果、ランニング時に、下肢への衝撃力を減少した場合、運動時の筋活動量は、衝撃力の減少に伴って減少するものの、筋活動のパターンは維持されることが明らかになった[9]。

今後は、健康の維持・増進を目的とした、下肢への衝撃力を免荷したトレッドミルでの運動プログラムの安全かつ実践的な応用に関する、より詳細な科学的検証が求められる。

■ 参考文献

1）Gunter KB et al.（2012）: *Exerc Sport Sci Rev*, 40（1）: 13–21.
2）Flynn TW, Soutas-Little RW（1995）: *J Orthop Sports Phys Ther*, 21（5）: 277–282.
3）Flynn TW, Soutas-Little RW（1993）: *J Orthop Sports Phys Ther*, 17（2）: 108–112.
4）Flynn TW et al.（1994）: *Med Sci Sports Exerc*, 26（1）: 89–94.
5）Masumoto K et al.（2009）: *Med Sci Sports Exerc*, 41（10）: 1958-1964.
6）Masumoto K et al.（2013）: *Gait Posture*, 37（4）: 558–563.
7）Masumoto K et al.（2014）: *Int J Sports Med*, 35（1）: 62–68.
8）Mercer JA et al.（2014）: *J Sport Rehabil*, 23（4）: 300–306.
9）Liebenberg J et al.（2011）: *J Sports Sci*, 29（2）: 207–214.

（増本賢治）

# 7. 運動継続と心理的恩恵

## 1. 運動の継続に向けて

運動や身体活動が、心疾患や糖尿病、がんなど、さまざまな疾病に対し予防効果があることや、心の健康の維持・向上に恩恵があることが、多くの研究で報告されている。それにも関わらず、いまだに多くの人が不活動な生活を送っている。また、運動を始めたにも関わらず、半年後にはほぼ7～8割の人がやめてしまうことも報告されている。運動継続を含む「健康づくり」はもともと続けにくいものであり、この「続かない行動」にどのように働きかけるか、行動変容理論に基づきながらみていく。

## 2. 行動変容のトランスセオレティカル・モデル

トランスセオレティカル・モデル（Transtheoretical Model：TTM）は、プロチャスカとディクレメンテ（Prochaska & DiClemente, 1983）によって提唱された行動変容の包括的な理論である。従来、喫煙や飲酒をはじめとする不健康行動の変容過程の説明にTTMが利用されてきたが、その後、運動を積極的に行う活動的なライフスタイルへの行動変容過程の説明においても応用されるようになった。TTMは、行動変容ステージ、行動変容のプロセス、意志決定のバランス、およびセルフエフィカシーの4つの構成要素からなる。岡[1]はこのTTMの構成要素について詳細に解説しており、これを援用しつつ、以下に概観する。

### 1）行動変容ステージ

行動変容ステージは、TTMの中心的構成要素であり、無関心期、関心期、準備期、実行期、および維持期の5つの段階に分類される（図Ⅲ–7–1）。無関心期の人は、運動を行うことで得られる恩恵や運動の重要性の認識が低かったり、運動を行うことの負担感が非常に大きい場合が多い。つまり、まったく運動をするつもりがなく、非常に安定的で変容しにくいことが特徴に挙げられる。

関心期の人は、運動を行うことで得られる恩恵を理解しているが、それに伴う負担感も大きいことが特徴である。つまり、運動をしたほうが良いと感じながらも、実際に開始するかどうか迷っている段階である。準備期の人は、運動を実施しようという意図がある段階、もしくは望ましい水準ではないが自分なりに運動を実施している段階である。

実行期の人は、望ましい水準で運動を継続しているが、開始してからまだ間もない段階である。定期的な運動を始めた最初の6ヶ月は、何かのきっかけで逆戻りすることも多い。例えば、5月のさわやかな初夏の季節にウオーキングを始めた人が、6月の梅雨に入り雨が続くとウオーキング

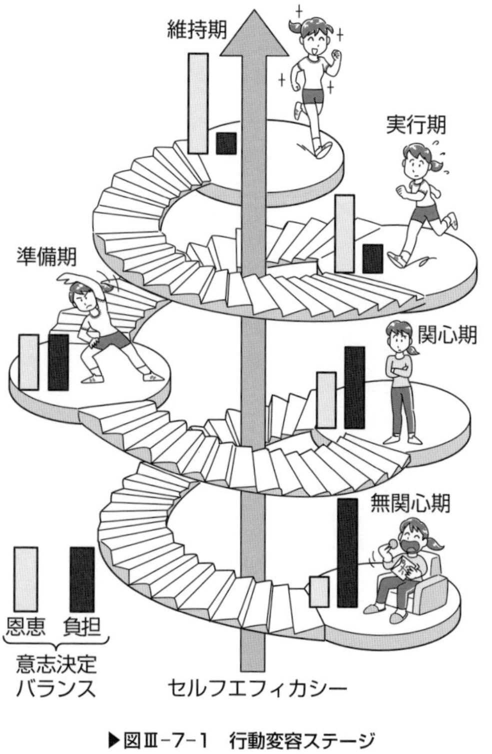


▶図Ⅲ–7–1　行動変容ステージ

を止めてしまい、前のステージに逆戻りしてしまうことがその例である。維持期の人は、運動がライフスタイルの一部として習慣化しており、運動を継続する自信も高い。また、運動の妨げとなる要因への対処法も知っており、逆戻りの割合が低いことも特徴である。例えば、前述の例を踏まえると、梅雨の時期に雨が続いても、ウオーキングに代わる運動（例えば、家でダンベルトレーニングをする）を知っているため、逆戻りをしないのである。行動変容ステージでは、行動を「している・していない」で判断するのではなく、その行動に対する準備性を加味し、ひとつでも後ろのステージに移行すれば行動変容したと考えるのである[2)]。

### 2）行動変容のプロセス

行動変容のプロセスとは、行動変容ステージを移行させるための方略を指し、5つの認知的方略（自己発見、ドラマティック・レリーフ、環境再評価、自己再評価、社会的解放）と5つの行動的方略（反対条件づけ、関係促進、強化マネジメント、自己解放、刺激統制）がある。無関心期や関心期などの前期ステージでは認知的方略を用いて、準備期以降の後期ステージになると行動的方略を用いて、ステージに応じた技法で行動変容を促進し、継続につなげていく[1)]。

### 3）意志決定のバランス

意志決定のバランスとは、行動を改善することの恩恵（pros）と負担（cons）のバランスの知覚のことであり、行動変容ステージの無関心期および関心期の人は、運動を実施することに対する恩恵より負担が高く、実行期と維持期の人は逆に恩恵のほうが負担より高くなる[2)]。つまり、後期ステージに移行するためには、負担の軽減と恩恵の強化が重要となる。

### 4）セルフエフィカシー

セルフエフィカシーは、ある行動を成功裡に遂行することへの確信度であり（Bandura, 1977)、ステージの移行に伴って、セルフエフィカシーは直線的に増加していく。

## 3. 運動実施による心理的恩恵

運動の長期的な継続が心理面に及ぼす影響に関する研究は、1960年代頃から本格的に行われ、気分や不安、抑うつの減少といった心理的恩恵が一般的に示されている[2)]。一方で、長期的な運動とは別に、短時間で簡便に実施できる一過性運動の効果も着目されてきた。これは、運動経験の少ない個人にとって、高強度の運動を開始したり、継続したりすることは困難であり、一過性の簡便な運動における実施可能性のほうが高いことが背景にある。多くの研究で一過性運動の心理的効果が指摘されており、不安や抑うつなどのネガティブな感情を改善し、爽快感や活力などポジティブな感情が増加することはよく知られている。例えば、満石ら[3)]は、中等度強度のエアロバイクによる一過性運動を実施した結果、運動中の高揚感の増加、運動後の落ち着き感の増加と否定的感情の減少を明らかにしている。これと同様の結果が、いくつかの研究で報告されている（荒井・竹中、2010;橋本ら、1996など）。また、荒井（2010）は、一過性運動の繰り返しが結果として運動の継続につながり、長期的な心理的恩恵につながることから、一過性運動におけるポジティブな心理的恩恵の獲得の重要性を指摘している。このように、一時的な気分の改善を得られる一過性運動から始め、それを少しずつ積み重ねることで長期的な継続につなげていくことも肝要であろう。

■ 引用・参考文献
1）岡浩一朗（2000）：行動変容のトランスセオレティカル・モデルに基づく運動アドヒレンス研究の動向、体育学研究、45：543-561
2）橋本公雄・斉藤篤司（2015）：運動継続の心理学―快適自己ペースとポジティブ感情―、福村出版
3）満石寿・長野祐一郎・竹中晃二（2010）：一過性運動実施に伴う感情および心臓血管反応の時系列的変化とその関係、健康心理学研究、23：52-60

（内田若希）

# 8．社会的健康と運動・スポーツ

## 1．社会的健康

### 1）社会的健康とは

世界保健機関（WHO）の健康の定義、すなわち「身体的・精神的・社会的に完全に良好な状態であり、単に病気あるいは虚弱でないことではない」は、それまでの身体中心の健康観に対して、精神的・社会的側面にも配慮しており包括的であると高く評価されてきた。この定義が世に出た1946年という時代背景から推察すれば、「社会的に完全に良好」とは、戦争や飢餓のない状態を指し示していると思われる。この意味では、戦後60年以上にわたって平和を維持し、栄養水準の飛躍的な向上を成し遂げたわが国は、高い水準の「社会的健康」にあると評価できるかもしれない。だが、果たしてそうだろうか。

環境問題は、もはや抜き差しならない状況にまできてしまっている。豊かで便利になった社会生活に反比例するかのように、人々のモラルは低下し、「社会正義」は死語と化しつつある。いじめや虐待、家庭内暴力など、陰湿で残忍な事件が報じられない日はないし、子どもや働き盛り世代の自殺、高齢者の孤独死などの悲しい事件も挙げればきりがない。われわれは、本当に豊かな社会に住んでいるといえるだろうか。そもそも、豊かさとはいったい何だろうか。2000年に厚生労働省により始められた第三次国民健康づくり運動、つまり「21世紀における国民健康づくり運動」（通称「健康日本21」）では、社会的健康を「他人や社会と建設的でよい関係を築けること」と定義している。これにならえば、現代日本の社会的健康は著しく損なわれていると評価する他ない。

### 2）現代社会におけるスポーツと社会的健康

ところで、他者や社会とのよりよい関係形成について考える際、「高度情報化社会」と形容される現代社会のあり方に注意を払わなくてはならない。われわれの現在の生活は、多くの部分が、地域社会の伝統や慣習よりも、時・空間を飛び越えたグローバルな情報システムによって維持されている。また人と人とのつながりも、地縁や血縁といった直接的なものから、電子メールに代表される情報環境への依存をますます強めている。こうした社会の飛躍的な発展は、確かに生活の利便性を格段に高めた。だが同時に、遠く離れた場所で生じた事件や事故が、めぐりめぐってわれわれの生活を脅かしかねないという不安や現実のリスク、信頼に足るものが何もないといった「寄る辺なさ」（アイデンティティ喪失）の感覚を社会に広めてもいる。今日生じている環境問題や社会問題は、このような現代社会のあり方と決して無関係ではない。

このような社会にあってスポーツは、感動や興奮、涙、笑いといった情動的な体験を通して、人と人とを瞬時に直接的・根源的に結びつけ、彼らに「実存の感覚」（アイデンティティ）をもたらす貴重な空間となる。さらにスポーツ空間では、例えば男性が女性に、会社の重役が平社員に負けるなど、性、世代、地位といった社会的役割が意味をなさない場合がしばしばある。このような、「社会的真空状態」とでも表現し得る経験を通して、われわれは今住んでいる社会、そしてそこにおける人間関係の有り様をよりよく認識できるようになる。また、既存の人間関係・社会関係から抜け出し、こうした特徴を有するスポーツ空間に身を投じることは、他者や社会との多様で望ましい関係を形成するための契機にもなる。このように現代スポーツには、健康な社会がどのような社会であるのかを提示してみせる役割も期待されている。

■ 参考文献

1）アンソニー・ギデンズ、秋吉美都他（訳）（2005）：モダニティと自己アイデンティティ―後期近代における自己と社会―、ハーベスト社
2）山本教人（2006）：メディアとしてのスポーツ研究の可能性、九州体育・スポーツ学研究、20(2)：23-25.

（山本教人）

## 2. 心理社会的健康

### 1）心理社会的健康と運動・スポーツとの関係

社会や集団との関わりにおいて意味をもつ個人の心理面の健康は、特に、「心理社会的健康」と呼ばれることがある。社会的健康が、主として、社会や地域の総体的健康に言及しているのに対し、心理社会的健康という用語が用いられる場合は、社会生活を送っている個人に焦点があてられている。このように、心理社会的健康という概念は、個々人の健康を意識して使用されている。

運動・スポーツは、このような心理社会的健康にも多様な影響を及ぼす。例えば、運動やスポーツ活動を通じて、何かができるという有能感や自己効力感、自己を他者に開示・提示する能力、仲間とのコミュニケーション能力などが向上し、心理社会的健康に結びつくことが期待される。しかしながら、昨今では、運動やスポーツそれ自体が心理社会的健康を向上させるのではないと、一般的には認識されている。すなわち、単に運動・スポーツをしているだけで健康になるわけではないのである。運動・スポーツを介して心理社会的健康を増進するためには、運動実施者や関係者の適切な関わりや心理社会的環境の整備などが必要となる。

### 2）スポーツを通じた心理社会的スキル（ライフスキル）トレーニング

このような見方を踏まえて、近年では、心理社会的健康を意図的に向上させるような運動・スポーツ活動が行われるようになってきた。そのひとつとして、「運動・スポーツ実践を通じたライフスキルトレーニング」がある。

ライフスキルとは、「日常生活で生じるさまざまな問題や要求に対して、建設的かつ効果的に対処するために必要な心理社会的能力」のことである[1)]。社会生活を適切に送るために必要とされる技能（スキル）という意味で、社会的スキルあるいは心理社会的スキルと呼ばれることもある。具体的には、意思決定スキルや問題解決スキル、目標設定スキル、対人関係スキルやコミュニケーションスキル、感情処理スキルやストレス対処スキルなどがライフスキルに含まれている。WHOは、ライフスキルを獲得することによって、さまざまな心理社会的問題に対処し、また、非社会的・反社会的行動を回避することができ、その結果として心身の健康を維持増進することが可能になると考えている[1)]。

このようなライフスキルを、スポーツを通じて獲得させようという試みが米国を中心に発展してきているのは、ライフスキルは運動スキルと同じように、練習によって身につけることができると考えられているからである。このような類似性があるということは、運動・スポーツ場面がライフスキルの練習に適している場であることをも意味している。もちろん注意すべき点として、前述したように、運動やスポーツをしているだけでライフスキルが身につくわけではないということがあるが、適切な環境を設定することで効率よくライフスキルを身につけることができ、心理社会的（身体的も含めて）健康を向上させることができると考えられている。

運動・スポーツを介して行われているライフスキルトレーニングプログラムには、さまざまなスポーツを活用するSUPERプログラム、ゴルフを通して行われるThe First Tee、NCAA（全米大学体育協会）が監修しているCHAMP/Life Skillsプログラムなどがある[2)]。これらのプログラムに共通しているのは、単にスポーツの指導をするだけではなく、そのスポーツを題材として、さまざまなライフスキル獲得のための練習メニューを取り入れていることである。

いずれにしろ、運動・スポーツは、単にそれらを実施するだけで、心理社会的健康が高まるというものではない。しかし、心理社会的健康を向上させるような要素が、運動・スポーツに豊富に含まれているのも事実である。それらを意識し、適切な関わりをもつことで、心理社会的健康を向上させることが可能となる。

■ 引用文献
1）WHO（編）、川畑徹朗他（監訳）（1997）：WHO・ライフスキル教育プログラム、大修館書店
2）杉山佳生（2004）：スポーツとライフスキル、日本スポーツ心理学会（編）、最新スポーツ心理学―その軌跡と展望―、大修館書店、69-78.

（杉山佳生）

第Ⅲ部
実習編

# 1. 最大酸素摂取量の測定

全身持久力の指標である最大酸素摂取量は、最も健康と関連のある体力要素です。しかし、最大酸素摂取量を直接測定するためには、大がかりな測定機器や専門的な知識を必要とします。

ここでは、比較的簡便な、踏台昇降運動による最大酸素摂取量の測定方法について学習し、実際に測定を行ってみましょう。

## 1. 心拍数測定装置の装着

踏台昇降運動中の心拍数を、心拍数測定装置を用いて測定します。

**●手 順●**

①腕時計型の測定装置を、どちらか一方の手首に巻き、本体裏面のセンサーが皮膚に接触するように調整する。

②左下の「MODE/OK」ボタンを１回押す。次に、右上の「TREND/UP」ボタンを２回押し、「■ワークアウト」にする（図Ⅲ.1.1）。

③自動的に計測が開始され、十数秒後に、「ワークアウト」画面に変わる（この間、腕を動かさないようにする）。「計測画面」が選択されていることを確認し、「MODE/OK」ボタンを１回押す（図Ⅲ.1.2）。

④「HR XX（2〜3 桁の数値）」と表示されていることを確認する（図Ⅲ.1.3）。

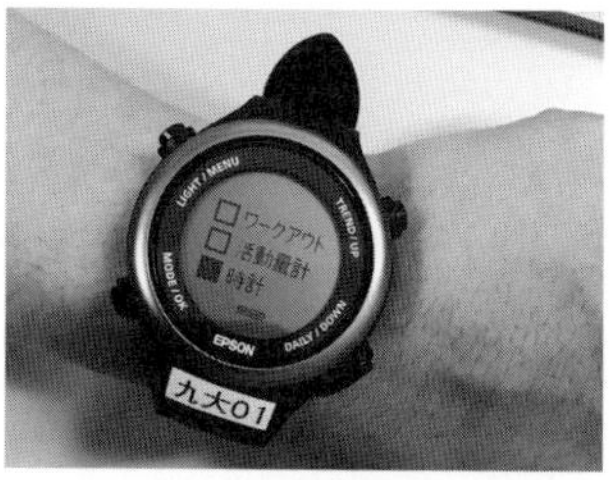


[図Ⅲ.1.1]

[図Ⅲ.1.2]

[図Ⅲ.1.3]

## 2. 踏台昇降運動の実施

**●方 法●**

①男子は40cm、女子は35cmの踏台を使用する。

②１回目の運動：リズムに合わせて、毎分15回の速度で踏台の昇降運動を４分間実施する。終了15秒前の心拍数を受信機により読み取り、下表に記録する。

③２回目の運動：毎分20回の速度で踏台昇降運動を４分間実施する。終了15秒前の心拍数を読み取り、記録する。

④３回目の運動：毎分25回の速度で踏台昇降運動を４分間実施する。終了15秒前の心拍数を読み取り、記録する。

| | 1回目 | 2回目 | 3回目 |
|---|---|---|---|
| 終了直前の心拍数 | 拍 / 分 | 拍 / 分 | 拍 / 分 |

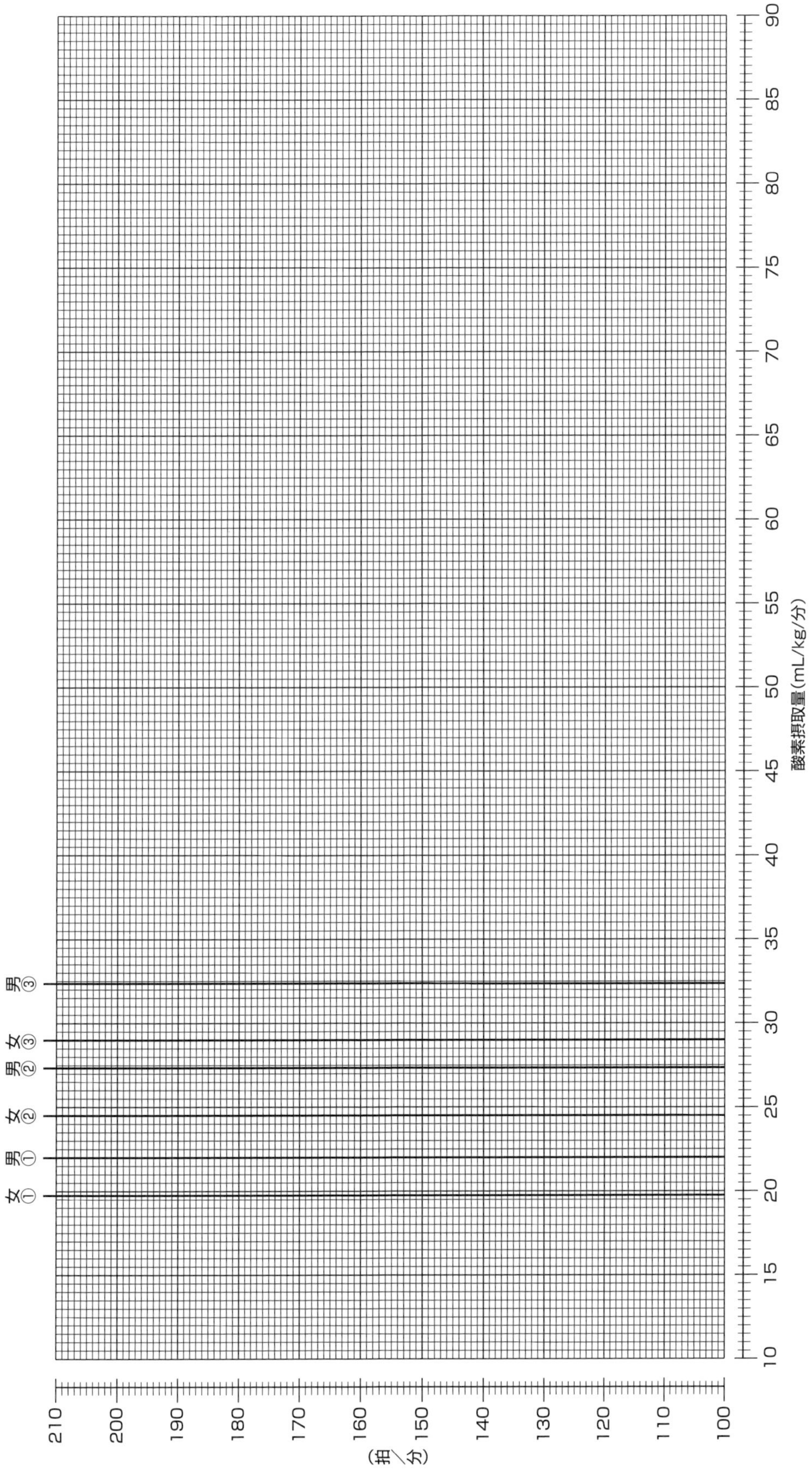


[図Ⅲ.1.4] 最大酸素摂取量算出のためのグラフ

## 3. 最大酸素摂取量の求め方

図Ⅲ.1.5を参考にしながら、あなたの最大酸素摂取量を求めましょう。

**●手 順●**

①先に計測した3回の心拍数を前ページのグラフに記録する。記録の仕方は、1回目の記録から、順に「男①または女①」、「男②または女②」、「男③または女③」の線上にそれぞれプロットする。

②各自の最高心拍数を求める。計算式は以下のとおり。

**最高心拍数＝（220－年齢）拍／分**

③グラフにプロットした3点を直線で結ぶ。ただし、3回目の心拍数が各自の最高心拍数を越えた場合には、1回目と2回目の2点を直線で結ぶ。

④あなたの最高心拍数を横方向へ延長し、③で求めた直線との交点から線を垂直に下に降ろした値があなたの最大酸素摂取量となる。また、あなたの最大酸素摂取量を記入し、あてはまる評価に○をつけましょう。

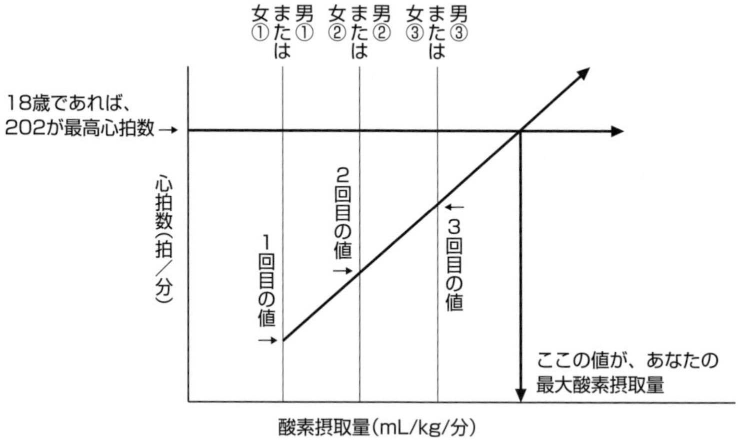


［図Ⅲ.1.5］最大酸素摂取量の求め方

| | |
|---|---|
| あなたの最大酸素摂取量は？ | . mL／kg／分 |

◎評価表

| | | | | | |
|---|---|---|---|---|---|
| 男　子 | 35.1以下 | 35.2～43.6 | 43.7～52.1 | 52.2～60.6 | 60.7以上 |
| 女　子 | 28.8以下 | 28.9～35.1 | 35.2～41.5 | 41.6～47.9 | 48.0以上 |
| 評　価 | 劣　る | やや劣る | 普　通 | やや優れている | 優れている |

◎参考資料：心臓病予防のための、最大酸素摂取量の年代別目標最低値（mL／kg／分）

| 年　代 | 20代 | 30代 | 40代 | 50代 | 60代 |
|---|---|---|---|---|---|
| 男　子 | 41 | 40 | 39 | 38 | 37 |
| 女　子 | 35 | 34 | 33 | 32 | 31 |

## COLUMN

### ❶エアロビクスとは

エアロビクスとは、有酸素的な代謝過程に依存しながら、12 分間以上継続して行う心臓血管系を刺激するエクササイズの総称です。音楽に合わせて行う軽度のエアロビックダンスは、軽い有酸素性運動の楽しさ・心地よさを体感できるとともに、生理的心理的にもさまざまな効果が得られます。また、仲間とともに身体をリズムに乗せて動かすことを通して、仲間との連帯感、交流感を培うこともできるでしょう。

### ❷エアロビックダンス・エクササイズの特徴

①音楽のリズムやテンポに合わせて楽しくできる。
②心拍数による自己管理ができ、個人の体力に合わせた運動強度をプログラムできる。
③子どもから老人まで、誰にでもできる。
④身体と心の健康に効果をもたらす。

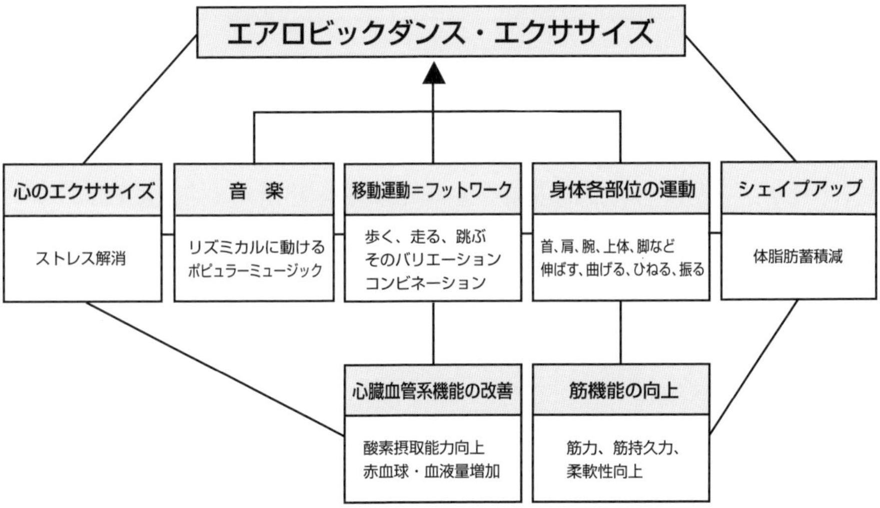


●実施上の注意●

①体調をみて運動量を調節する。
②食前・食後の運動は避ける。
③水分は小分けにし、十分補給する。
④クッションのよいシューズを履く。
⑤動きやすい、楽な服装で実施する。
⑥頑張りすぎや他人との競争は禁物。
⑦脈拍が 120〜140 拍、1 回 20 分以上、1 週間に 3、4 回程度が標準。

●プログラムの構成●

①ウオーミングアップ：身体を温め、関節の可動域を拡大。
②エアロビックパート：20 分以上の有酸素性運動の展開（軽度のエアロビクス：心拍数 120 拍／分程度）
③マッスルコンディショニング：筋肉や粘り強さの向上。
④クーリングダウン：ストレッチ＆リラクセーション。

■ 参考文献

アン・クリンガー他、武井正子、堂浦恵津子（訳）(1992)：エアロビクス事典、大修館書店

# 2. 有酸素性運動実習

踏台昇降運動により測定された最大酸素摂取量から、あなたに適切な歩行・走行速度を算出し、運動処方の実際を体験します。歩行・走行時の心拍数と消費カロリーを算出しましょう。また、心理的な効果についても体験してみましょう。

## 1. 適切な歩行・走行速度の求め方

①最大酸素摂取量と12分間で最大限に走ることのできる距離との間には強い相関関係があります。先に求めたあなたの最大酸素摂取量の値から、まず12分間で走ることのできる距離とその平均速度を求めましょう。式は以下のとおりです。

**12分間走の走行距離 (m) = [最大酸素摂取量 (mL/kg/分) +7.3] / 0.0213**

| | | | |
|---|---|---|---|
| 12分間走の距離 | m | 平均速度 | m / 分 |

②健康づくりに適切な運動強度は、体力の50～70%であるといわれており、①で求めた平均速度の50～70%が至適運動強度の速度と考えることができます。次の式より、あなたの50%と70%強度時の平均速度を求めましょう。

**50%強度時の平均速度（12分間走の平均速度 × 0.5）**
**70%強度時の平均速度（12分間走の平均速度 × 0.7）**

| | |
|---|---|
| 50%強度時の平均速度（12分間走の平均速度 × 0.5） | m / 分 |
| 70%強度時の平均速度（12分間走の平均速度 × 0.7） | m / 分 |

③次式より、50%、70%強度それぞれの速度での歩行・走行運動で、1,000mを移動するのに要する時間を算出することができます。

**1,000mの移動に要する時間 = 1,000 / 平均速度**

| | |
|---|---|
| 50%強度時の速度で1,000mの移動に要する時間 | 約　　.　　分 |
| 70%強度時の速度で1,000mの移動に要する時間 | 約　　.　　分 |

## 2. 運動強度の判定

24ページの目標心拍数より、実施された歩行・走行運動が自分の体力に適したものであったかどうかを確認することができます。

実施した歩行・走行運動が、あなたに適した強度の運動であったのか確認してみましょう。運動中の心拍数は、下の計算式により求めます。また、「結果の判定」欄のあてはまるところに○をつけましょう。

**運動中の心拍数（拍/分）＝運動直後の脈拍数（15秒間の値）×4＋10**

| 運動直後の脈拍数 | 拍／分 | 運動中の心拍数 | 拍／分 | |
|---|---|---|---|---|
| 結果の判定 | 50%強度未満 | 50～60%強度 | 60～70%強度 | 70%強度以上 |

## 3. 運動前後の気分・感情の変化

運動実施前後の気分・感情の変化を、次に示す要領で100ページの表に記録します。

**●要 領●**

①運動開始時の気分・感情の状態

100ページの①～⑫の項目について、最もあてはまる状態をそれぞれ「まったくそうでない」−3点～、「まったくそうである」3点までの7段階の得点にして、表左側の「運動前」の欄に記入する。

②運動終了時の気分・感情の状態

同様に運動終了時の気分・感情の状態を得点化し、下表右側の「運動後」の欄に記入する。

③運動前後の「快感情」（項目：①、④、⑦、⑩）、「リラックス感」（項目：②、⑤、⑧、⑪）、「不安感」（項目：③、⑥、⑨、⑫）の合計得点をそれぞれ計算し、表下の欄に記入する。

④運動前後の得点の変化を、「快感情」は○、「リラックス感」は□、「不安感」は△で下のグラフに記入し、それぞれを線で結ぶ。

■ 参考文献
1）橋本公雄・村上雅彦（2011）：運動に伴う改訂版ポジティブ感情尺度（MSL-S. 2）の信頼性と妥当性、健康科学、33：21-26.

| 実施日時 | 月　　日 | 運動の内容 | |
|---|---|---|---|

| 運動前 | | まったくそうでない | かなりそうでない | ややそうでない | どちらともいえない | ややそうである | かなりそうである | まったくそうである | 運動後 |
|---|---|---|---|---|---|---|---|---|---|
| | ①生き生きしている | −3 | −2 | −1 | 0 | 1 | 2 | 3 | |
| | ②リラックスしている | −3 | −2 | −1 | 0 | 1 | 2 | 3 | |
| | ③不安である | −3 | −2 | −1 | 0 | 1 | 2 | 3 | |
| | ④爽快な気分である | −3 | −2 | −1 | 0 | 1 | 2 | 3 | |
| | ⑤ゆったりしている | −3 | −2 | −1 | 0 | 1 | 2 | 3 | |
| | ⑥思いわずらっている | −3 | −2 | −1 | 0 | 1 | 2 | 3 | |
| | ⑦はつらつしている | −3 | −2 | −1 | 0 | 1 | 2 | 3 | |
| | ⑧落ちついている | −3 | −2 | −1 | 0 | 1 | 2 | 3 | |
| | ⑨くよくよしている | −3 | −2 | −1 | 0 | 1 | 2 | 3 | |
| | ⑩すっきりしている | −3 | −2 | −1 | 0 | 1 | 2 | 3 | |
| | ⑪穏やかな気分である | −3 | −2 | −1 | 0 | 1 | 2 | 3 | |
| | ⑫心配である | −3 | −2 | −1 | 0 | 1 | 2 | 3 | |

運動前合計得点

| | |
|---|---|
| 快感情 | 点 |
| リラックス感 | 点 |
| 不安感 | 点 |

運動後合計得点

| | |
|---|---|
| 快感情 | 点 |
| リラックス感 | 点 |
| 不安感 | 点 |

−12　−8　−4　0　4　8　12

運動前

運動後

−12　−8　−4　0　4　8　12

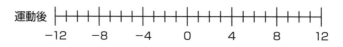

## 4. 消費エネルギーの算出

歩行・走行時の消費エネルギーを計算してみましょう。

**❶ 歩行時**

**ウオーキング時の１分間あたりの酸素摂取量（体重１kgあたり）＝**
**分速（m／分）× 0.1 mL／kg／分＋3.5mL／kg／分**

**❷ 走行時**

**ランニング時の１分間あたりの酸素摂取量（体重１kgあたり）＝**
**分速（m／分）× 0.2 mL／kg／分 ＋ 3.5mL／kg／分**

※両式とも、１項が運動に用いるエネルギー、２項が安静の分。

酸素を１L消費した際のエネルギーは、約５kcalに相当します。用いたエネルギー基質（脂肪、糖、蛋白質）の割合によって若干異なりますが（呼吸商：高校の生物参照）、おおむね５kcalになります。運動が低強度であれば、大半が脂肪で賄われますが、残念ながらすべてということはありません。

実習中の歩行・走行の平均速度［　　　　　m/分］より、運動に必要とされる酸素摂取量は1分あたり［A［分速×（0.1 または 0.2）×体重］：　　　　　mL］である。酸素を 1,000 mL 消費した際のエネルギーは、約５kcal に相当するので、１分あたりの消費エネルギーは［B：　　　　　kcal］である。今回の運動には［C：　　　　　分］かかったので、［B×C：　　　　　kcal］消費した！

競技に応用すると、マラソンを2時間30分で完走するには（281.2m／分）、安静代謝を除いても56.3mL／kg／分の酸素摂取量が必要となります。

この記録をもつ体重50kgの選手では、マラソン中に2.99L／分の酸素が摂取されています。もし持久力を落とさずに３kgの減量に成功したとすると、分速300mで走ることができます。すなわち、２時間21分となり、約10分の短縮に成功します（(2990－47×3.5)／47／0.2 ＝ 300）。

# 第Ⅳ部

# 動き・スポーツ行動を知る

第Ⅳ部 理論編

# 動き・運動・スポーツ科学

## 1.「身体技法」としての動き

### 1. 社会的・文化的な影響を受ける「歩き方」

マルセル・モースは、それぞれの社会には伝統的で独特な身体の用い方がみられるとし、それを「身体技法」と名づけた。例えば、歩き方は最も文化の刻印を受けることが少ないと考えられている身体運動であるが、モースはそれについて非常に綿密な観察をしている。イギリス軍のある連隊がフランス式のラッパの吹き方と太鼓の打ち方をして行進を真似ようとしたら、何ともちぐはぐな結果に終わってしまった。また、修道院で躾を受けた若い娘は、こぶしを握りしめて歩く。ニュージーランドのマオリ族の女性の歩き方は、「オニオイ」と呼ばれ、腰を大きく振って歩くが、これを娘たちに仕込む教育が存在しているという。また、走り方については、「1860年頃にジョワンビルを最優秀で卒業した担任の体育教師は、わたしに、こぶしを身体につけて走るように教えてくれた。これは走るすべての身のこなしと全く矛盾する動作である。わたしは、1890年にくろうとの走者の走りを見てはじめて、走り方を変えなければならないと思った。」と述べている。

「身体技法」が示唆するのは、身体の運動という、およそ解剖学や生理学に属すると考えられがちな対象にまで、社会的・文化的な影響力が及んでいるということなのである。

日本人の歩き方は、手を振らずに、右半身、左半身を交互に前に出して歩く「ナンバ歩き」を特徴とすることが指摘されてきた。右足が前に出るとき、右手も前に出すわけであるが、その場合手はほとんど振らないので、右足・右肩前というような、半身ごとの、いわゆる肩で風を切る歩行ということになる。この「ナンバ歩き」は、日本の民族芸能の基本姿勢である「ナンバ」という半身の姿勢に由来する。それは、盆踊りの動きを想像すればわかるように、右足と右腕をそろえて前に出した半身の構えであり、その原点は、農民が畑で鍬を持った姿勢にあるといわれる。ナンバ歩きは、農民の歩き方ということになる。農耕生産には、手を振った反動を利用して速く歩いたりする必要はなく、それよりもエネルギーをじっくりと永続的に発散させるほうが有用なのである。ただ、ナンバ歩きの形態は、この農耕という社会的生業形態のみで説明しきれるものではなく、他の何らかの文化的な要因をも突き合わせて考えられなければならないだろう。

### 2.「ナンバ」がもたらす身体の動き

ナンバ歩きでは、身体が左右に揺れる。体重が前足に移りすぎるからである。面白いことは、こうした左右にぶれる歩き方は馬にまで及んでいたことである。馬の歩き方は本来、右前足が前へ出るとき、左後ろ足が前へ出るという「斜対歩」であるが、上下動が激しく、振り落とされる恐れがあるということから、同じ側の前足と後ろ足が一緒に前へ出る「側対歩」へと矯正されたのである。馬の歩き方もナンバ歩きとなったのである。

この「ナンバ」の姿勢は、身体運動の可能性を限定してしまう。手の反動を利用しないわけだから、ストライドを伸ばせず、「速く走れない」し、方向転換も難しい。また、這うことができない。「這う」ことは、異なった側の手と足が前に出ることによって可能となるのである。明治10年の西南の役の際、ナンバの姿勢の農民兵を中心とした官軍は集団移動や駆け足、方向転換、匍匐(ほふく)前進ができないことから、薩軍に苦戦を強いられた。官軍勝利で終わったが、明治政府は、国民のナンバの姿勢の矯正に乗り出していった。ヨーロッパ式の兵式体操を義務教育に取り入れ、執拗に姿勢を注意し、整列・隊列行進を繰り返させたのである。こうしてナンバは改善されていくが、現在の日本にみられる、両手をズボンのポケットに入れたままで肩を怒らせて前かがみで歩く若い男の姿や、両手を前で組み合わせて縮こまって歩く年配の、とりわけ和服を着た女性の姿は、腕の振りを利用しないナンバ歩きの名残のように思われる。

このナンバの姿勢は、日本のスポーツの動きにもうかがえる。例えば、相撲の押しや張り手は同じ側の手と足が前に出るし、剣道の構えは右足前、左足後ろ、両手は、鍬の柄を握った形と同じく、竹刀のつかを持って右手が前、左手が後ろの姿勢で、前進の際は「すり足」で踏み出した右足に左足が追いつくという動き(後退はその反対)をとる。柔道の構えは右手で相手の襟をつかみ、右足が前、左手で袖をつかみ、左足が後ろの姿勢で、移動は剣道と同じ動きをとる。そして、これらすべての場合、推進の主力は母趾に置かれている。すなわち、足の親指の先でつっかけることによって推進していくのである。それに対して、西洋のフェンシングの場合、構えはナンバに似ていても動きは弾性にきわめて富むもので、バネがはね戻るように前進・後退を行い、その推進の主力は母趾球にかかっている。

こうした動きの相違は履き物の形にも反映されている。日本の元来の履き物は草鞋、草履、下駄であり、鼻緒を母趾と第二趾との間に挟んで、踵はほとんど使わず、母趾で土をおさえつけ、蹴るようにして歩くわけである。それゆえ、後ろから見ると足の裏が丸見えとなる。スリッパやつっかけも同じである。こうした事実は日本の武道型スポーツの動きだけでなく、日本人の歩行においても「母趾」が重要な役割を果たしていることを明らかにしている。それに対して、ヨーロッパの履き物の履き心地は、もっぱら母趾球に重心がかかった状態ではかられる。このことは、歩行の主力が母趾球にかかっており、ヨーロッパ人の歩行の特徴が踵から着地して母趾球で蹴ってフィニッシュするものであることを現している。また、この母趾球に重心をかけてはじめてジャンプや方向転換が可能となるのである。母趾に重心をかけた状態は「すり足」での移動には適しているが、ジャンプや方向転換には不安定である。

こういった歩行という動きの違いには、簡略化して考えると、生活の相違が大きく影響していることはまず間違いない。農耕生産では、腕の振りを利用した駆け足やジャンプはほとんど必要としない。母趾で地面をしっかり噛んで踏んばることのほうが大事である。しかし、騎馬民族や牧畜民族においては、群れをなす牛や羊を縫って方向転換して歩くとか、群れとともに疾走するとか、突進してくる獣から身をかわし、飛びついたり、飛び乗ったりすることが日常茶飯事であった。それゆえ、手の振りを利用した素速い動きや母趾球に重心をかけての方向転換やジャンプ、弾性に富んだ足運びが必要とされた。

## 3.「ナンバ」と近代スポーツ

こうしたナンバ歩行を中心とした動きは、日本人が近代スポーツ、とりわけ陸上競技の短距離系や跳躍系、素速い方向転換を要する球技系で振るわなかったことの原因のひとつとなっていると考えられないだろうか。

しかし、最近、古武術の動きをスポーツへ応用しようとする動向が生まれてきており、さまざまなスポーツにおけるナンバ的な走りの推奨もそのひとつである。陸上競技の短距離走においては、これまでは「大きく腕を振って、体幹を捻って、股を高く上げて、地面を強く蹴る」ことにより、ストライドを極限まで伸ばすことが速く走るための根本原理とされてきた。ところが、末續慎吾選手が世界陸上パリ大会の200 mで銅メダルを獲得するという快挙がもたらされると、それは「ナンバ的走り」によるものだと報道されたのである。本人も第三者も「ナンバ的」と評するのだが、その根拠は次のようなものとしてまとめられる。すなわち、体幹を捻らず、進行方向に対する肩の水平ラインを保ちつつ、腕は肘から下を体幹のわきで小さく振り、キック後の足は、膝も足首も伸びきらないままに素速く前方へ振り戻す。つまり、末續選手の走りは、腕をあまり振らず、膝は高く上げず、後方へのキックは強くせず、ピッチを高速にしていく走法といえる。これは、確かに「ナンバ的」なものに見える。その厳密な意味での判断はさておき、新たな走法への挑戦として評価されよう。

■ 参考文献

1) 小倉朗（1977）：日本の耳、岩波新書

（西村秀樹）

# 2. 体力とトレーニング論

## 1. 体力の分類と構成要素

人の身体的能力を総称して「体力（physical fitness)」という。体力の発揮には身体の力だけではなく、意志や判断、意欲などが必要なことから、体力は身体的要素と精神的要素からなる。さらにそれらは、行動体力と防衛体力からなる。一般的な体力の分類と、それを構成する体力要素を図Ⅳ-2-1に示す。

行動体力は、エネルギー論的体力とサイバネティックス論的体力に分けられることもある。エネルギー論的体力は、身体が発揮するエネルギー量の面から体力をとらえるもので、呼吸循環系や骨格筋を中心に全身持久力、筋力、筋持久力、筋パワーなどがある。サイバネティックス論的体力は、運動の調節や発揮されるエネルギーの調節の面からとらえるもので、脳・神経系による筋出力の速さや強さ、タイミングの調節による、運動・動作の巧緻性、スキル、平衡性などがある。

## 2. トレーニング効果の3原理

身体に及ぼす運動（トレーニング）の効果には3つの原理がある。

### 1）特異性の原理

運動やトレーニングの効果は、実施した運動の種類、運動量（強度、時間、頻度)、運動の方法によって決まる（特異的である)。これを特異性の原理という。例えば、重量物や抵抗負荷によるレジスタンス・トレーニングは筋力、筋持久力などを高めるが、呼吸循環系機能の改善や全身持久力の向上をもたらすことはできない。またレジスタンス・トレーニングでも、負荷を重くした場合（筋力トレーニング)、筋線維の1本1本（特に速筋線維）が太くなり、筋の肥大が起こり、筋力が向上する。一方、負荷を軽くして反復回数を多くした場合（筋持久力トレーニング)、筋線維の肥大は起こらず、骨格筋内で毛細血管網の発達、有気的代謝酵素の増加、ミトコンドリアやミオグロ

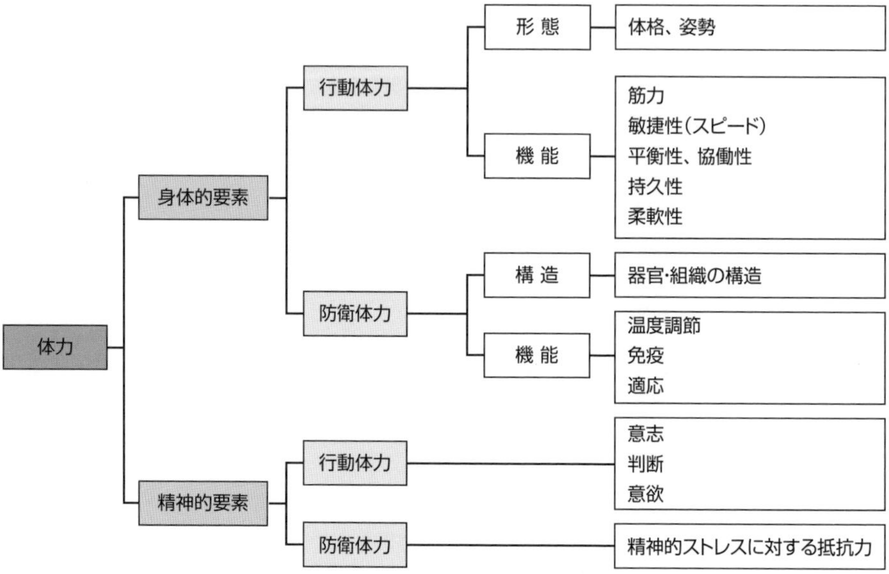


▶図Ⅳ-2-1 体力の分類とその構成要素

ビン含有量の増加、グリコーゲンやトリグリセリドの増加などによって有気的代謝の能力が高まり、筋の持久力が増すことになる。

**2）過負荷（オーバーロード）の原理**

運動の効果を得るためには、運動の強度や時間、頻度がある水準以上でなければならない。これを過負荷の原理という。例えば、われわれは日常生活では最大筋力の 30％程度かそれ以下で生活している。筋力を高めるためには、それ以上の負荷をかけなければ、筋力の向上は望めない。この過負荷の原理は、運動刺激がある水準以上ということであり、過重な負荷をかけなければならないという意味ではない。負荷が大きすぎると、傷害を起こすことになる。

**3）可逆性の原理**

運動が習慣的に実施されるとその効果が現れるが、運動を中止するとまた運動前の状態に戻る。これを可逆性の原理という。運動を中止することによって運動の効果が消失する早さは、体力要素や器官によって異なる。一般的に、短期間で得られる効果はその消失速度も早く、効果を得るまで長期間必要とする場合はその効果も比較的長く持続する。例えば、筋力は短期間で向上するが、中止することによって早く低下する。一方、持久力を高めるためには長期間必要であるが、中止してもその効果は比較的長く保たれる。特に全身持久力の最も中心をなす心臓は、全身持久力トレーニングによって肥大（心肥大、左心室肥大）するが、この物理的に肥大したスポーツ心臓は、運動を中止してもかなり長期間にわたって影響が残ることもある。

## 3．トレーニングの５原則

身体の構造や機能は適度な刺激が加わることによって発達するが、刺激が弱すぎると退化し（廃用性萎縮）、また適応能力の範囲を超えた刺激が加わっても萎縮する（ルーの３原則）。運動やトレーニングを効果的なものにするためには、トレーニングの５つの原則をバランスよく配慮する必要がある。

**1）全面性の原則**

身体の諸器官や組織および体力は、そのすべてがバランスよく保たれているときに最も機能的である。競技種目ごとに要求される体力要素は異なるが、まず偏ることなく基礎的な体力要素をバランスよく高める必要がある。これを全面性の原則という。この全面性の原則は、広義には、身体的能力（体力、運動能力、運動技術）と精神的能力（意志、意欲、態度）を総合的に高めることも意味する。

**2）個別性の原則**

運動やトレーニングを行う個人には性や年齢、経験、身体的能力、精神的能力など個体差がある。したがって運動やトレーニングは一律に行われるべきものではなく、個人の状況や能力に応じて実施されるべきである。これを個別性の原則という。

**3）意識性（自覚性）の原則**

トレーニングを行う内容、目的、意義を自覚し、それらを意識したトレーニングを行わなければならない。これを意識性（自覚性）の原則という。運動の効果は特異性の原理に従うので、特に運動の強度、時間、頻度には注意が必要である。

**4）漸進性の原則**

過負荷の原理に基づいて、ある一定水準以上の運動負荷を用いてトレーニングを行うと、体力や技能の向上など運動の効果が得られる。運動の効果が得られると、それまで行ってきた運動負荷はもはや過負荷ではなくなってしまう。したがって、運動負荷の量（強度、時間、頻度）をさらに高めなければならない。このように、運動の負荷を徐々に高めていくことを漸進性の原則という。休息と運動時間の配分や運動内容など、運動の質的面についても漸進的でなければならない。

**5）反復性の原則**

運動の効果は可逆性の原理に基づくので、運動やトレーニングを中断・中止したり、運動の量や質を低下させたりすると、その効果は減少していく。したがって、運動やトレーニングの効果を高めるためには、規則的に繰り返し反復しなければならない。これを反復性の原則という。

■ 引用文献
1）猪飼道夫（1963）：運動生理学入門、杏林書院
2）トレーニング科学研究会（1996）：トレーニング科学ハンドブック、朝倉書店

（大柿哲朗）

# 3. レジスタンストレーニング

レジスタンストレーニングは、フリーウエイト、空気抵抗を用いたトレーニング機器およびラバーバンドなどを用いて、筋フィットネス（筋力や筋持久力など）の向上を目的として実施する[1]。ここでは、レジスタンストレーニングの科学的基礎と、その応用について解説する。

## 1. 筋線維の種類[2]

骨格筋を構成する筋線維は、その特性によって、以下の3種類に分類される。

❶ 遅筋線維（slow-twitch fiber：ST 線維）

収縮・弛緩速度は遅く、発揮する張力も小さいが、持続的に張力を発揮することができる。

❷ 速筋線維（fast-twitch fiber：FTb 線維）

収縮・弛緩速度は速く、発揮する張力も大きいが、疲労しやすい。

❸ 速筋線維（fast-twitch fiber：FTa 線維）

ST 線維と FTb 線維の中間的な性質を有している。

## 2. 最大筋力を規定する要因[3]

最大筋力を規定する要因には、筋の断面積、抑制機構および筋線維組成が挙げられる。

❶ 筋の断面積

私たちが発揮することのできる筋力は、筋の断面積（筋の太さ）に比例する。図Ⅳ-3-1-A に、上腕屈筋の断面積と発揮される筋力の関係を示した。この図から、数値にばらつきはみられるものの、筋の断面積が大きい者ほど、大きな筋力を発揮することができることがわかる。

❷ 抑制機構

通常、私たちが力を発揮する際には、傷害を予防するための抑制機構が働くため、個人が有する最大筋力の 60 ～ 70% しか発揮することができないと考えられている。

一般的に、筋力を発揮する作業回数の増加に伴い、発揮することができる最大筋力は低下する。しかしながら、興味深いことに、『ヨイショ！』などと叫び声（shout）をあげることで、筋力を発揮する際の抑制を外し、自己の持つ潜在能力を最大限、発揮することも可能である（図Ⅳ-3-1-B）。

❸ 筋線維組成

速筋線維は、収縮速度が速く、強い力を発揮することができる。それに対して、遅筋線維は、収縮速度は遅く、発揮する力も小さいが、疲労しにくく、発揮する力が低下しにくい。

したがって、同等の筋の断面積を有する場合には、速筋線維の割合が多い筋が、速筋線維の割合が少ない筋と比較して、発揮し得る最大筋力は高いと考えられる。

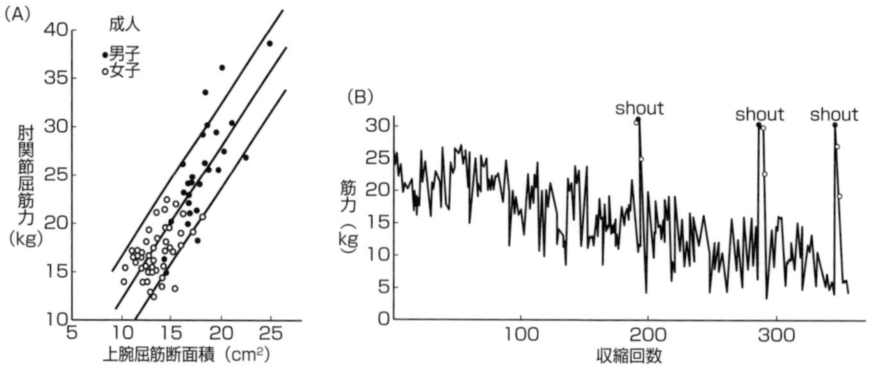


▶図Ⅳ-3-1　最大筋力を規定する要因。上腕屈筋の断面積と肘関節屈曲筋力の関係（A）、および最大筋力に及ぼす叫び声（shout）の効果（B）[3]

## 3. 運動強度と筋線維の動員パターン[2)]

運動時には、運動強度の増加に伴って、動員される筋線維の数は増加するが、筋線維の種類によって、動員のされ方が異なる。

運動強度が低い場合（～約 40%$\dot{V}O_2$max）には、ほとんどST線維のみで運動が実施される。また、中等度の運動強度（約 40%～80%$\dot{V}O_2$max）では、ST線維とFTa線維の両方が動員される。さらに、高強度での運動時（約 80%$\dot{V}O_2$max～）には、すべての筋線維タイプが力の発揮に貢献する。

## 4. レジスタンストレーニングの頻度、種類および強度・量[1)]

### ❶ レジスタンストレーニングの頻度

個々の大きな筋群を、それぞれ週2～3回、同じ筋群について、少なくとも48時間以上間隔を空けてトレーニングを実施する。

### ❷ レジスタンストレーニングの種類

複数の筋群を鍛える多関節の運動（レッグプレスなど）で、主動筋と拮抗筋（背筋と腹筋、大腿四頭筋とハムストリングス）の両者を鍛えるレジスタンストレーニングが推奨されている。

また、大きな筋群を鍛える単関節の運動（レッグエクステンションなど）もトレーニング・プログラムに含まれるべきである。

### ❸ レジスタンストレーニングの強度・量

ひとつの筋群について、1セットあたりの反復回数が8～12回の運動［1最大反復回数（1-RM）、すなわち1回持ち上げられる最大重量の60～80%の強度］を2～4セット、セット間のインターバルは2～3分空ける。

また、筋持久力の向上を目的とした場合には、1セットの反復回数を15～25回程度に増やし（～50%1-RMの運度強度）、セット間のインターバルを短くし、少ないセット数（1～2セット）でトレーニングを実施する。

## 5. レジスタンストレーニングによる最大筋力増加の機序[2)]

レジスタンストレーニングを実施することによって、最大筋力は増加する。

図Ⅳ-3-2に、筋力トレーニングに伴う最大筋

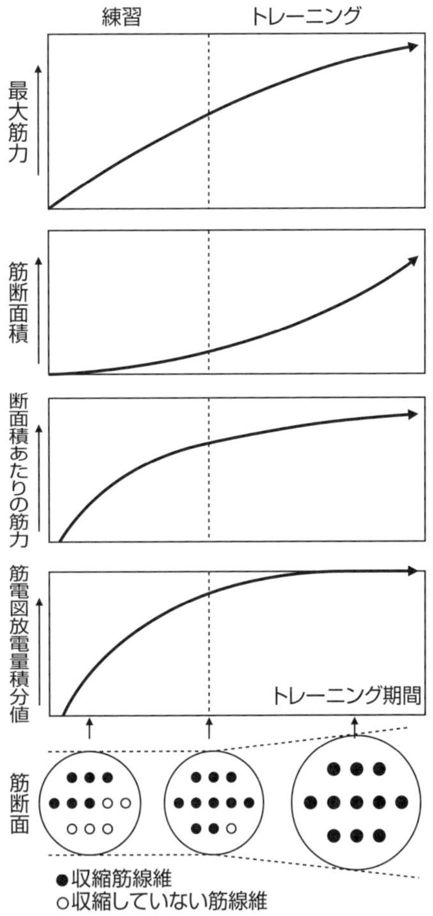


▶図Ⅳ-3-2　筋力トレーニングにともなう最大筋力、筋断面積および神経因子の変化[2)]

力、筋断面積および神経性因子の変化を示した。筋力トレーニングを開始した初期には、筋の断面積の増加と比較して、最大筋力の増加が大きいため、筋断面積あたりの筋力が急激に増大する。このことは、筋力を発揮する際に動員される筋線維の数が増加したことに起因する。

また、継続して筋力トレーニングを実施することによって、筋肥大が起こる。筋肥大による筋量の増加は、筋力トレーニングの後半での最大筋力の増加の主な要因となる。

■ 引用文献
1) 日本体力医学会体力科学編集委員会（監訳）（2011）：運動処方の指針―運動負荷試験と運動プログラム―、南江堂
2) 平木場浩二（編）（2008）：現代人のからだと心の健康、杏林書院
3) 石井直方（1999）：スポーツ医科学基礎講座2 レジスタンス・トレーニング―その生理学と機能解剖学からトレーニング処方まで―、ブックハウス・エイチディ

（増本賢治）

# 4. 救急処置法

大学の体育および課外活動中の事故では、適切な判断と迅速な措置が必要である。以下はその代表的なものである。

## 1. スポーツ外傷

### 1) 骨 折

骨折では、骨が離断する（完全骨折）か、骨にひびが入る（不完全骨折）ことで、①強い痛み、②変形、③急な腫れ、④皮膚の変色などがみられる。皮膚に損傷がなくても、骨折している場合はある。骨折が疑われる場合は、固定するまで不用意に動かさない。骨折の状態により、下記の応急処置を行う。

①単純骨折：痛みが生じない範囲で変形を整復し固定（副木がないときは板や傘、棒で代用）する。

②複雑骨折：動かないように安静を保ち、ショックを起こさないよう足を高くする。

③開放骨折：皮膚損傷を合併しているので、患部をタオルなどで覆って固定する。

以上の応急処置の後、医療機関へ搬送する。

### 2) 捻 挫

捻挫とは、関節に無理な力がかかったために、周囲の靭帯や関節包が断裂した状態である。患部を氷で冷却する。その後、患部を固定して冷却を翌日まで間欠的に繰り返す。以後、数日間は冷湿布を行う。

### 3) 脱 臼

脱臼とは、関節面が可動域を超えて接触を失った状態をいう。時間が経つほど整復が困難になるため、まず現場で整復を試みる。整復は長軸方向へゆっくりと牽引することが重要である。痛がらない程度に徐々に牽引すれば、整復されることも多い。脱臼を整復した後は、三角巾や副子などで固定をはかる。

### 4) 肉離れ

肉離れとは、筋肉や靭帯が過度に伸展された状態である。患部を速やかに冷却し、そのままテーピングや包帯で固定する。通常2、3週間で治るが、①痛みが遷延したり、②運動障害が残ったり、③筋肉に陥凹がみられる場合は専門医へ相談する。

### 5) 手足の外傷・打撲

汚れた傷口を水道水で十分に洗い、土砂や泥を洗い流す。出血している場合は、ハンカチやタオルなどで圧迫止血をはかる。外傷に対する救急処置は、Rest（安静）、Ice（冷却）、Compression（圧迫）、Elevation（挙上）を原則とする（表Ⅳ-4-1）。

### 6) 頭部外傷

頭部外傷で重要なことは、脳振盪（しんとう）とそれ以外の病態を鑑別することである。脳振盪のみの場合は、その場で安静にさせ経過観察する。一見正常に見えても、記憶喪失のため無意識に運動しようとする場合もあるので、注意深く観察する。脳挫傷や脳出血が疑われる場合は、担架に乗せて医療機関に搬送する。外傷当日は異常がなくても遅れて異常が現れる場合もあるため、医療機関と連絡をとれるようにしておく。

▶表Ⅳ-4-1 RICEの内容

| | |
|---|---|
| 1 Rest（安静） | 全身と局所の安静が必要。副木・テーピング・ギプスなどの局所固定で安静をはかる |
| 2 Ice（冷却） | 速やかに患部を冷却し、内出血・腫れを最小限に抑える。氷水を入れたビニール袋、コールドパック、コールドスプレーを利用する。 |
| 3 Compression（圧迫） | 患部にパッドなどを当てて圧迫気味に包帯などで固定する（圧迫しすぎると血流を妨げる） |
| 4 Elevation（挙上） | 患部を心臓より高く挙げることで、腫れ・内出血を抑える |

▶表Ⅳ-4-2　外傷性ショックの重症度分類

| | |
|---|---|
| 1 軽症<br>（全血液量の 10～20％の損失） | ①顔色蒼白で皮膚は冷たい<br>②発汗・寒気・のどの渇き |
| 2 中等症<br>（全血液量の 20～40％の損失） | ①脈拍は速く微弱<br>②血圧は低下 |
| 3 重症<br>（全血液量の 40％以上の損失） | ①脳の血液量が減り、患者は不穏状態<br>②意識レベルの低下（昏迷・錯乱・昏睡）<br>③心拍のリズムが乱れる |

## 2. 外傷性ショック

外傷性ショックとは、外傷による出血で体内の循環血液量が急激に減少した病態である（失血性ショック、出血性ショック）。脊椎、骨盤、大腿骨の骨折や内蔵損傷では内出血が外見からは判断できないことがある。ショックでは、①患者の足を上げて寝かせ、②毛布や寝袋で患者を包み（体温の維持）、③ショックのおおよその重症度を把握し（表Ⅳ-4-2）、救急病院に搬送する。

## 3. 熱中症（熱射病、脱水症）

すべての熱中症は緊急性がある。重症者を救命できるかどうかは、いかに早く身体を冷却できるかにある。①涼しい場所への避難、②脱衣と冷却（衣服を脱がせ、濡れタオルや氷水で身体を冷やし、うちわや扇風機などで扇ぐ）、③水分・塩分の補給（意識が戻ったら、塩分を含んだ冷たい水やスポーツドリンクを与える）、④医療機関への搬送、の順に行う。

## 4. 心肺蘇生法

心肺蘇生法（CPR）とは、心肺停止となった人を救命するために行う呼吸と循環の補助法である。特に医療機関に搬送するまでの心肺蘇生法を一次救命処置法（Basic Life Support：BLS）という。

### 1）人工呼吸

コロナ感染症のリスクを考慮して一般の人が心停止で倒れている大人に対する人工呼吸は勧められていない。心臓マッサージと AED（Automated External Defibrillator：自動体外式除細動器）による救命処置は人工呼吸を含む救命処置に救命率で劣るものではない。子供の場合は窒息や溺水による心停止が多く呼吸停止による生命の危機が大人より大きいので感染対策として倒れている子の口と鼻をハンカチで覆いマスクをしていればそのまま外さずに人工呼吸を行う。

### 2）心臓マッサージ

呼吸や体動は循環が行われているサインである。これらがなければ心停止と判断し、心臓マッサージを行う。心臓マッサージは左右の乳首を結ぶラインの中心を、肘を伸ばして手のひらで 100 回/分の速さで圧迫する。胸骨圧迫は 5 cm の深さで沈むくらい強く圧迫し、心臓マッサージを行う人の交代による中断時間を最小限にする。

### 3）最近の話題

蘇生法の手順は Airway（気道確保）、Breathing（人工呼吸）Circulation（胸骨圧迫）が基本である（ABC）。しかし気道確保は技術的に難しく、人工呼吸も新型コロナウイルス感染症のリスクを考慮して、一般の人向けには心臓マッサージを優先させるハンズオンリー CPR が推奨される。AED（次章を参照）の使用方法は一次救命処置法（BLS）とセットで習得すべきである。

■ 参考文献

1）日本救急医療財団（2020）：救急蘇生法の指針 2020（改訂 6 版）、へるす出版

（丸山　徹）

# 5. AEDの使用法と最近の動向

わが国では毎年7万人以上の人が心臓突然死で亡くなっている。その救命のカギを握るのが自動体外式除細動器（Automated External Defibrillator：AED）である。AEDを一般の人が使用できるようになった2004年から20年後の今日、わが国は世界有数のAED大国で全国に約50万台のAEDが設置されている。

## 1. AEDの使用法

AEDは学校、駅、空港などの公共施設、スポーツ施設、街頭などに広く設置されており院外心停止の救命に大きく貢献している。電源を入れると音声ガイドが流れるのでこれに従って比較的簡単に救命措置を行うことができる。BLS（一次救命処置法）を含めたAEDの使用手順は、

①周囲の安全を確認して倒れている人に2回大きな声で呼びかけ応答がなければ心停止と判断して、周囲の人にAEDと救急車を要請する。

②AEDが到着するまで心臓マッサージを繰り返す。

③AEDが到着したらフタを開ける（開けると自動的に電源が入る場合と電源スイッチを押す場合がある）。

④患者の胸を拭き電極パッドをシートから剥して右胸上部と左胸下部に貼る。

⑤患者から離れてAEDの音声ガイドに従い除細動スイッチを押す。

⑥電極パッドは貼ったまま救急車の到着を待つ。

倒れている人がいたら勇気をもって慌てず周囲の人と協力して敏速に行動することが大切である。

## 2. AEDの使用状況

突然心停止に陥った人が社会復帰できる確率は徐々に上がっている。これにはAEDのわが国への導入、医師だけでなく救急救命士によるAEDの使用が認可されたこと、さらに一般市民によるAEDの使用が認可された影響が大きい。心停止の起きた現場に居合わせた一般の人（バイスタンダー）がAEDを使用した場合、バイスタンダーの通報で救急救命士が到着後にAEDを使用した場合より心停止患者の社会復帰率は2倍大きい。しかし、わが国のAEDの設置台数からすればその使用率はまだ高いとは言えない。

## 3. AED使用時の免責

AEDの使用率を高めるには、免責を明らかにする必要がある。AEDを使用して全力で救命処置を行ったにもかかわらず、結果的に救命できなかった際に法的責任を問われるならば、誰でも救命行為をためらうだろう。米国では、善意を持って無償で行った救命行為に対する善きサマリア人法がある。勇気と誠意を持って身の危険を顧みず行った救命行為に対しては、たとえ救命できなくても法的責任を問わないcommon lawである。わが国では、民法第698条の緊急事務管理（身体・名誉・財産に対する急迫の危害を免れさせるために行った事務管理）が救急救命時の免責の根拠となる。緊急事務管理では、悪意や重大な過失がない限り損害賠償責任は問われない。AEDは除細動が必要でないときには、ショックボタンを押しても通電されない。音声ガイドに従って安全に操作できるので悪意も重大な過失も考えにくい。もちろん救急救命は生命の危機における緊急避難であり（刑法第37条）、悪意はないことから傷害罪は成立せず、刑事上も民事上も法的責任を問われるべきではないと言える。むしろAEDを使用できる状況で使用しない不作為の方が人道的な責任を問う声が上がりかねないと考えられる。

## 4. 大学におけるAEDの役割

心停止患者の社会転帰を促すには、せっかく普及しているAEDを有効活用する工夫が必要である。大学における救命教育は、いのちの大切さを教え、社会的責任感や自己効力感を育み、団体生

活を送る学生どうしの連帯・共助・友愛の精神を育てる上で重要である。加えてSNSに詳しい大学生は、心停止の現場でAED設置情報に瞬時にアクセスして友人と共有できる。日本AED財団は、全国AEDマップを常にアップデートしているが、これには大学生の協力が欠かせない。AEDマッピングアプリ（AED N@VI）は、そのツールである。救命サポーターに登録してAEDマップにない街頭のAEDを見かけたら写真と位置情報をスマートフォンで投稿するとAEDマップが更新（投稿実績のあるサポーターの認証が必要）されるのでボランティアとして社会貢献を実感できる。

## 5. コロナ禍でのAED使用

AEDによる電気的な除細動の実施率は、2019年には5%以上であったが、コロナ禍の2020年には4.2%に低下し救命率も下がった(図Ⅳ-5-1)。外出自粛が叫ばれる中、自宅で倒れてAEDが使用できなかったり、AED講習の受講率が下がったことも影響しているが、救命処置中のコロナ感染のリスクを恐れて救命に躊躇した可能性も否定できない。ハンズオンリーCPRをさらに普及させ、AED講習をwebで行うなどの新たな体制づくりが必要である。さらに近年、AEDの使用率や救命行為に性差があり、それらは成人女性の心停止で低い傾向が明らかとなった。服を脱がせることへの抵抗感によると考えられるが、下着をずらしてパッドを貼り、その上から服をかけて心臓マッサージを行うことは可能である。女性へのAED使用をためらわないようAED講習で周知すべきである。

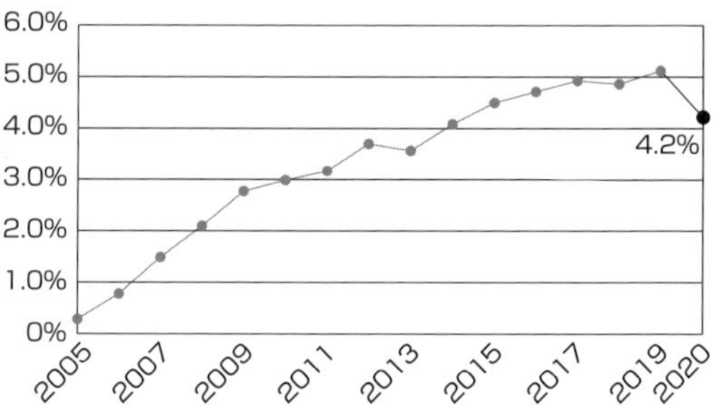


▶図Ⅳ-5-1　AEDの使用率

(https://www3.nhk.or.jp/news/html/20220310/k10013507171000.html)

## 6. 今後のAEDの普及に向けて

ポストコロナの現在、スポーツもコロナ前と同様に行われている。スポーツ中の突然死は社会的な影響が大きい。しかし、スポーツ中の心停止は目撃者がいる場合も多く救命率が高い。若年者は、心臓に病気がなくても胸部にボールが強く当たると時に心室細動を起こす場合がある（心臓震盪）。また観客もスポーツ観戦中の興奮で心臓発作を起こすことがある。しかし、人の多いスタジアムで素早くAEDにアクセスするのは容易ではない。このため、最近ではレッドシート制度を設けてスタジアムでの心臓突然死ゼロを目指す実証実験が行われており、アスリート、観客、スタッフ、関連団体の意識啓発と救命サポーターの育成に貢献している。

■ 参考文献
1）公益財団法人日本AED財団HP：https://aed-zaidan.jp/

（丸山　徹）

# 6. パフォーマンス発揮と心理

スポーツの試合で､自分のもっている力（実力）を発揮できるかどうかは、心理的要因に負うところが大きい。ここでは、心理的状態がスポーツでのパフォーマンス（プレイの出来）にどのような影響を及ぼしているのかをみてみよう。

## 1. 逆U字関係

試合などでのパフォーマンスに影響する心理的要因として､「あがり」「緊張」「心配」「興奮」など、さまざまなものが取り上げられているが、スポーツ心理学では「覚醒（arousal)」あるいは「不安（anxiety)」という概念を用いて論じることが多い。最も基本的なモデルとして、「覚醒水準とパフォーマンスとの逆U字関係」がある。

このモデルでは、心身が目覚めている程度を表す覚醒水準とパフォーマンスとの関係は、図Ⅳ-6-1に示すような「逆U字（inverted-U)」の関係にあるとされている。すなわち、パフォーマンスは覚醒水準が低すぎても高すぎても悪く、中程度のときに最もよくなると考えられている。各段階でのパフォーマンスの特徴は、以下のとおりである[1)]。

・覚醒水準が低すぎる場合

心身ともに、まだ目覚めていないような状態である。必要な情報を収集することができず､また､取り入れた情報の処理も迅速、適切に行うことができない。パフォーマンスは低いが、その基本的な特徴は反応が遅れがちなところにある。

・覚醒水準が適度である場合

パフォーマンスを最も高くする覚醒水準を最適覚醒水準（optimal arousal level)と呼ぶ。このピークは通常、ある程度の幅を有しているが、熟練者になるほどその幅は大きくなる（すなわち、少々覚醒水準が変動してもパフォーマンスは低下しない)。最適覚醒水準の状態では、適切な情報選択が行われるとともに、的確な判断がなされ、身体的な動きもよりよくコントロールされたものとなる。

・覚醒水準が高すぎる場合

俗にいう「あがっている」状態である。多くの情報を取り入れすぎ、また、処理しようとしすぎるために混乱する。思考が過剰になり、すべきことと無関係なことに意識を奪われがちになる。運動行動では、身体の各部分を調和させながら動かす必要があるが、それらの統制ができなくなる。パフォーマンスは低いが、その基本的特徴は反応が早くなりがちなところにある。

なお、最適覚醒水準の高さは、課題や競技レベル、さらには個人によって異なっている。一般的には、主に大筋群を使い、パワーを発揮するような課題では、最適水準は比較的高いほうが望ましい。一方、主に小筋群を使う、あるいは思考などの認知機能を使って正確に行わなければならないような課題では、比較的低いほうが望ましいと考えられている。

また、競技レベルが高まるにつれて、最適覚醒水準は上昇する（図Ⅳ-6-2)。さらに、このような一般的傾向に加えて、個人によっても最適水準に違いが認められる。したがって、このモデルを利用してよりよいパフォーマンス発揮を生み出すためには、自分の最適覚醒水準を見つけ出す必要がある。ラヴィーザ（Ravizza, K.）は、試合ごとに自分の覚醒水準とパフォーマンスの良し悪しを10点満点で自己評価し、それらをグラフ化することによって個別化された逆U字曲線を作成することを勧めている[1)]。

## 2. 不安多次元理論

逆U字関係は、緊張感とパフォーマンスとの一般的な関係を示す利用価値の高いモデルであるが、現在では、思考といった認知的要因の影響をも考慮した理論を用いることも多くなっている。その代表が不安多次元理論である。

この理論では、パフォーマンスに影響する心理的要因として、「これから生じるかもしれない出

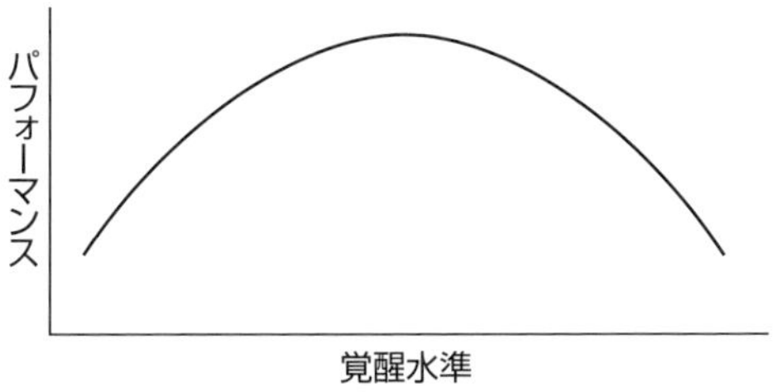


▶図Ⅳ-6-1　逆U字関係

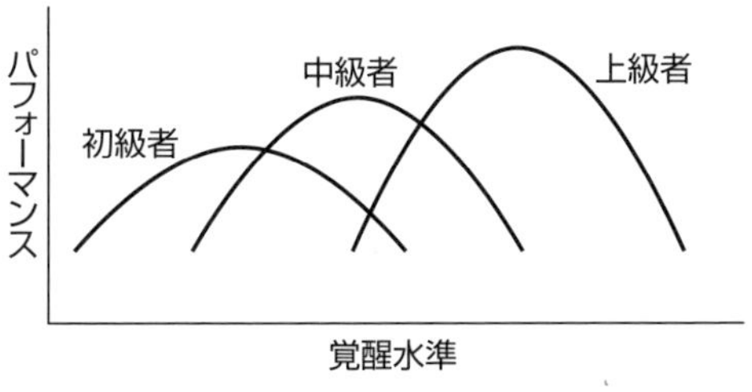


▶図Ⅳ-6-2　競技レベル別に見た逆U字関係

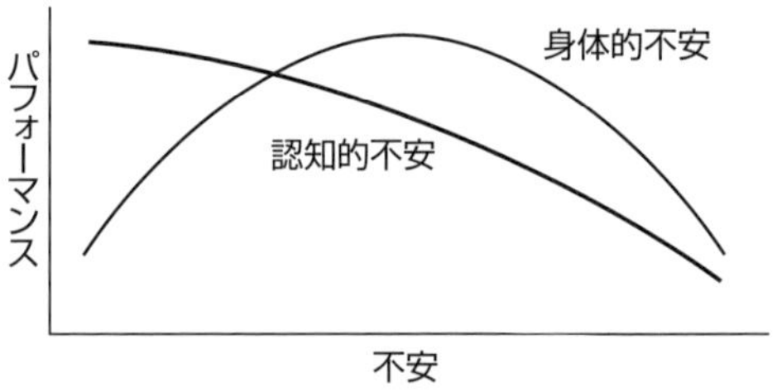


▶図Ⅳ-6-3　不安多次元理論

来事に対する心身のネガティブな反応」である「不安」を取り上げている。また、この理論の独自性は、不安を「身体が熱くなる」「心臓がドキドキする」「手のひらに汗をかく」などといった身体症状として現れる身体的不安と、「何か悪いことが起こりそうだ」「試合で負けるような気がする」といった考えや気持ちの中に生じる認知的不安とを区別して、そのパフォーマンスとの関係を論じている点にある。

図Ⅳ-6-3に示されているように、身体的不安とパフォーマンスとの関係は、いわゆる逆U字関係にある。つまり、身体的不安が高すぎても低すぎてもパフォーマンスは悪くなり、中程度のところが最も望ましいという関係にある。これは、スポーツを実施する際に、ドキドキしたり手に汗をかいたりするというような、ある程度の身体的な緊張感は必要不可欠であることをも意味している。一方、認知的不安については単調減少の関係が想定されている。すなわち、「悪いことが起こるのではないか」というような考えが強くなればなるほど、パフォーマンスは低下する。近年、スポーツで成功するためには物事をプラスの方向で考えるポジティブ思考（positive thinking）が重要だといわれているのは、このような理論に基づいているのである。

認知的不安がパフォーマンスを低下させるのは、以下の理由による。スポーツの試合において、自分の力を十分に発揮するためには、できるだけ多くの注意（意識）を試合での課題解決に向ける必要がある。つまり、「これからしなければならないこと」に注意を向ける必要があり、これが十分にできたときに実力が発揮されることになる。しかしながら、多くの場合、課題達成以外のところに注意が向いてしまうのだが、そのひとつが認知的不安に関連するものである。認知的不安が高い状態では、「失敗するのではないだろうか」というような、これからなすべきこと（成功すること）と相反する事柄（失敗すること）に注意を奪われてしまい、そのために、課題達成のために用いる注意量が減少し、結果として十分なパフォーマンスが発揮できなくなるのである。

このように、試合でよりよいパフォーマンスを発揮したいと考えるのであれば、適度な身体的不安を有すること、かつ、認知的不安はできるだけ低下させることが重要であり、パフォーマンスを向上させるための心理的なトレーニングも、このような関係を理解したうえで実施することが求められる。

■ 引用文献

1）市村操一（編著）、D. タイペル（共著）（1993）：トップアスリーツのための心理学、同文書院

（杉山佳生）

# 7. 心理的スキルトレーニング

スポーツの実践において、よりよい成績や熟達を示すためには、身体的あるいは技術的な向上とともに、心理的側面の強化も必須である。このような心理的側面は、従来は「精神力」などと表現されていたが、近年では「心理的スキル」と呼ばれるようになっており、それらをトレーニングすることを心理的スキルトレーニング（psychological skills training、あるいはメンタルトレーニング）と呼んでいる。このような呼び方は、心理的側面をコントロールするためには練習によって身につけたスキルが必要であるという考え方からきている。すなわち、運動スキルが練習をすることで上達するように、心理面を扱う力も練習によって身につけるスキルであるとみなされている。以下では、さまざまな心理的スキルトレーニングの技法や考え方について紹介するが、いずれも競技力向上に結びつけるためには、運動スキルと同様に、時間をかけた練習をして習得していく必要があるものである。

## 1. リラクセーション法

覚醒や身体的不安が高すぎてパフォーマンス低下が生じている場合、覚醒や不安を低下させるためにリラクセーション法が用いられる。スポーツ選手では、呼吸を用いる方法や自律訓練法、漸進的筋弛緩法などがよく用いられている。これらの技法には、以下のような共通点が認められる。

・呼吸や身体といった具体的な事象を通して、心という抽象的な存在に働きかける。例えば、呼吸法では、呼吸の仕方に注目し、それらをコントロールすることで心のリラックスを目指す。漸進的筋弛緩法では、身体を緊張・弛緩させることで心身のリラクセーション感の学習を試みる。
・自分に命令しない（「リラックスしろ」などと命じない）。リラックスしている「状態」を感じ取ることを心がける（「自分は今、リラックスしている」などと心の中で唱える）。
・短い時間（5～10分）の練習から始め、毎日続けることが勧められている。毎日継続しているうちに、練習時間は自然と長くなっていくものだと考えておく程度がよい。

なお、最終的には競技場面（試合前のウオーミングアップ時や試合中のちょっとしたインターバル）で用いることができるように、時間的にも内容的にもコンパクトな形へとアレンジしていくことが要求される。

## 2. イマジェリー

イマジェリー（imagery）とは、「イメージをすること」という意味であり、英語での包括的な表現型であるが、日本では、「イメージリハーサル」「メンタルリハーサル」「イメージトレーニング」などという名称が一般的に用いられている。身体活動を伴わないで、イメージの中でパフォーマンスを実施することを指している。

練習を積み重ねることによって、イマジェリーも次第にうまくできるようになっていくものであるが、その練習に際しては、以下のような点に注意する必要がある。

・イメージはリラックスした状態のほうが展開させやすいので、イマジェリーを行う前にリラクセーションを取り入れる。
・色や形などの簡単な事象や、実際に体験したことのイメージなどから始めて、複雑な事象へと進んでいくことが望ましい。スインは、自分の部屋でお気に入りの音楽を聴いているような状況のイメージから始めることを提案している[1)]。
・観察的イメージ（自分を外から見ているイメージ）よりも体験的イメージ（自らが体験しているというイメージ）が望ましく、また、視覚的イメージ（視覚情報のイメージ）から筋感覚的イメージ（身体の感覚についてのイメージ）へと移行させていくとよい。
・ある程度のイメージ操作ができるようになれば、イマジェリーだけを行うよりも、実際の身体運動を組み合わせたほうが効果的である。具体的には、イマジェリーと身体運動を交互に行う方法が推奨される。

## 3. 集中力トレーニング

スポーツにおける集中は、注意（attention）の方向づけ、および配分の問題として扱われている。すなわち、集中とは、「適切なときに、適切な場所へ、適切な量の注意が配分されている状態」と定義されている。何かを長時間注視する凝視法や、数字表から指定された数字を探すグリッドエクササイズなど、さまざまなトレーニング方法が提案されているが、競技種目の特徴を踏まえて、適切な方法を選択することが必要となる。

なお、集中力トレーニングは、集中力を直接的に高めようとする方法だけに限らない。例えば、パフォーマンスルーティンは、プレイ（ゴルフのショットやバスケットボールのフリースロー）をする際の動作や思考パターンを常に一定にすることで、余計なことを考えたりしたりしないようにして集中力を保つ方法である。もちろん、このような方法も十分に練習をしておかなければ、実際の試合などで有効にはならない。

## 4. 目標設定技術

目標を適切に設定することも認知的能力を使う作業であり、練習をしなければ上達しないということで、心理的スキルの一種とみなされている。目標設定においては、以下に示すような原則がいくつか示されており、それらに則ることによって動機づけを高め、また、効率的にパフォーマンスを向上させることが可能になると考えられている。
・挑戦的である（ある程度の難しさがある）が、達成可能な目標を設定する。難しすぎる目標もやさしすぎる目標も望ましくないということ。
・結果目標（勝敗）だけでなく、パフォーマンス目標（技術レベルを上げる）、プロセスの目標（技術の改善点を定め、そのための練習を工夫する）を設定する。
・抽象的な目標よりも、具体的（可能であれば定量的）目標を設定する。「最善を尽くす（Do Your Best）」という目標は、目標がないよりもましではあるが不十分である。
・長期目標とともに、中期・短期目標を設定し、各段階で定期的かつ明確なフィードバックを得る（達成状況を確認する）。
・目に見える形で目標を書き出す。
・目標は状況に応じて柔軟に変更し、また適切に修正すべきである。

## 5. ポジティブ思考（肯定的思考）

ポジティブ思考は、パフォーマンスの低下をもたらす認知的不安を抑制するために重要なスキルである。物事をポジティブにとらえる傾向を有していると、試合などで不利な立場になっても認知的不安が生じにくいと考えられている。しかしながら、練習もせず、試合の場でいきなりポジティブになろうとしても、それは難しい。日々の練習において、ポジティブに考えるトレーニングを積んでおく必要がある。

ポジティブ思考をつくり出す方法のひとつに、自分に語りかけるセルフトークがある。セルフトークは、以下の条件を満たすような文言とすることが望ましいと考えられている。
・ポジティブな内容であること
　（自分（たち）は「弱い」ではなく「強い」）
・否定文ではなく、肯定文であること
　（自分（たち）は「弱くない」ではなく「強い」）
・命令形ではなく、現在形であること
　（「強くなれ」ではなく「強い」）

これら以外にも、さまざまな心理的側面に対するスキルトレーニングの必要性が謳われ、また具体的なトレーニング法が提案されているが[2)3)]、いずれのスキルも適切な練習を継続して行っていくことによってはじめて、試合などで使えるようになることを忘れてはいけない。

■ 引用文献
1) R. M.スイン、園田順一（訳）(1995)：スポーツ・メンタルトレーニングーピーク・パフォーマンスへの7段階―、岩崎学術出版社
2) 日本スポーツ心理学会（編）(2005)：スポーツメンタルトレーニング教本 改訂増補版、大修館書店
3) 徳永幹雄（2003)：ベストプレイへのメンタルトレーニング 改訂版、大修館書店

（杉山佳生）

# 8. 現代日本のスポーツ政策

## 1. スポーツ政策とは

スポーツ政策とは、国が行うスポーツに関する施政の方針であり、大まかにいえばふたつの視点から論じることができる。ひとつは、政策を立案・展開する国や地方公共団体サイドの視点から、そしてもうひとつは、こうした「上から」の政策に自らのスポーツ要求を反映させようとする市民サイドの視点からである。ここでは主に、前者の視点から現代日本のスポーツ政策を検討していく。スポーツに対する市民サイドからの要求を国の政策に反映させるには、国レベルで推進されているスポーツ政策の理解が何よりも肝要だからである。

上からのスポーツ政策を推進しているのは、行政機構である。つまり、国においては文部科学省が、地方公共団体においては都道府県・市町村教育委員会が中心となり、スポーツ政策はスポーツ行政として展開されている。スポーツ行政とは、国および地方公共団体が行う社会、労働、保健、教育、公益事業、文化など、人々の生活を構成するさまざまな領域のうち、スポーツ事象に関する助成と統制の作用をいう。そしてその目的は、人々のスポーツ諸活動を公共的福祉の観点からとらえ、法の規制範囲内においてそれらに関わる諸条件を整えること、およびスポーツを広く普及・奨励・推進することである。なお、スポーツは人々の自発的意志で行われる活動であるため、法の規制的側面よりは助成的側面が尊重されるのがスポーツ行政のひとつの特徴である。

## 2. わが国のスポーツ法・計画

スポーツ行政の背景・根拠となる法律は、「日本国憲法」にまで遡ることができる（例えば、「第13条　すべて国民は、個人として尊重される。生命、自由及び幸福追求に対する国民の権利については、公共の福祉に反しない限り、立法その他の国政の上で、最大の尊重を必要とする。」や、「第25条　すべて国民は、健康で文化的な最低限度の生活を営む権利を有する。」)。しかしながら、スポーツ行政にとって最も重要かつ直接的な法律は、「スポーツ振興法」(1961年）である。この法律は1964年の「東京オリンピック」開催に向けて整備されたもので、広く国民にスポーツを振興・奨励するために国や地方公共団体の果たすべき任務について規定している。同法第4条には、「文部科学大臣は、スポーツの振興に関する基本的計画を定めるものとする。」とあるが、スポーツ振興法の成立から40年近くが経過した2000年9月、ようやくこの計画が「スポーツ振興基本計画」としてまとめられた。

同計画は、21世紀におけるわが国のスポーツ振興のあり方を踏まえて策定されており、課題として以下の3つを設定している。①生涯スポーツ社会の実現に向けた、地域におけるスポーツ環境の整備充実方策（「生涯スポーツ社会の実現」)、②わが国の国際競技力の総合的な向上方策（「国際競技力の向上」)、③生涯スポーツおよび競技スポーツと学校体育・スポーツとの連携を推進するための方策（「学校体育の充実」)。

おのおのの課題には達成のための政策目標が掲げられ、目標実現へ向けて施策が提示されている。例えば、生涯スポーツ社会の実現では、成人の週1回以上のスポーツ実施率を50％まで引き上げることを政策目標として掲げ、市民のスポーツ活動の場となる「総合型地域スポーツクラブ」の全国展開を最重点施策として位置づけている。総合型地域スポーツクラブとは、子どもから高齢者まで、初心者からトップレベルの競技者まで、地域の誰もが年齢、興味・関心、技術・技能レベルなどに応じて参加可能な、これまでわが国には存在しなかったタイプのスポーツクラブである。国際競技力の向上では、オリンピック競技大会において、わが国のメダル獲得率（わが国のメダル獲得数／オリンピックの総メダル数）が3.5％となることを目指すという目標が掲げられている。以上のような課題や政策目標の達成、施策の推進のための財源となるのが「スポーツ振興投票制度」、すなわち「toto」や「サッカーくじ」として知られているスポーツ振興くじ制度である。なおこの基本計画は、5年後に計画全体の見直しを図るものとされており、平成18年には「生涯スポーツ及び競技スポーツと学校体育・スポーツとの連携を推進するための方策」が「スポーツの振興を通じた子どもの体力の向上方策（「子どもの体力向上」）」へと改訂されるなど、一部見直しが行われている。

ところで、スポーツ行政の目的として最も重要なのは、「スポーツ諸活動を公共的福祉の観点からとらえる」という視点である。この視点からスポーツ振興基本計画の掲げる3つの目標を検討してみると、まず学校スポーツの充実や子どもの体力向上には、次世代の担い手としての子どもたちの健康・体力づくり、余暇の有意義な活用法としての生涯スポーツの基礎づくりなどといった公的な意義が付託されていると考えられる。次に国際競技力の向上は、ごく少数のトップアスリートの個人的名誉のためではなく、彼らの活躍が国民に夢や感動を与え、明るく活力ある社会の形成に寄与するという社会的な意義を有しているがためにスポーツ行政の対象となるのである。それでは、生涯スポーツ社会の実現は、こうした視点からどのように理解できるだろうか。

## 3. 生涯スポーツの意義

「生涯スポーツ」を「競技スポーツ」の対概念として位置づけ、「健康のために好みのスポーツを、いつでも・どこでも・いつまでも・気軽に・無理せず・楽しみながら実施すること」と理解する場合が多い。だがこの種の理解は、スポーツ行政の目的に照らし合わせたとき、不十分である。もともと生涯スポーツは、学校外教育をめぐる考え方の変遷に沿って使われるようになった言葉である。つまり、学校外教育のあり方が、従来の「社会（生涯）教育」から「生涯学習」という概念でくくられるようになってからのものである。より具体的には、1990年の「生涯学習の振興のための施策の推進体制等の整備に関する法律」（通称「生涯学習振興法」）の成立をひとつの契機とみることができる。この「教育」から「学習」への語彙の変化は、人々のライフスタイルが多様化し、物質的に豊かではあるがアイデンティティの喪失が問題となる時代における市民の自主的・自発的な学びの重要性を意図したものである。人々が生涯にわたるさまざまな学びを通して、自分がどう生きたいか、どうありたいかといった人生の意味を獲得・構築していく過程として生涯学習の重要性が認識されているのである。したがって、生涯スポーツはまず、自己実現や自己成長のための市民の自発的なスポーツの学習として理解されなければならない。

しかし、スポーツ行政の目的からすれば、このような理解でもなお不十分である。公共的福祉の観点からは、人々がスポーツの学びを通して自己実現・自己成長することが、自分自身のあり方やそれと密接に関わる社会のあり方に対して、解決しなくてはならない課題の発見と、その解決に向けた具体的取り組みを導くといった、個人と社会との相互循環的関係が重視されなければならないからである。生涯スポーツには、よりよい社会、より住みよい社会の創造・構築に対する期待がある。すべての市民が使うとは限らない競技場や体育館、プールなどの建設に対して、国や自治体から公的資金が投入されるのは、このような論理を前提としない限り正当化できないだろう。スポーツに対する市民サイドからの要求を国の政策に反映させようとする、「下から」のスポーツ政策の重要性はここにある。

■ 参考文献

1）島崎仁（1998）：スポーツに遊ぶ社会に向けて―生涯スポーツと遊びの人間学―、不昧堂出版

（山本教人）

# 9．スポーツとジェンダー

## 1．ジェンダーとは

生まれてくる子が男であるか女であるかは、家族や親族にとって非常に大きな関心事である。人間にとって、男として生まれるか女として生まれるかは、単に生物学的な差異以上に重要な意味をもつからである。子どもには、男・女らしさの社会的イメージに反しない名前や洋服、遊び道具が与えられ、振る舞いからしゃべり方、食べ方、歩き方に至るまで、性の望ましさの基準に照らして逸脱があれば矯正が加えられる。

男・女らしさのイメージは「性の本質」にみえるかもしれないが、実際にはかなり揺れがある。例えば20年ほど前であれば、女性のバスやタクシー運転手を目にすることはほとんどなかったが、今では珍しくなくなった。公共の乗り物の運転手という社会的役割と、女らしさは矛盾しなくなったのである。また以前だと、眉毛の手入れなど自分の容姿を必要以上に気にかける行為は、男らしさに反すると考えられていたが、現在の若い男性にとってそうではないようだ。さらに、身を置く社会や文化が異なれば、男・女らしさのイメージは大きく異なる。例えば、南米ペルーのチチカカ湖に浮かぶタキーレ島に暮らすケチュア族は、男が美しい編み物をすることで知られている。編み物をする男たちの姿が奇異に見えるのは、われわれの社会では、それが女らしさと結びつけて理解されるからである。

以上のように、男・女らしさのイメージは時代や社会によって異なっており、決して普遍的ではない。性差は、社会的・文化的に構築されるのである。このような性差を、生物学的な性差（セックス）と区別して、ジェンダーと呼ぶ。

## 2．スポーツのジェンダーバイアス

性差が社会的・文化的に構築されるという見地に立てば、男・女であることに伴うさまざまな偏見や抑圧、差別が明らかとなる。われわれの社会では、編み物に興味を示す男性は、それだけで偏見や仲間はずれなどの差別を受けてしまう可能性がある。こうした、ジェンダーに起因する差別や偏見を、ジェンダーバイアスという。

スポーツは、ジェンダーバイアスに関して最も問題を有する領域のひとつである。例えば、近代オリンピックの創始者であるピエール・ド・クーベルタン男爵は、オリンピックの象徴である「より速く、より高く、より強く」が女性らしさに反するという理由から、女性のオリンピック参加に反対であった。女性のオリンピックへの出場がはじめて認められたのは、クーベルタンの母国で開催された1900年の第2回パリ大会だが、参加が許可された種目は、テニスとゴルフだけだった。これらの種目をみても、当時の女性がどのような存在としてイメージされていたのか知ることができるだろう。

女性の陸上競技がはじめてオリンピックで認められたのは、1928年の第9回アムステルダム大会である。この大会で実施された女子800m走では、日本の人見絹枝が銀メダルを獲得しているが、ゴール後倒れ込む選手が続出したことから、「女性には過酷すぎる」種目と判断され、以後長らく不採用となった。女子800m走が再び正式種目として採用されるのは、32年後の第17回ローマ大会である。同じような理由で、マラソンも長い間女性の参加が認められない競技であった。キャサリン・スウィッツァーというアメリカ人女性が、1967年のボストンマラソンに男装して参加し完走したことが、女性に門戸を開くひとつのきっかけとなったが、オリンピック種目となるには1984年の第23回ロサンゼルス大会まで待たねばならなかった。

長距離走が過酷すぎて女性の本質に反するスポーツであるなら、高橋尚子や野口みずきなど、今日、わが国の女子選手たちが国際舞台でみせる男子選手以上の活躍を、一体どのように理解したらよいのだろうか。マラソンは確かに過酷な競技であるが、それは性別を問わないのである。

ジェンダーバイアスの犠牲になるのは、女性だけではない。1985年に開催された第13回ユニバーシアード神戸大会マラソンで、深尾真美は2時間44分54秒の大会新記録で優勝した。男女同時スタートだったこのマラソンにおいて、悪コンディションに苦しめられた日本の男子選手の中には、深尾に遅れてゴールする者がいた。ひと昔前までは「女性には過酷すぎる」とされていたマラソンで、男子選手が女子選手に負けたことはニュースとして取り上げられ、話題になった。深尾に負けた男子選手は、この経験を引きずり続けたといわれている。

マラソンの高橋や野口、柔道の谷亮子を引き合いに出すまでもなく、現実には、一般男性よりも「より速く、より高く、より強く」ある女性はいくらでも存在している。女性の身体能力を男性よりも低くみなし、本質的にスポーツに向かないという理由でスポーツから排除するのは、差別である。同様に、男性がスポーツで女性に負けるのは恥だと考えることは、運動やスポーツが得意ではない男性を抑圧することにもなろう。実際、子どもの頃に運動・スポーツが不得手であったために「オカマ」と呼ばれ、いじめの対象となった経験を語る者も現れ始めている。

## 3. ジェンダーフリーに向けて

これまで「女性／男性のスポーツ」と考えられてきたスポーツを、男性／女性がプレーしたらどうなるだろうか。「ウォーターボーイズ」は、このことを考えるのに好都合の映画である。この映画は2001年に公開され、その後「WATER BOYS」としてテレビドラマ化もされた。男子高校生たちがシンクロナイズドスイミングに挑む青春映画で、埼玉県立川越高校の水泳部が1986年から文化祭で行っている公演をモデルにしているとされる。

音楽に合わせた優雅で華やかな動きが特色のシンクロは、新体操、フィギュアスケートとともに、これまで最も女性に適したスポーツととらえられてきた。映画の中でも、主人公の鈴木君は、「男のシンクロなんて気持ち悪い」と好きな彼女に拒否されるのではないかという不安を抱き続けるが、参加したいという思いには勝てずプールに飛び込む。たくさんの観衆が見守る中、ウォーターボーイズは見事な演技を披露し、鈴木君も彼女に認められる。

この映画がわれわれに教えてくれるのは、性という枠組みを超えてプレーされたときのスポーツの豊かさ、そしてそれを目にする感動である。シンクロは、われわれがメディアを通してなじんでいるようなスタイル「以外」でもあり得るのだと気づいたとき、「気持ち悪い」どころか爽快な気分にさえなる。固定的な性役割観にとらわれず、男女が平等にスポーツに関わることが可能となれば、スポーツはより豊かになり、参加する人、みる人にますます多くの楽しみを提供するだろう。

周知のように、近代スポーツは「より速く、より高く、より強く」を至上の価値としてこれまで発展してきた。しかし、このような発展至上主義は、ドーピング問題に象徴されるように、今日、スポーツそのものの存在を非常に危うくしている。ジェンダーに対する通念にとらわれず、より多くの人々がそれぞれの個性や資質に基づいて平等にスポーツに関わることは、人間にとって本当に大切なスポーツの姿とは何かを考えるチャンスになるだろうし、さらに展望を広くして考えるなら、その他の社会生活領域におけるジェンダーバイアスを是正していくきっかけにもなり得るだろう。

スポーツが、これまでさまざまなジェンダーバイアスを生み出し、助長してきたことは否めない。しかし、大きな感動を伴うスポーツには、以上のような可能性も秘められていると考えたい。

■ 参考文献

1) 飯田貴子、井谷惠子（編著）(2004)：スポーツ・ジェンダー学への招待、明石書店

（山本教人）

# 10. アダプテッド・スポーツ―その人に合ったスポーツ―

## 1. アダプテッド・スポーツとは

アダプテッド・スポーツ (adapted sports) とは、個々の年齢、能力や状況に合ったスポーツのことを指す。より簡単にいえば「その人に合った（適した）スポーツ」である。

例えば車いす生活者がテニスをする場合、日常生活用の車いすでは前後左右への素早い移動が難しく、また転倒する可能性が高い。しかし、それらの問題が改善されたスポーツ専用の車いすを用い、またルールを2バウンドまでに打ち返せばよいように変更すれば、車いす生活者でもテニスが楽しめるようになる。これは一例であるが、ルールや用具を個々の年齢や能力の程度に適合 (adapt) させたり、新しいスポーツ種目を開発したりするなどして、これまでそのスポーツをできなかった者が楽しめるように工夫されたスポーツをアダプテッド・スポーツと呼んでいる。

このような考え方は高齢者や障がい者だけを対象としない。例えば、障害がない若者であっても、ボールなどを打ち返すラケット系種目が苦手な人がいる。そのような人たちが、例えば卓球で通常より大きな卓球ボールを使って、ボールを打ち返しやすくするケース（ラージボール卓球）もアダプテッド・スポーツといえる。スポーツで対戦するときに技術の違いがあり、ハンディをつけてスポーツを楽しむケースもアダプテッド・スポーツである。つまり、アダプテッド・スポーツはこの世のすべての人々を対象としており、自分に合ったスポーツを選択すること、もしくはルールや道具を工夫することにより、よりスポーツを楽しめることを提唱しているコンセプトでもある。多くの人たちにスポーツを楽しんで欲しいという願いも込められている。

## 2. アダプテッド・スポーツの役割

### 1）心身の健康の維持・向上

障害があると運動不足になりやすい。車いす生活者の身体運動の中心は車いすを駆動することであるが、著者の調査によると20～50歳の介助を必要としない車いす生活者の1日あたりの車いす走行距離はスポーツ活動を除けば平均1.6 km程度にすぎなかった。しかし、スポーツを実践することにより、運動量が大幅に増え、体力の低下を抑えることができる。また、障害があると、不安や抑うつ状態になるなどの精神的健康が低下するケースが少なくない。運動・スポーツには精神的健康を向上させる効果が知られているが、障がい者のスポーツでも同じような効果が認められる。

### 2）生活の充実、社会的交流の拡大

スポーツは楽しみを与え、生活を充実させる。そして、人とのふれあいを深め、社会的交流を広げる。アダプテッド・スポーツは、特にこれらの効果が大きいといわれている。例えば、スポーツクラブやサークルに定期的に参加することにより、同じ特性をもつ者と交流を深め、情報を交換したり、また支え合ったりして、社会参加への意欲が高まる。スポーツを実践することから自信がつき、何かにチャレンジしようする意欲も高まる。

### 3）競技スポーツとして

練習を重ねてスポーツ技能を高め、同じ障害レベルの者と勝敗を競い、日本クラスや世界クラスといった高いレベルを目指すのもよい。障がい者のスポーツを対象としたパラリンピックは4年に1度、オリンピックと同じ都市で開催され、多くの障がい者アスリートがパラリンピックへの出場やメダル獲得を目指している。最近はプロの障がい者アスリートや賞金つきの大会も増えてきており、競技スポーツとしての社会的な認知も高まっている。

▶図Ⅳ-10-1　車いす陸上のレース

▶表Ⅳ-10-1　パラリンピックの正式種目

| | |
|---|---|
| 夏季競技 | アーチェリー　陸上競技　バドミントン　ボッチャ　カヌー　自転車競技　馬術　ブラインドフットボール　ゴールボール　柔道　パワーリフティング　ローイング　射撃　シッティングバレーボール　水泳　卓球　テコンドー　トライアスロン　車いすバスケットボール　車いすフェンシング　車いすラグビー　車いすテニス |
| 冬季競技 | アルペンスキー　バイアスロン　クロスカントリースキー　アイスホッケー　スノーボード　車いすカーリング |

夏季競技：東京 2020 パラリンピック実施種目、冬季競技：北京 2022 パラリンピック実施種目

## 3. 代表的なアダプテッド・スポーツ

### 1）車いす生活者のアダプテッド・スポーツ

車いすに乗って行うスポーツには、バスケットボール、テニス、陸上（短距離～マラソン／図Ⅳ-10-1）、卓球、バドミントン、ラグビー、アーチェリーなどがある。車いすマラソン（42.195 km、T54/54、男子）での日本記録（2023 年 7 月現在）は 1 時間 17 分 47 秒である（記録保持者：マルセル・フグ、スイス）。通常、これらはスポーツ専用の車いすを使用することが多い。

### 2）視覚障がい者のアダプテッド・スポーツ

視覚障がい者が行うスポーツには、ゴールボール、フロアバレーボール、柔道、水泳、盲人マラソン、サウンドテーブルテニス（旧：盲人卓球）などがある。ゴールボールやサウンドテーブルテニスでは、ボールの位置が音でわかるように鈴や金属球が入ったボールを用いて競技する。水泳では、ゴールタッチやターンを行う際に壁にぶつかる可能性があるために、アシスタントが合図棒で泳者の頭をたたいて壁が近いことを合図する。

### 3）聴覚障がい者のアダプテッド・スポーツ

聴覚からの情報入力が困難であり、そのための配慮が必要となる。例えば、陸上競技や競泳などのスタートの合図や球技などのホイッスルには、ランプ（光）やジェスチャーなど視覚的情報が用いられる。

### 4）その他

重度障害がい者では、ボッチャや車いす電動サッカーなどのスポーツが盛んである。また、風船バレーのように異なった障害の者（障害がない者も含む）でチームを構成して競技する種目もある。参考までにパラリンピックの正式種目を表Ⅳ-10-1 にまとめた。

（村木里志）

# 1. 運動機能の測定

バーベルやダンベル、チューブなどを用いて筋肉に負荷をかけるトレーニングをレジスタンストレーニングと呼びます。スポーツにおける競技力の向上はもとより、一般人においても、加齢に伴う筋力の低下とそれによる転倒などの障害予防、さらに積極的な身体活動への参加を可能にするためにもその重要性が高まっています。

大学生の年代は筋力の増加率が最も高くなるため、この時期の筋力トレーニングは筋力の増加に大変効果的です。ここでは、最大筋力の測定を行って各自の最大筋力を評価するとともに、正しい筋力トレーニングの方法について学習・実践します。

また、敏捷性に関連した全身反応時間の測定も行います。刺激に対して身体を素早く反応させることは、スポーツ活動において、また日常生活における危機回避などにおいて重要です。ここでは、そのような反応に関連した指標である反応時間を測定します。反応時間は、脳・脊髄（中枢神経系）と感覚・運動神経（末梢神経）の伝導・伝達に要する反応開始時間と、筋収縮に要する筋収縮時間との和となります。

## 1. 最大筋力の測定

3部位（上肢、体幹、下肢）の最大筋力を測定します。

### ❶上肢（大胸筋・上腕三頭筋・三角筋）

ベンチプレスによる最大挙上重量＝1RM（Repetition Maximum）を測定します。126ページにベンチプレス評価表を掲載しています。あなたはどの評価にあてはまりますか？

**●手 順●**

①軽い重量で5～10回のウオーミングアップを行う。
②5～10kgずつ増やし、3～5回できる負荷を見積もる。
③5～10kgずつ増やし、2～3回できる負荷を見積もる。
④5～10kg負荷を増量し、1RMを試行する。
⑤成功した場合は④に戻る。失敗した場合は2.5～5kg負荷を減らし、もう一度1RMテストを試行する。
⑥1RMに成功するまで、負荷を増加または減少させる。
⑦1RMの試行は、5セット以内で実施する。
⑧各試行間の休憩は2～4分間とする。

**●ベンチプレスの方法●**

- 負荷は左右均等にする。
- バーの下に目がくるようにベンチに仰向けになる。
- バーを肩幅よりやや広めに、左右均等に握る。
- 親指でバーを包み、手首をロックする。
- 足はベンチの両サイドで、床につける。
- しっかりバーを握り、ラックから挙げる。

- 腕を伸ばし、バーを胸の上方で止める（図Ⅳ1.1）。
- 大きく息を吸いながら、胸にバーが触れるまで降ろす。
- 肘はバーの真下にくる（図Ⅳ.1.2）。
- 息を吐きながら、バーをまっすぐに挙げる（図Ⅳ.1.3）。
- 補助者がバーの両側を持ち、ラックに戻す。

●注意点●

- バーベルの両側に、必ず補助者がつく。
- 主動筋を意識し、視線はバーから離さない。

［図Ⅳ.1.1］バーの持ち方と足の位置

［図Ⅳ.1.2］スタートポジション

［図Ⅳ.1.3］フィニッシュポジション

| ベンチプレス１RMの記録 | kg | あなたの評価 | |
|---|---|---|---|

◎ベンチプレス評価表

| 評　価 | 劣る<br>（～20%） | やや劣る<br>（20～40%） | 普通<br>（40～60%） | やや優れている<br>（60～80%） | 優れている<br>（80%～） |
|---|---|---|---|---|---|
| 男子（kg） | 35以下 | 35.5～40 | 40.5～46 | 46.5～53 | 53.5以上 |
| 女子（kg） | 17.5以下 | 18～20 | 20.5～23 | 23.5～27 | 27.5以上 |

九州大学1年生の測定結果から算出した評価（2018年調べ）

◎資料：ベンチプレスの記録

| 男子（階級kg） | 53 | 59 | 66 | 74 | 83 | 93 | 105 | 120 | 120+ |
|---|---|---|---|---|---|---|---|---|---|
| 日本記録（ジュニア）kg | 143.5 | 165 | 202.5 | 181 | 192.5 | 195 | 230 | 275 | 210 |
| 日本記録（一般）kg | ― | 168.5 | 202.5 | 226 | 222.5 | 240 | 230 | 275 | 242.5 |
| 女子（階級kg） | 43 | 47 | 52 | 57 | 63 | 69 | 76 | 84 | 84+ |
| 日本記録（ジュニア）kg | 55 | 77.5 | 90 | 90 | 92.5 | ― | ― | 87.5 | 88 |
| 日本記録（一般）kg | ― | 107.5 | 100 | 123.5 | 110 | 95.5 | 105 | 110.5 | 95 |

ノーギア、シングルベンチプレスのジュニア（19－23歳）および一般の日本記録
日本パワーリフティング協会（2021現在）

### ❷体幹（固有背筋〈腸肋筋、最長筋、棘筋〉）

背筋力計による静的な背筋力を測定します。

背筋は腹筋とともに姿勢保持や体幹の前・後屈、ひねるといった動作に関わる筋肉で、背筋力の低下は腰痛の主な原因のひとつです。背筋力評価表からあてはまる評価を記入しましょう。

**●手 順●**

①背筋力計の台上に両足先を15cmぐらい離して、膝を伸ばしたままで立つ。
②背筋を伸ばし、上体を30度前方に傾け、ハンドルを順手で握る。
③腕を伸ばした状態でハンドルを徐々に上に引き上げる。
④時間をあけて2回実施し、よいほうの記録を取る。
⑤引き上げる際、膝を曲げないことと、後ろに身体を倒さないように注意する。

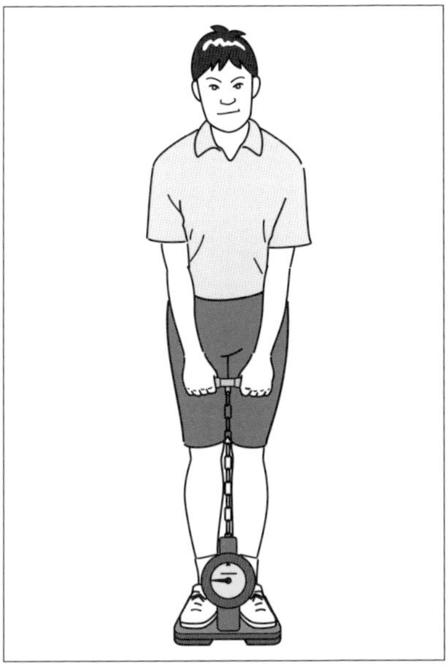

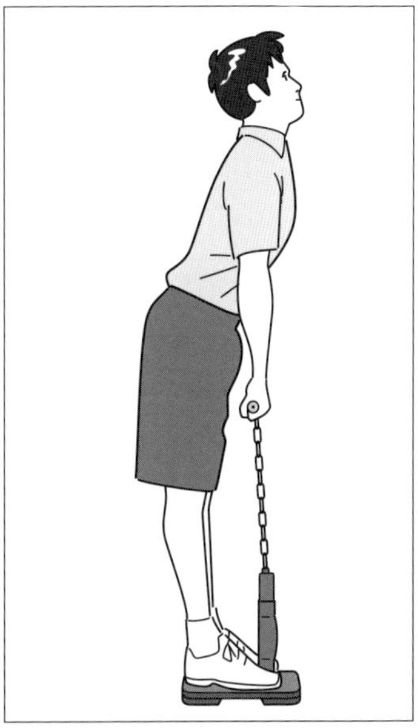

| 背筋力の記録 | kg | あなたの評価 | |
|---|---|---|---|

◎背筋力評価表

| 評　価 | 劣る | やや劣る | 普通 | やや優れている | 優れている |
|---|---|---|---|---|---|
| 男子（kg） | 102以下 | 103～128 | 129～154 | 155～179 | 180以上 |
| 女子（kg） | 53以下 | 54～73 | 74～93 | 94～112 | 113以上 |

### ❸下肢（大腿四頭筋）

脚筋力計による静的な脚伸展力を測定します。

脚伸展力は、膝関節の伸展を行う、走る、跳ぶ、蹴るといった動作に関わる筋肉です。128ページに脚筋力評価表を掲載しています。あなたはどの評価にあてはまりますか？

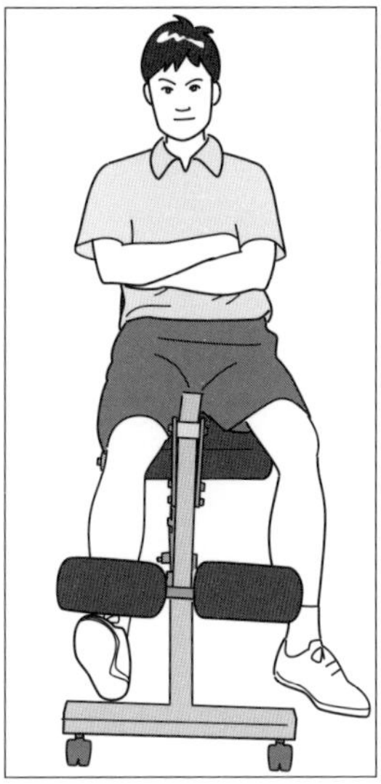

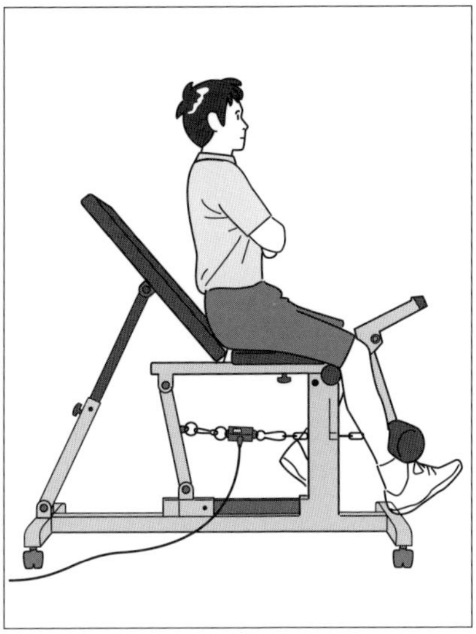

**●手 順●**

①脚筋計のベンチに深く座り、下腿をベンチの端に垂れさせる。

②片方の足首を脚筋計にかける。

③両腕を胸の前で組み、膝から下を伸展する。

④上体を後ろにそらせたり、お尻をベンチから浮かせたりしない。

⑤左右交互に2回ずつ測定し、よいほうの記録をとる。

<table>
<tr><td rowspan="2">脚筋力の記録</td><td>右</td><td>kg</td><td rowspan="2">あなたの評価</td><td rowspan="2"></td></tr>
<tr><td>左</td><td>kg</td></tr>
</table>

◎脚筋力評価表

| 評　価 | 劣る<br>(～20%) | やや劣る<br>(20～40%) | 普通<br>(40～60%) | やや優れている<br>(60～80%) | 優れている<br>(80%～) |
|---|---|---|---|---|---|
| 男子（kg） | 39.0以下 | 39.1～46.0 | 46.1～52.0 | 52.1～60.0 | 60.1以上 |
| 女子（kg） | 23.0以下 | 23.1～28.0 | 28.1～32.4 | 32.5～38.7 | 38.8以上 |
| 九州大学1年生の測定結果から算出した評価（2018年調べ） | | | | | |

筋力トレーニングは、その目的により負荷重量、反復回数などが異なります。特に負荷重量は「1RMの何%の重量」というように表されるので、それぞれのトレーニング種目での最大挙上重量の測定は、トレーニング目的達成のためには不可欠となります。

筋力トレーニングの目的別負荷重量、反復回数などを表Ⅳ.1.1に示しました。回数および時間は、トレーニングで作用する筋が大きい場合は少なく、小さい場合は多くなります。また、負荷重量はトレーニング開始時や初心者では低めに設定しましょう。

［表Ⅳ.1.1］筋力トレーニングの負荷量と反復回数

| 目　的 | 筋肥大 | パワーアップ | 筋持久力 |
|---|---|---|---|
| 負荷重量 | 80～60% | 60～30% | 50～30% |
| 反復回数 | 10～15回 | 10～20回 | 45～60回 |
| 時　間 | 20～30秒 | 10～20秒 | 60～90秒 |
| 休息時間 | 1～2分 | 2～5分 | 30秒～1分 |

## 2. 全身反応時間の測定

全身反応測定は、体重を負荷とした全身的な動作を伴う反応の速さを測定します。反応開始の合図から足が床を離れるまでの時間を指します。陸上競技の短距離や跳躍種目やバレーボール、ハンドボールなど、素早い動作を要求される種目の選手で全身反応時間が短いことが報告されています（図Ⅳ.1.4参照）。また、日常生活においては、とっさのときに危険を回避する敏捷性と高い関係が認められています。

刺激からジャンプ動作開始までを神経伝達時間といい、神経機能を反映します。また、動作開始からジャンプして足がマットから離れる瞬間までを筋収縮時間といい、筋の収縮能力を表します。この両者の合計が全身反応時間です。

**●測定方法●**

①圧力を検出できるマットの上に膝を軽く曲げて立つ。

②光刺激を合図に、できるだけ素早くジャンプする。

③刺激が出されてから足がマットから離れる時間を測定するため、ジャンプする高さは10cm程度でよい。

④練習を1～2度行ってから、5回測定する。最も速い値と最も遅い値を除く3回の平均値を算出する。測定単位はms（ミリ秒）とする。

⑤測定者は、被測定者に刺激が出されるのを予測できないよう、ランダムな時間間隔で刺激を出す。

| 全身反応時間測定結果 | 1回目 | 2回目 | 3回目 |
|---|---|---|---|
| | ミリ秒 | ミリ秒 | ミリ秒 |
| | 4回目 | 5回目 | 平均値 |
| | ミリ秒 | ミリ秒 | ミリ秒 |

◎全身反応時間評価表

| 評　価 | 劣る（～20%） | やや劣る（20～40%） | 普通（40～60%） | やや優れている（60～80%） | 優れている（80%～） |
|---|---|---|---|---|---|
| 男子(ミリ秒) | 349以上 | 348～321 | 320～297 | 296～274 | 273以下 |
| 女子(ミリ秒) | 384以上 | 383～351 | 350～321 | 320～294 | 293以下 |

九州大学１年生の体力測定結果から算出した評価（2018年調べ）

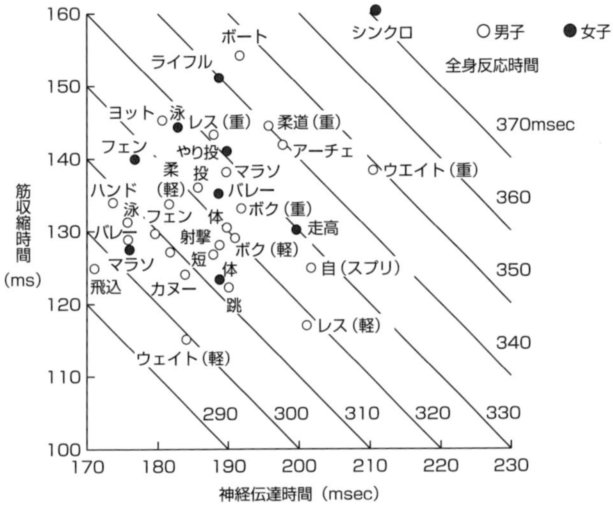


全身反応時間（筋収縮時間＋神経伝達時間，すなわち縦軸と横軸の和）にみられる神経伝達時間と筋収縮時間との関係（黒田ら，1995より福永作図）
筋収縮時間の最も短いのは重量挙げ（ウエイト）であり，神経伝達時間の最も短いのは飛込み（水泳）である。

[図Ⅳ.1.4] ロサンゼルスオリンピック（1984年）出場選手の全身反応時間

# 2. 体力トレーニング実習－SAQトレーニング・筋持久力トレーニング－

## 1. SAQトレーニング

### ❶思いどおりに動かせるからだ、運動神経の回路をつくる

SAQトレーニングは「柔軟性、可動性、神経の伝達速度、ボディバランス、筋力などが総合的向上することによりはじめて、思いどおりにからだを動かせるようになる」というトレーニング理論から、1980年代に米国で開発されました。からだを動かす基本的な原理はどのスポーツも同じですが、思いどおりに動かせるからだにしておくことが前提となります。それを無視してからだを鍛えたり、スポーツを行うと、技術が身につかないだけでなく、ケガや故障を引き起こすことになりかねません。

そこで、錆びついた脳とからだの回路を通し直すトレーニングをして、気持ちよく動けるからだにすることが目的となります。

### ❷速さとは、「静」から「動」への切り替えのスムーズさ

「速さ」というと、スピードという言葉だけを連想する人が多いと思いますが、SAQとはその速さをさらに3要素に分けて考え、それぞれの「速さ」の 頭文字からできた言葉です。

**①Speed**

直線距離を「最高速度」で移動できる能力。例えば、陸上の短距離種目などに要求されるのがこの能力です。

**②Agility**

静→動→静→動、という「切り替え」動作の敏捷性。ここで求められるのはスピードと調整力（ボディバランス）であり、ステップワークなどに要求される能力です。筋力は重要な要素ですが、柔軟性（可動性）や神経の伝達速度を伴ってこそ生きてきます。それを支えるのは動いているときのボディバランスを取る能力です。ボディバランスが悪いまま、速く・強くしようとするほど無駄の多い動きになり、見た目が悪くなるだけでなく、エネルギーロスにもなります。からだにひずみやゆがみが出て、パフォーマンスや健康にも影響を与える可能性があります。

**③Quickness**

静止している状態（または遅い状態）からできるだけ「速い」反応でからだを加速させる能力。パワーの主要な要素は筋力ですが、もう1つ重要なことはスピードです。自分の体重という負荷を抱えながら素早く動くことができる、これが運動に必要なパワーです。スピードをつけるためにはパワーが必要ですが、スピードに変換できないパワーは役に立たないということです。

**●実施上の注意●**

・正確な動作を心がける。
・最大努力で行う（反応・動作速度）。
・最後のセットが終了するまで、集中力を切らさないようにする。

### ❸ラダーを用いたトレーニング例

「ラダートレーニング」は、課題どおりに障害を跳び越えるステップ動作を、正確かつ速く行うトレーニングです。ただ「素早く」ではなく、脳から課題をからだに与え、筋肉にその課題を意識づけながら「正確に」行うことによって、意図と動きとのギャップがなくなるような伝達回路をつくることを目的としています。

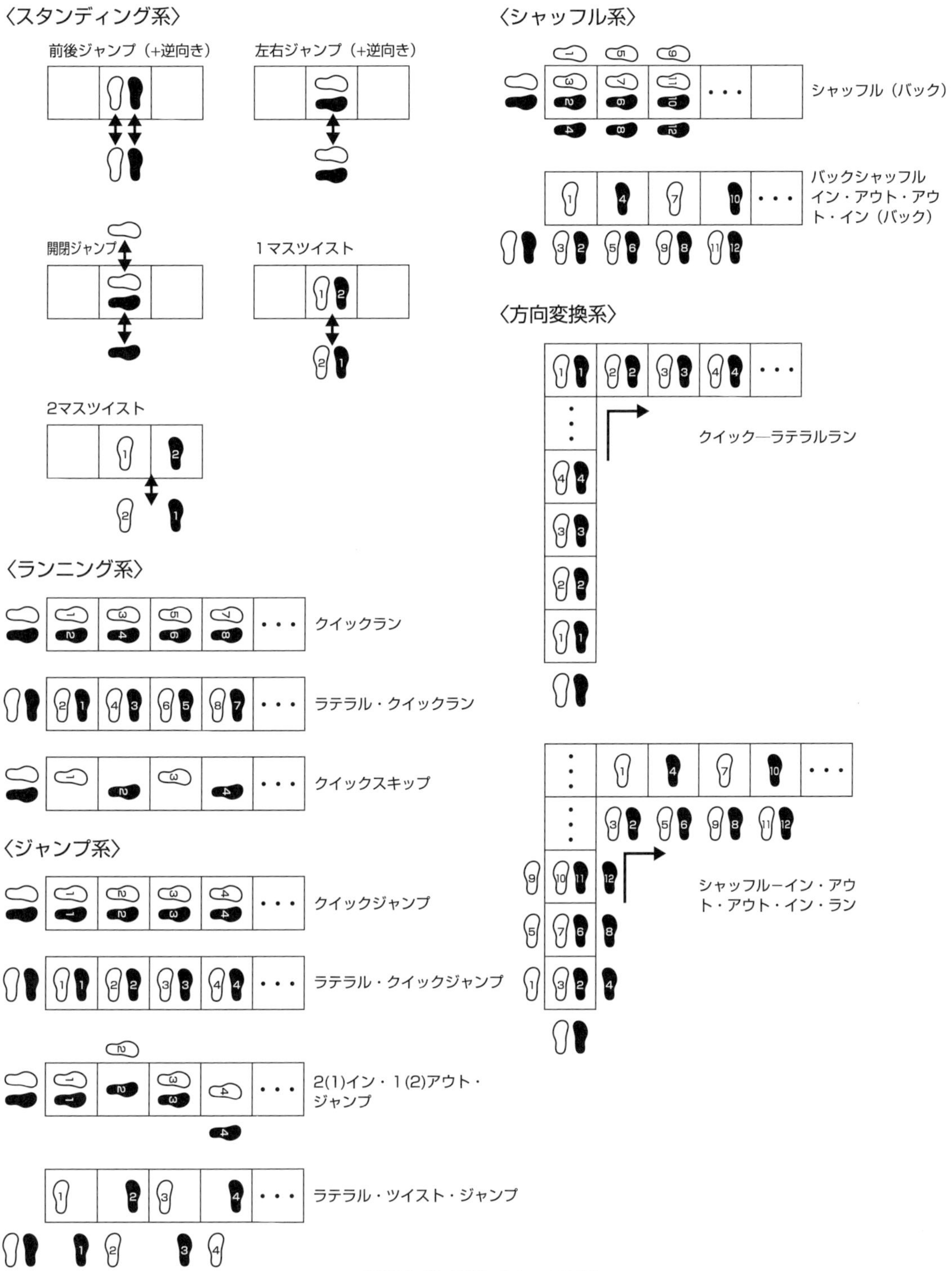


[図Ⅳ.2.1] ラダートレーニング

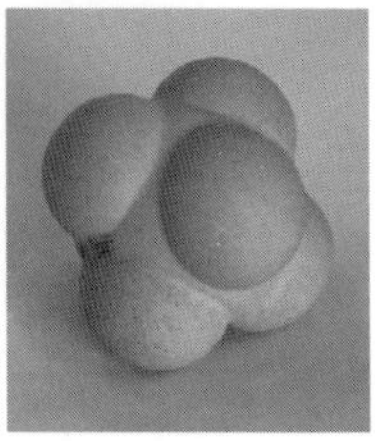

**❹クレージーボールを用いたトレーニング例**

クレージーボール（左図）は、ボールの表面に６つの大きな突起をもつ、不規則なバウンドをするボールです。この不規則なバウンドに臨機応変に対応してキャッチすることで、敏捷性の向上が期待できます。

①**バウンドパス**：２人１組で５mほどの間隔で向き合い、１人が投げてワンバウンドさせたクレージーボールを、もう１人がツーバウンド以上しないようにキャッチして投げ返す。常にからだを動かしておき、動きながらボールのバウンドに対応できるように心がける。

②**同時スロー&キャッチ**：２人がクレージーボールを持って向き合い、同時に相手に対してクレージーボールをワンバウンドで投げる。相手に投げた直後に、自分に向かって投げられたボールをツーバウンドしないようにキャッチ。

強くたたきつけると不規則な変化をしない普通のボールになるので、投げる際はアンダーハンドで軽く投げる。

**❺ビーチフラッグの変形版トレーニング**

さまざまな姿勢で静止し、合図とともにスタートします。５人ほどで一斉にスタートし、数m～数十mの距離を競争形式で走ります。旗でなくとも、つかみやすいものを目標物として置いておくとよいでしょう。最初の姿勢としては、うつ伏せ、仰向け、正座、長座、その場で細かく足踏みといったものがあります。また、目標物に向かって前向き、後ろ向きの組み合わせを用いることもできます。

## 2. 筋持久力トレーニング

筋持久力とは、局所の筋の持久力を意味し、全身の筋群を動員する運動での全身持久力とは異なります。日常生活では、スポーツ場面とは異なり、瞬時に大きな筋力や速い筋力の発揮を求められるよりも、弱い筋力で持続的な筋力の発揮を求められることが多くなります。

スクワット／大腿四頭筋
チューブをもつ手の位置により、負荷が変わる

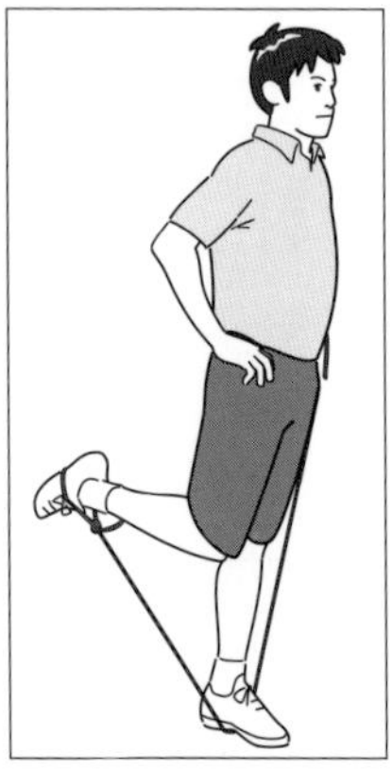

レッグ・カール／ハムストリングス
踏んでいるところまでのチューブの長さで負荷が変わる

[図Ⅳ.2.2] チューブを用いた下肢のトレーニング

**❶前後左右上下の原則**

ゴルフのような一方向の動作が中心となるスポーツにおいても、トレーニングでは必ずからだの左右のバランスを考えたトレーニングが重要となります。同様に、自転車や陸上の走競技のトレーニングなどでも下半身だけでなく、上半身も鍛える必要があります。

筋肉には主動筋と拮抗筋という分け方があります。上腕二頭筋と上腕三頭筋、大腿四頭筋とハムストリングスのように前後に位置し、一方が主動筋として収縮する際、他方は弛緩することにより主動筋の動きを補助します。拮抗筋のバランスがくずれると、動きだけでなく筋肉や関節の障害につながります。したがって、前の筋肉を鍛えたら後ろの筋肉も鍛える必要があります。

ここではチューブやダンベルを用いて、下肢、上肢、体幹の筋持久力を高めるトレーニングを紹介します。

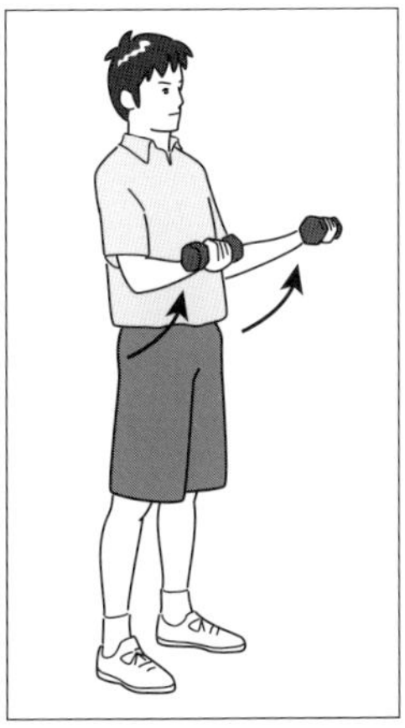

アームカール／上腕二頭筋

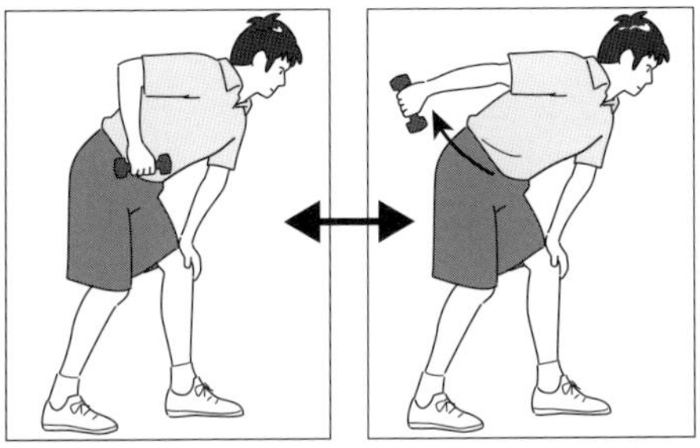

キックバック／上腕三頭筋

サイドレイズ／三角筋

フロントレイズ／三角筋

［図Ⅳ.2.3］ダンベルを用いた上肢のトレーニング

### ❷チューブトレーニング

チューブトレーニングは、伸縮性のあるゴムのチューブを引くことにより負荷をかけるトレーニングです。重量負荷を用いないチューブトレーニングには、次のような特徴があります。この特徴を理解したうえで、トレーニングに取り組みましょう。

- 重力の影響を受けないため、負荷の方向や角度が自在に設定できる（ただし、使う筋肉を意識しないと、違うトレーニングになってしまうので注意）。
- あらゆる動作や姿勢に対応できる。
- 負荷強度はあくまで主観的である（回数を目安に）。
- 最大筋力の発揮を求めるようなトレーニングには向かない。

チューブには数段階の異なる強さのものがあり、自分の筋力に合わせ、15回程度行える強さのものを選びます。また、チューブは短く持ったり、二重にしたり、チューブの本数を変えることによって、負荷を細かく調節できます。

### ❸ダンベルトレーニング

ここでのダンベルトレーニングは、筋持久力の向上が目的となるので、自分の筋力に合わせて15回程度行える重さのものを選びます。ダンベルトレーニングは重力が負荷となるため、負荷の方向は上下です。したがって、使う筋肉を意識するとともに、動かす方向も意識して正しく行うことが重要となります。

### ❹体幹の筋持久力

ここでは、自分のからだの重さを負荷にした体幹の筋持久力をトレーニングします。姿勢保持に常に働いている筋群ですが、意識して動かすことが重要となります。

トランクカール／腹直筋
必ず膝を立てて行う。上体を起こす際は、背骨を1個1個床から離すようにして、自分のへそをのぞき込む。肩甲骨の下部が床から離れるぐらいまで上げる程度で十分

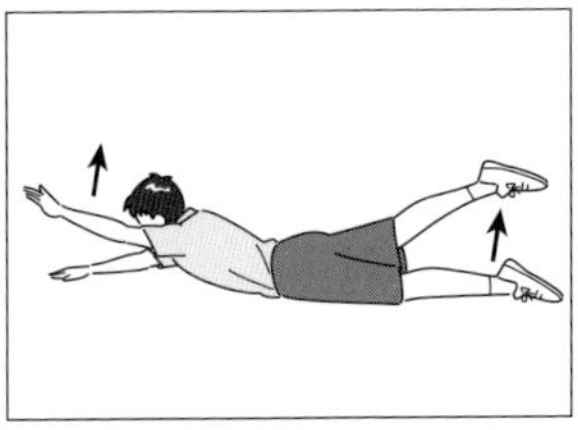

背筋／背筋群
右手と左足というように、対角の手足を上げる。上げる手や足は肘、膝を伸ばし、できるだけ反動をつけないようにして、1回1回上げる、下ろすを意識して行う

［図Ⅳ.2.4］体幹の筋持久力トレーニング

## 筋群の分類（正面）

❶ <頸　NECK>

頸の筋肉の中心は胸鎖乳突筋。頭を前屈させる作用があります。この拮抗筋である頭板状筋が後屈させます。

❷ <肩　SHOULDER>

肩の筋肉は三角筋と僧帽筋が中心で、上腕を前後、左右に上げる作用があります。肩関節の可動範囲は非常に大きく、特に三角筋の前後、横部・中央部をそれぞれ強化する必要があります。三角筋をトレーニングする際の補助筋として、主に僧帽筋、上腕三頭筋がありますが、上腕二頭筋が関与するトレーニング種目もあります。

❸ <上腕前面　BICEPS>

上腕前面の筋肉の中心は上腕を曲げたときにできる力こぶの上腕二頭筋（バイセプス）。前腕を肘で曲げる作用があります。

❹ <胸　CHEST>

胸部の筋肉の中心は大胸筋で、上腕を内転する作用があります。大胸筋が運動する場合の協働筋は、大胸筋の内側にある小胸筋です。

❺ <腹　ABDOMEN>

腹部の筋肉では、腹直筋が中心となります。脊椎を前に曲げる作用があり、また内臓を保護し、その位置を安定させる役目もあります。腹直筋の運動での補助筋は、そのほとんどが、内／外腹斜筋です。

❻ <大腿前面　THIGH>

大腿部前面の筋肉の中心は強大な大腿四頭筋。膝関節を伸ばす作用があります。大腿四頭筋の運動の代表的な標目であるスクワット系の運動では、そのほとんどが大臀筋も主働筋になり、固有背筋が補助筋となります。

❼ <前腕　FOREARM>

前腕には手首を内側に曲げる屈筋群と外側に反らす伸筋群があります。これら前腕諸筋は、上腕部や胸部の筋肉に比べ小さい。

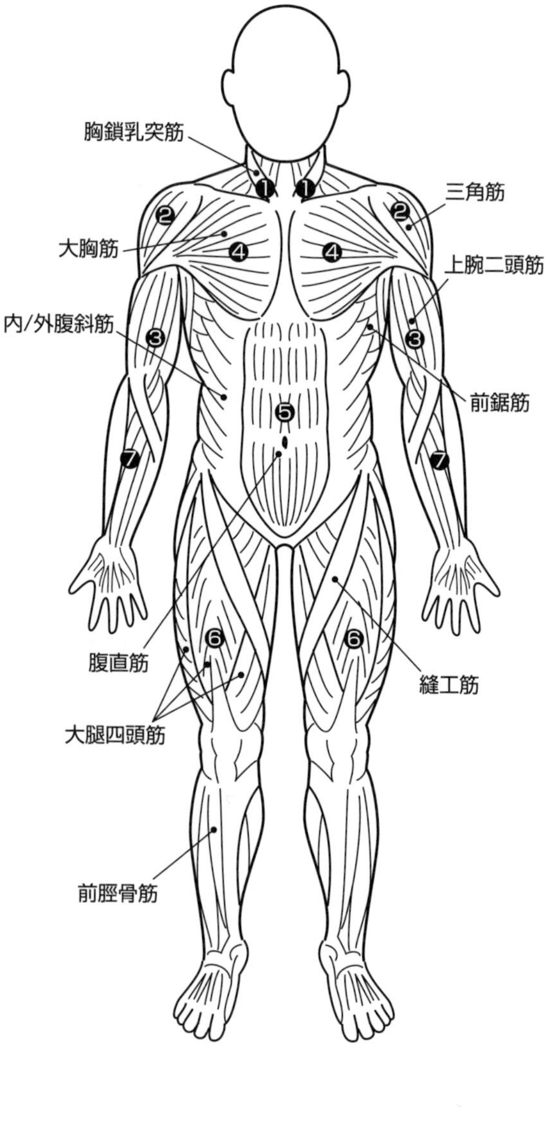

## 筋群の分類（背面）

❽ ＜上背　UPPER BACK＞

上背部の筋肉の中心は広背筋で、上腕を背部の内後方、および内下方に引く作用があります。広背筋は、胸部の大胸筋の拮抗筋として働き、肩甲骨を背中の中心方向に引きつける運動によって発達します。広背筋のトレーニングの補助筋として、背部の固有背筋、大円筋はもちろん、上腕二頭筋が大きく関与します。

❾ ＜上腕後面　TRICEPS＞

上腕後面の筋肉は腕の中で最大の筋肉である上腕三頭筋（トライセプス）で、肘を伸ばす作用があります。上腕三頭筋は、胸や肩の強化種目のプレス運動（ベンチプレス、バックプレス、フロントプレス）でもかなり使われます。

❿ ＜下背　LOWER BACK＞

下背部の筋肉の中心は固有背筋です。脊柱の保護や姿勢維持の作用があり、非常に重要な筋肉といえます。

⓫ ＜臀　BUTTOCKS＞

臀部の筋肉で中心となるのは大臀筋です。大腿部を後ろに引き、股関節を伸ばす作用があります。大臀筋を強化する運動はスクワット系が最適です。

⓬ ＜大腿後面　HAMSTRINGS＞

大腿部後面の筋肉の中心は、大腿二頭筋、半腱様筋、半膜様筋ですが、これらを総称してハムストリングスと呼びます。ハムストリングスは股関節を曲げる作用があります。

⓭ ＜下腿　CALF＞

下腿部の筋肉の中心は腓腹筋とヒラメ筋からなる下腿三頭筋で、足を足底側に曲げる作用があります。下腿の強化は、この下腿三頭筋に集中して行います。

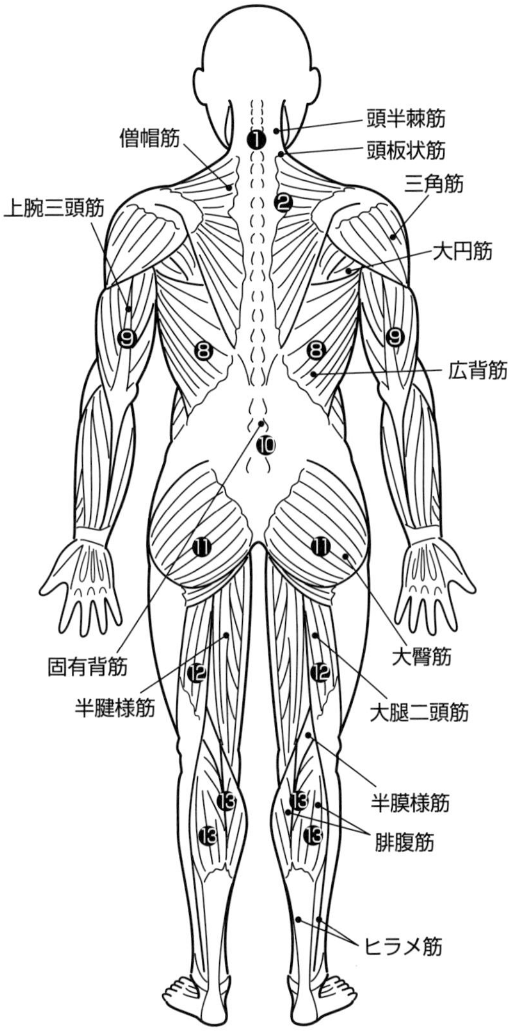

# 第V部

# ライフスキルを知る

● 理論編 ―― 心理社会的スキル論
1. 健康・スポーツとライフスキル
2. ストレス対処
3. 目標設定
4. コミュニケーション
5. リーダーシップ

● 実習編
1. ストレス対処スキルトレーニング
2. 九大式セルフケア ABC プログラム～大学生の QOL を向上させるセルフケアプログラム～
3. 目標設定スキルトレーニング
4. コミュニケーション&リーダーシップスキルトレーニング

第V部 理論編

# 心理社会的スキル論

## 1. 健康・スポーツとライフスキル

### 1. ライフスキルとは

健康を維持あるいは増進するためには、体力の向上を図るだけでは不十分である。日々の生活の中で起こる問題に対応したり、周りの人たちとの人間関係をよりよくする努力をしたりして、心持ちをよくし、社会環境に適応していくことが必要である。そのための方法のひとつに、ライフスキル（life skills）の獲得あるいは向上がある。

ライフスキルは、WHO[1] によって、「日常生活で生じるさまざまな問題や要求に対して、建設的かつ効果的に対処するために必要な（心理社会的）能力」と定義されている（「心理社会的」は、筆者が加筆）。このライフスキルの本質は、これが「スキル（技能、skills）」であること、および、「心理社会的」なスキルであることにある。

「スキル」という言葉は、スポーツなどの場面において、「運動スキル（運動技能、motor skills）」を表現するために用いられてきた。これを、アーガイル（Argyle, 1967）が、社会心理学の領域に取り込み、よりよい人間関係を構築しようとする際に用いられる技能・技術を「社会的スキル（social skills）」と呼び、運動スキルの理論モデルになぞらえて説明した[2]。このように、社会的スキルは、運動スキルと同じように理解できるものであり、社会的スキルの類似概念であるライフスキルも然り、ということになる。

ここで、使用用語の確認をしておきたい。ライフスキルのような心理社会的側面のスキルに対しては、社会心理学領域では、「社会的スキル（あるいは、ソーシャルスキル）」という用語がしばしば用いられ、また、心理面のトレーニングに関心があるスポーツ心理学領域では、「心理的スキル（psychological skills）」が、最もなじみのある用語となっている。一方、「ライフスキル」という用語は、主に、健康教育の領域で用いられているが、その内容を見ると、社会的スキルや心理的スキルと重複しているところが多く、その意味において、ライフスキルを「心理社会的スキル（psycho-social skills）」と呼んでよいと考えられる。ただし、後述する「般化」の問題を考える際には、「スポーツなどのある特定の場面の心理社会的スキル」と「日常一般場面での心理社会的スキル（いわゆる、ライフスキル）」を区別する必要があり、厳密には、スポーツ競技などの場面で用いられる心理社会的スキルは、「ライフスキル」ではない。しかしながら、本書では、ライフスキルを含む心理社会的スキルの基礎的理解に重点を置くこととし、あまり厳密な区別はしないでおく。

### 2. ライフスキルの種類

ライフスキルには、具体的な多くの種類のスキルが含まれている。WHO[1] では、表V-1-1にあるような10種類のライフスキルが挙げられている。しかし、ライフスキルの定義に含まれるような、さまざまな問題に対処するためのスキルは、他にも数多く考えられる。例えば、本書第Ⅳ部「7.心理的スキルトレーニング」で取り上げられている「目標設定スキル」や「ポジティブ思考」なども、ライフスキルのひとつと考えることができる。あるいは、適切な主張を行う「アサーションスキル」や、集団を統制するために必要な「リーダーシップスキル」なども、ライフスキルに含めてよいと思われる。このように、ライフスキルは多様であり、それらの獲得・向上を目指す場合は、どのような具体的スキルを対象とするのかを明確にしたうえで、それらの習得に取り組むべきである。

### 3. ライフスキルの特徴

運動スキルおよびライフスキルに共通する、本

表V-1-1　WHO（1997）が挙げているライフスキル

| |
|---|
| 意志決定 |
| 問題解決 |
| 創造的思考 |
| 批判的思考 |
| 効果的コミュニケーション |
| 対人関係スキル |
| 自己意識 |
| 共感性 |
| 情動への対処 |
| ストレスへの対処 |

質的な特徴は、以下のとおりである。

・生まれつき備わっているものではない。したがって、最初から「できる」という訳ではない。
・しかし、練習をすることによって、基本的には誰でも、そのスキルを獲得し、上達させることが可能である。

このような本質から、ライフスキルを獲得し、上達させるためには、運動スキルを学ぶように、適切な練習が必要となる。

一般に、運動スキルの学習に際しては、下記のようなプロセスを経ることが望ましいと考えられている。

1）理解

まずは、学習対象となるスキルがどのようなものであるかについて、理論的に理解し、あるいは、知識として習得することが必要である。以降の学習は、これらの理解・知識を踏まえて、進行していくことになる。

2）モデリング（観察学習）

運動スキルの学習においては、他の人がうまく行っている様子を見ることで、学習を深めることができる。すなわち、さまざまな運動スキルが適切に使用されている場面を、直接、あるいは、ビデオなどを通して見ることで、それらのスキルを身につけることができると考えられている。指導者が、示範（デモンストレーション）によって正しいスキルを示すことも重要である。

3）繰り返しの練習

スキル学習においては、最も重要なフェーズと考えてよいだろう。スキル獲得のためには、実際に自分でもできるように、繰り返し練習をする必要がある。もちろん、練習内容は、習得を目指すスキルに応じて、適切に設定される必要がある。

4）振り返り

練習後には、その成果やプロセスを振り返る必要がある。練習の効果はあったのか、あるいは、なかったのか、スキルを維持する、あるいは、更なる効果を得るためには、どのような練習をすればよいのかといったことを熟考した上で、練習を継続することが必要となる。

このような学習プロセスは、運動スキルのみならず、ライフスキルの学習においても当てはまるものである。そして、運動スキルの習得が目的に含まれているスポーツ学習場面は、ライフスキルの学習にも資すると考えられている。

## 4. スキルの般化

スポーツを通してライフスキルを習得しようという際に、注意を要する点がある。それは、「般化（generalization）」あるいは「転移（transfer）」の問題である。先に言及したとおり、スポーツ場面で心理社会的スキルを獲得したからといって、それが日常場面でも有効性を示すとは限らない。スポーツ競技場面で、チームメイトに適切なプレイに関する指示が出せたからといって、日常場面でも同じように他者に指示を与えられるとは限らない、ということである。スポーツ場面で使えるようになった心理社会的スキル（ライフスキル）を、日常のさまざまな状況でも使えるようにするためには、そのスキルを「般化」（ある部位・場面で使えるスキルが、さまざまな部位・場面で使えるようになること）、あるいは、「転移」（ある部位・場面で使えるスキルが、別の部位・場面でも使えるようになること）させることが必要となる。そのためには、スポーツ活動場面で習得した当該スキルの本質や内容を理解したうえで、日常場面でも、応用練習を行っていくことが必要となる。

■ 引用文献
1）WHO（編）、川畑徹朗他（監訳）（1997）：WHO・ライフスキル教育プログラム、大修館書店
2）相川充（2009）：新版人づきあいの技術―ソーシャルスキルの心理学―、サイエンス社

（杉山佳生）

# 2. ストレス対処

20世紀初頭に発表されたヤーキズ・ドッドソンの法則（Yerkes–Dodson law）をはじめとするさまざまなストレス研究において、適度なストレスは、やる気や生産性を高め、人間関係や生活の充実につながると言われてきた。一方、過剰なストレスは、集中力の低下や心身の疲弊を引き起こし、過小なストレスはやる気の低下や生産性の欠如につながることが指摘されてきた。特に、単純な課題ではなく、複雑な課題（注意の転換、マルチタスク、作業記憶などを要する課題）においては、適度なストレス状況下でのパフォーマンスが最大になると言われている[1)]。しかしながら、現実社会の中では、いつも適度なストレス状況にあるわけではないため、上手にストレス対処を行う必要がある。

## 1. ストレスが問題となるとき

ストレスが問題となるのはどういうときだろうか。以下の3点について考えてみよう。

### 1）ストレスの程度と持続時間

ストレスによってもたらされる身体的・心理的な負担の程度、ストレスに感じていることの持続時間によって、ストレスの受け方やその対処の仕方は異なる。非常に長い期間にわたってストレスフルな状況に置かれることの心理的な不安感や負担感は大きい。その状況がいつ終わるかということがはっきりしていれば、それまでは頑張るという方法も有効だが、終わりが見えないものに関しては、頑張り続けるという方法は適さない。

日々のストレスに立ち向かう時間とストレスから解放される時間の両方を確保することが必要である。

### 2）コントロールできるものかどうか

職業性ストレスのモデルである「仕事の要求度―コントロールモデル（demand–control model)」に基づく研究では[2)]、仕事の要求度（仕事の量、スピード、複雑さ等）が大きく、仕事のコントロール（仕事上の裁量権や自由度等）が低く、職場の社会的支援（人間関係や組織）が低いといった要素が重なる場合に健康問題が生じやすいことがわかっている（図Ⅴ-2-1)。日本においても、仕事の要求度やコントロール、上司と同僚の支援が抑うつ度に影響を及ぼすことが示されている[3)]。

ストレスが問題となる背景には、自分でコントロールできることとできないことの認識のずれが影響している場合もある。人間関係にまつわる問題、学業（研究)、部活やサークルでの役割など、ずっと悩み続けているのに答えが出ないことはないだろうか。そのような場合、自分が今できることは何か、自分ではどうにもできないことは何かを整理して考える必要がある。

### 3）不快感情と快感情

一般的にストレスというと、不快な感情が強まることに焦点が当てられることが多いが、快感情にも目を向ける必要がある。不快感情が減ることと、快感情が増えることとは、一直線上にあるものではない。嫌なことや傷つくこともないが、楽しさや充実感がない場合などもストレス状況になり得る。アブラハム・マズローは、人間の欲求は、生理的欲求、安全の欲求、所属と愛の欲求、承認（尊重）の欲求、自己実現の欲求、という5つの階層からなり、低次の欲求が充足されると、より高次の欲求へと段階的に移行するという「人間の欲求5段階説」[4)]（図Ⅴ-2-2）を唱えた。

生理的欲求（生命維持のための食事・睡眠・排泄などの本能的な欲求）と安全の欲求（自然災害や犯罪などの危険がなく、衣食住に不自由しない安全な暮らしに対する欲求）の2つは物質的欲求であり、所属と愛の欲求（家庭や学校や職場において人とのつながりや愛情を得たいと思う欲求)、承認（尊重）の欲求（自分が他者から価値ある存在と認められ、尊重されることへの欲求)、自己実現の欲求（自分の持つ能力や可能性を最大限発揮したいと思う欲求)の3つは精神的欲求である。

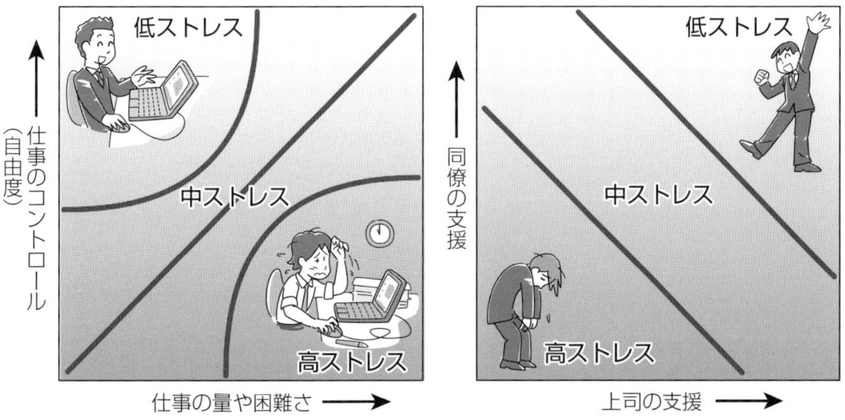


▶図Ⅴ-2-1　ストレスと仕事の要求度、仕事のコントロール感、職場の社会的支援
（「仕事のストレス判定図（最新版）」http://mental.m.u-tokyo.ac.jp/jstress/hanteizu/ より作成）

このような欲求が満たされていないときにも、人はストレスを感じると言える。

## 2. ストレス反応の現れ方

ストレスにより、心身の不調が現れるとき、具体的にどのような反応が見られるのだろうか。

### 1）ストレス反応

ストレスによる反応は、心理的反応、身体的反応、行動的反応の３側面に大別される。

・心理的反応：不安、イライラ（怒り）、神経質になる、落ち込み、意欲の低下、突然怒ったり泣いたり（情緒不安定）、自責感、など。
・身体的反応：不眠、体のだるさ、食欲不振、下痢、胃痛・腹痛、激しい体重の変化、頭重感、頭痛、肩凝り、その他身体的な病気、など。
・行動的反応：作業効率の低下、ミスが増える、過食・拒食、アルコール過多、人付き合いを避ける、人や物にあたる、など。

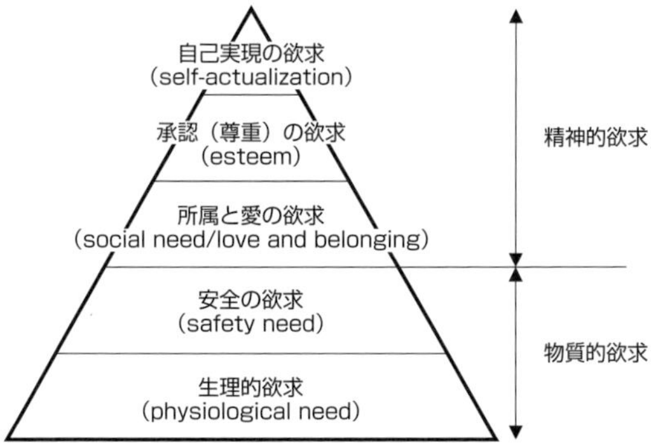


▶図Ⅴ-2-2　マズローの欲求５段階説

### 2）ストレス反応パターンを知る

上記のストレス反応は、すべて起こるわけではない。その人の置かれているストレス状況、その人の性格、体質、価値観などによっても異なってくる。例えば、試験や試合などの前に緊張から食欲不振や胃腸の不調を起こしやすい人、うまくいかないことが続くとイライラして他者にあたってしまう人、ちょっとした失敗で過度に自分を責め落ち込んでしまう人、頑張りたくて頑張っているが頭痛や肩凝りが続く人、などストレス反応は個人によって異なるものである。自分が陥りやすいパターンを知っておくことで、ストレス状況を顧みるサインとして利用することができる[5]。

## 3. ストレス対処のポイント

ストレス対処には、問題となっていることを解決することに焦点を当てた「問題焦点型」、ストレスによって引き起こされた情動を解消することに焦点を当てた「情動焦点型」、そして、他者からの支援を得ることに焦点を当てた「ソーシャルサポート」という対処の仕方があると言われている。ここでは、それらの要素を踏まえつつ、ストレス対処のポイントを述べる。

### 1）自分のストレス状況・反応に気づく

ストレス対処を考えるとき、まず重要なのは、自分にとって何がストレスと感じられているのか、どれほどストレスと感じられているのか、自分はそのストレスによってどのような反応を示しているのか、について気づくことである。体からのメッセージを受け取ることが出来てはじめて、自分の心と身体をコントロールすることができる[6]。

ストレス反応を呈すること自体は悪いことではない。問題となるのは、ストレス反応が悪化していくことである。身体症状が出ているにもかかわらず、休みをとらずに無理を続けて症状が悪化する場合や、人間関係で傷ついたときに、傷ついてしまう自分を責めてさらに落ち込むという悪循環に陥る場合などがある。落ち込んでいるときには、プラス思考をできないことはよくある。そのようなときには、無理にプラス思考をしようとせず、自分の状態をまず受け入れてみよう[7]。

### 2）具体的な目標を定め、解決策を考える

ストレス状況にあると気づいて、状況を改善させるにはどうしたらよいだろうか。まずは、本当はどうなったらいいと思っているのかを想像してみることだ。解決像が描けなければ、何をしたらよいかわからなくなってしまう。そして、その解決に近づくためには、何が必要かを考えてみることが重要だ。具体的な目標を決め、その目標に対するさまざまな解決策を紙に書き出し（ブレインストーミング）、それぞれのメリットやデメリットを考え、やりやすいことから始めること[7]が重要である。

### 3）他者に話をする

ストレス状況が複雑である場合には、客観的に自分の状況を把握してどうすべきかを考えることが難しくなる。そのような場合、他者に話をすることで、客観的な意見をもらう、解決策を一緒に考えることが効果的である。他者のサポートのある・なしでは、ストレスを感じる度合いも異なることが明らかになっている。自分の中で行き詰まりを感じたときには、他者のサポートを得ることが重要である。

## 4．ストレスとの付き合い方

人生のあらゆる局面において、ストレスは避けては通れないものである。自らの持つ力を発揮していくために、心身の調子を整えながら、ストレスとうまく付き合うことについて考えてみよう。

### 1）ストレス耐性の維持・向上

日頃から十分な休養と栄養をとる、規則的な生活を心がける、体を動かす・気晴らしの時間を持つといった健康的な生活習慣によってストレス耐性を維持・向上することができる。睡眠時間が6時間未満で睡眠不足が慢性化すると、感情をコントロールしたり、意識を集中させたり、やる気を出して何かに取り掛かることが難しくなることが明らかになっている[8]。また、メンタルヘルスに関係の深い神経伝達物質であるセロトニンやドーパミン、ノルアドレナリンの生成には、食事から得られるさまざまな栄養素が必要であるため、バランスのよい食事をとることも大切である。睡眠や食事の他、日々の生活リズムや運動といった人間の生物学的な側面は軽視できない。

人間関係でのストレスに関しては、日頃から他者とコミュニケーションをとっておくことでソーシャルサポートを得やすくする、アサーティブな自己表現を行う、などが考えられる。アサーションとは、自分も相手も大切にする人間関係をつくる自己表現のことを言う[9]。それは、言葉だけでなく、その人の態度や行動、姿勢、表情、声、服装などの非言語的な部分も含む。相手を傷つけること、もしくは、自分が傷つけられることを怖れて自分の考えを言えなかったり（非主張的）、相手を否定してばかりで自分の意見を押し付けたりする（攻撃的）のでなく、アサーティブな自己表現では友好的で対等な人間関係を築くことができる（表Ⅴ-2-1）。

また、現代社会では“時間”のストレスも大きなストレス要因のひとつとなっている。時間を有効に使う、何もしない時間を作る、今現在やって

表Ⅴ-2-1 3つのタイプの自己表現の特徴

| 非主張的 | 攻撃的 | アサーティブ |
|---|---|---|
| 引っ込み思案・卑屈 | 強がり・尊大 | 正直・率直 |
| 自己否定的<br>「私はOKでない、あなたはOK」 | 他者否定的<br>「私はOK、あなたはOKでない」 | 自他尊重<br>「私もOK、あなたもOK」 |
| 服従的・相手任せ | 支配的・相手に指示 | 歩み寄り・自他協力 |
| 黙る | 一方的に主張する | 柔軟に対応する |

いることに集中する、といったことも考慮するとよいだろう[6)]。

### 2）ストレッサーの軽減

ストレスフルな状況にあると気づいたら、ストレッサーを軽減させることを試みるのもひとつの手である。ストレッサーの軽減のためには、ストレッサーそのものを変化させる、もしくは、ストレッサーから一時的に離れる、という環境調整が考えられる。また、自分自身の考え方や行動の仕方でストレスを感じている場合には、到達可能な目標を設定し直す、人間関係で適切な距離を取る、といったことにより、ストレッサーから受ける影響を少なくすることができる。

### 3）ストレス反応への対処

ストレス反応として、身体症状や精神症状、問題行動などが出現した際は、からだが発する危険信号であると捉え、何らかの対処を行っていく必要がある。まず、意識的に休養やリラクセーションの時間を取ることが第一である。普段よりも学業（仕事）や人間関係の負荷を減らして過ごし、可能であれば、数日〜数週間程度の休養をとるのがよい。それでも不眠や食欲低下が続くなど、ストレス反応の程度がひどい場合には、相談機関や医療機関を利用することも考慮に入れる必要がある。生活リズムが乱れている場合なども、自分ひとりで改善させることが困難なことも多いため、他者からのサポートや専門家の助けを得ることが重要である。

### 4）ストレスを通じた成長

先に述べたように、適度なストレスは生産性を向上させ、長期的な視野で見ればその人の成長につながる場合もある。たとえば、期限のある課題や試験、人間関係の悩み、挫折やアイデンティティの危機に対して自分なりに考えながら試行錯誤を繰り返すなかで、自己理解や他者理解およびストレス状況への対処能力を高めることができる。トラウマや喪失体験といった心理的な負担が強いものでは、その苦しみ自体はよいこととは言えないが、苦しみを乗り越えていく過程でレジリエンス（精神的回復力）が強化され、人とのつながりや新たな価値観や目的意識が得られる可能性もある[10)]。ストレスや逆境からの回復を通して得た学びを、その後の自分自身や他の誰かのために還元し、人生を生き抜いていくことが望まれる。

■ 引用文献


1）Diamond DM1, Campbell AM, Park CR, Halonen J, Zoladz PR（2007）：The temporal dynamics model of emotional memory processing：a synthesis on the neurobiological basis of stress-induced amnesia, flashbulb and traumatic memories, and the Yerkes-Dodson law, *Neural Plasticity*, Vol.2007：33.

2）Robert Karasek（1990）：Lower health risk with increased job control among white collar workers, *Journal of organizational behavior*, Vol. 11：171-185.

3）川上憲人（2001）：職場環境等の改善と「仕事ストレス判定図」、産業ストレス研究、8：79-85.

4）Mazlow, A.H（1943）：A Theory of Human Motivation, *Psychological Review*, 50：370-396.

5）冨永良喜、山中寛（編）（1999）：動作とイメージによるストレスマネジメント教育<展開編>、北大路書房

6）J. カバットジン、春木豊（訳）（2007）：マインドフルネスストレス低減法、北大路書房

7）大野裕（2014）：こころのスキルアップ・トレーニング―認知療法・認知行動療法で元気を取り戻す―、きずな出版

8）ケリー・マクゴニガル、神崎朗子（訳）（2015）：スタンフォードの自分を変える教室、だいわ文庫

9）平木典子（2007）：アサーショントレーニング、金子書房

10）ケリー・マクゴニガル、神崎朗子（訳）（2019）：スタンフォードのストレスを力に変える教科書、だいわ文庫


（松下智子）

# 3. 目標設定

## 1. 目標設定はスキルである

「目標を設定する」ことは、誰でも、一度は行っているだろう。「試合で勝利する」「大学に合格する」「ダイエットをする」といったものは、すべて目標を設定しているといえる。しかしながら、目標を設定することの意義を理解することで、また、より効果的・効率的な方法を知り、それらを習得することで、目標設定をよりよく活用することができるようになるだろう。このように、目標設定をするという行動は、「練習によって上達する」というスキルの要素を含んでいるため、「目標設定スキル」と呼ばれている。この目標設定スキルは、スポーツ心理学領域では、心理的スキルのひとつと見なされているが、第1節でも論じたとおり、ライフスキルととらえることもできるものである。

## 2. 目標設定の効用

目標を立てることの目的のひとつは、動機づけ（motivation）を高めることである。その効果は、スポーツのような（受験勉強もそうである）、「長期にわたる練習と短期間で終わる成果発表（試合）」という構造を持つ活動において、顕著である。すなわち、将来行われる試合で成果を出すためには、それまでに、こつこつと絶え間なく練習を継続していく必要があるのだが、その日々の練習では、上達などの成果は感じにくい。そのため、どうしても、やる気の喪失（動機づけの低下）が生じてしまう。それを回避する方法として、目標設定がある。

図Ⅴ-3-1は、目標設定の効果を検証した実験の結果である[1)]。そこでは、立ち幅とびについて、さまざまな目標を設定して練習をさせ、その後の成果を評価した。その結果、事前テストに対して110％の成績を目標に練習させたときに、最も成績が伸びたことが示された。このことは、110％の目標値が、練習に対するやる気を高め、より熱心に練習に取り組ませたことを示していると考えられる。このように、適切な目標は、持続的な動機づけの維持に貢献すると考えられる。

また、適切な目標の設定は、何をすべきかを明確にし、その活動への関わりへの充実感をもたらす。「ただなんとなく」活動をするよりも、「うまくなるため」「楽しむため」などの目標があると、活動の後の満足感にも違いが出てくるだろう。もちろん、目標の違いに応じて、活動の内容自体も異なってくる。「楽しむために、レクリエーションスポーツをする」場合と、「日本一になるために競技スポーツをする」場合とで、練習内容が全く異なったものとなるのは、当然であろう。

## 3. 目標設定の原則

ところで、目標設定は、ただ単に目標を定めればよいというものではない。その効果を最大とするために、さまざまな「原則（principles）」が示されている。ここでは、そのいくつかを紹介する。

**❶ 目標は、難しいが、達成可能なものとする**

目標は、簡単すぎては、やる気が起こらず、練習への取り組みも不十分となるため、望ましくない。一方で、現実的でない、難しすぎる目標も、動機づけを高めない。達成できる可能性は五分五分ではあるが、できないことはない、という目標が望ましい。ちなみに、図Ⅴ-3-1では、「110％目標」が、最も適切な困難度の課題であると見なすことができる。

**❷ 長期目標を立て、そこから中期および短期目標を立てる**

まず、将来を見越した、長期目標（最終目標）を立てる。その長さは、一生涯のこともあり（例えば、「生涯をかけて、○○を成し遂げる」）、1年後ということもあり（例えば、「来年の入試で合格する」）、1週間程度という場合もある（例えば、「今週末までに、レポートを完成させる」）。

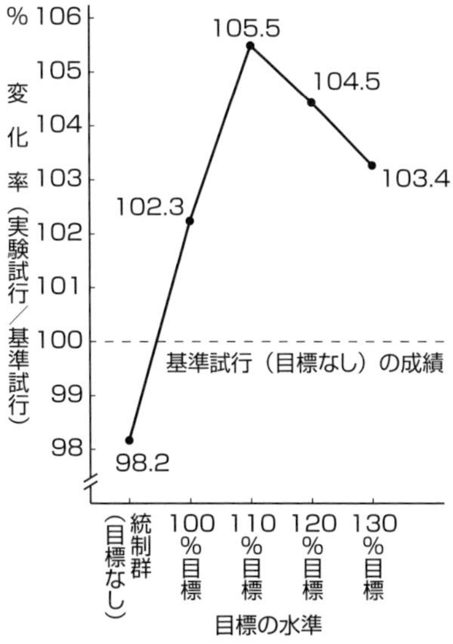


▶図Ⅴ-3-1　立ち幅とびの成績に及ぼす目標の効果（杉原・海野、1976、松田・杉原、1987 より）

いずれにしても、その長期目標を立てた後に、引き続いて、中間地点等までの「中期目標」を設定する。そして、さらに細分化し、各時点までの短期目標を設定する。この短期目標については、1週間～1ヶ月単位となることもあれば、その日の練習での成果が短期目標になることもある。このように、長期、中期、短期目標は、その長さにおいては相対的であり、明確に区分することはできないが、長期目標から短期目標に遡るという考え方は、基本として押さえておくべきである。

❸ 目標は、できるだけ具体的なもの（測定できるもの）とする

「頑張る」「ベストを尽くす」といった抽象的な目標は、目標を立てないよりは効果があるが、不十分である。「試合に勝つ」「○○大学に合格する」などと、目標を具体的にすることが望ましい。また、可能であれば、数値で示される目標を設定するのがよい。スポーツでいえば、「100 メートルを○秒で走る」というような目標の設定が可能であり、また、サッカーやバスケットボールでも、「ある条件下において、10 本中○本のシュートを決める」などとすることが考えられる。すべての目標を「数値」で表すことは難しいが、可能な範囲で、対応を検討することが期待される。

❹ 結果目標だけでなく、パフォーマンス目標、および、プロセス目標を設定する

「勝つ」「合格する」という目標は「結果目標」と呼ばれるが、この結果目標だけでは不十分であり、その結果を得るためのパフォーマンス目標（例えば、「○秒で走る」「ゴルフで1ラウンドを 80 打で回る」）を設定するべきである。さらに、そのパフォーマンスを示すことができるようになるために、どのような練習をし、どのような途中経過を経る必要があるかという「プロセス目標」を設定することも、期待される。例えば、100 メートルを○秒で走るためには、どのような走り方を身につけなければいけないのか、そのためには、どのようなトレーニングをすればよいのかを考え、それを実践する必要がある。このように、あるパフォーマンスの発揮に至るためにすべきことがプロセス目標になり、この種の目標も、適宜、設定する必要がある。

❺ 期限を設ける

目標設定においては、必ず、「いつまでの達成を目指す」という「期限」を設ける必要がある。期限のない目標は、「目標設定スキルにおける目標」とはいえない。

❻ 目標は、書き出す

定めた目標は、できるだけ、目に見える形にしておくのがよい。頭の中だけに留めておくと、目標が不明瞭になったり、忘れてしまったりすることになる。

❼ フィードバックを得る

各段階での成果は、目標と照らし合わせられるよう、当事者が知っておく必要がある。目標が達成されているのかどうか、達成されていなければ何が問題だったのかなどを、振り返る必要がある。

❽ 目標は、適宜修正してよい

一度決めた目標を修正してはいけない、ということはない。途中での成果を踏まえながら、目標を上げたり、下げたりすることが望まれる。特に、途中で非常に遅れをとっている場合は、長期目標（最終目標）を下方修正することも考えなくてはならない。目標設定スキルには、このような、意志決定をするスキルも含まれているということである。

■ 引用文献

1）松田岩男・杉原隆（編著）（1987）：新版運動心理学入門、大修館書店

（杉山佳生）

# 4. コミュニケーション

## 1. コミュニケーション構造

コミュニケーションのとらえ方はさまざまであるが、ここでは、コミュニケーションを「情報のやりとり」と見なし、その構造や過程を議論する。

この場合、下記の4つの要素が、コミュニケーションを構成する（図V-4-1）。

### 1）情報（information）

コミュニケーションの本質は、「情報の送受信」である。これらの情報は、言語・文字であったり、画像・映像であったり、あるいは、目に見えない何か（電気信号など）であったりする。

### 2）送り手（sender）

情報を発信あるいは伝達する人（あるいは、事物）は、送り手（送信者）と呼ばれる。送り手が人の場合、その人は、伝達すべき情報を頭の中で取りまとめ、コード化（言語化も含む）し、発信する。送り手が事物の場合は、その製作者の意図に準じて、あるいは、意図に反して、情報が自動的に発信される。

### 3）受け手（receiver）

送り手から発信された情報は、受け手によって受信され、解釈（解読）される。ただし、受信された情報は、送り手の意図どおりに解釈されるとは限らない。

### 4）チャネル（channel）

「チャンネル」ともいう。チャネルは、大きく、「言語的チャネル」と「非言語的チャネル」に分類される。

言語的チャネルとは、文字どおり、言葉を用いる伝達経路である。人のコミュニケーションにおいて、意識的に用いられる、中心的なチャネルである。一方、非言語的チャネルは、言葉以外の媒体を使用するチャネルである。大坊[1]は、非言語的チャネルを、「近言語的」「身体動作」「プロクセミックス（空間の行動）」「人工物（事物）の使用」「物理的環境」といったカテゴリーを設けて、分類している。これらのチャネルは、同時並行的に使用することが可能であるため、異なるチャネルを、相互に矛盾する情報が流れることもある。

コミュニケーションの構造（あるいは、過程）を、このようにして理解することは、コミュニケーションスキルを獲得あるいは向上させるトレーニングを行う際に、重要な視点を提供する。すなわち、コミュニケーションスキルが未熟で、それを向上させようとする場合、どの部分をトレーニングする必要があるのかを見極めなければならず、それを知るために、このような構造的理解が必要になるのである。コミュニケーションがうまくできない理由が、伝えるべき情報をうまく発信できないということであれば、その練習をする必要があり、相手の言いたいことがうまくとらえられないからということであれば、情報を適切に解読する練習をすることが必要となる。さらに、情報の発信に際しては、必要な情報を発信し、不必要な情報は発信しないという、「統制」も重要である。コミュニケーションスキルを測定するいくつかの心理尺度では、その構成要素として、「伝達スキル」「解読スキル」「統制スキル」が挙げられている[2]。

## 2. コミュニケーションと心理社会的健康

コミュニケーションと心理社会的健康との関係については、藤本・大坊[3]の階層構造モデルが

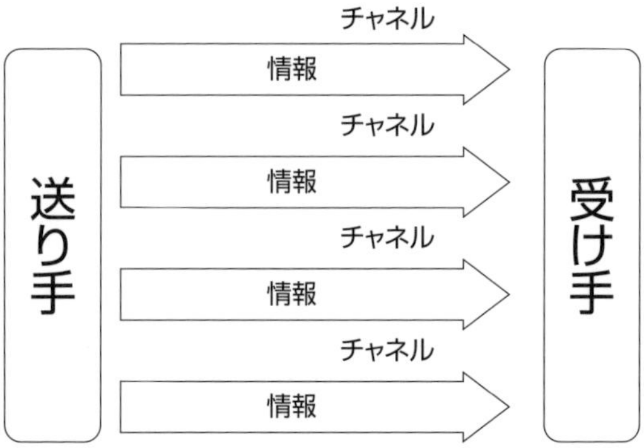


▶図V-4-1　コミュニケーションの構造

参考になる。このモデルでは、コミュニケーションスキルは、社会的スキルの基礎となっており、また、その社会的スキルは、文化や社会への適応をもたらす「ストラテジー」につながるものであるとしている。すなわち、コミュニケーションスキル（伝達スキル、解読スキル、統制スキル）が適切な対人関係を構築あるいは維持するためのスキルを向上させ、その結果、社会への適応がもたらされると考えられている。良好な対人関係や社会への適応は、心理社会的健康の必要条件のひとつであると考えられることから、健康増進のためにも、コミュニケーションスキルを向上させることが望まれる。

## 3. コミュニケーションスキルを高めるための視点

コミュニケーションスキルのトレーニングは、これまでに述べてきたような、コミュニケーションの構造やその要素の特徴を踏まえたうえで、実施することが必要である。

### 1）伝達スキル

言語的伝達スキルについてみれば、伝えたいことが的確に言語化されているかどうかが重要である。頭の中では考えているが、それが言語化されていないために、十分な伝達が行われないこともある。一方、非言語的な伝達スキルについていえば、言語情報を補足するジェスチャーなどが適切に使用されることが必要である。特に、複数のチャネルを通して、矛盾した情報が発信されることがある（言葉では誉めながら、表情や姿勢が非難を示しているなど）ため、チャネル間でバランスの取れた情報が伝達できるように、練習をして、スキルの向上を図ることが期待される。

なお、情報発信に際しては、受け手の受信能力も考慮する必要がある。また、通常私たちは、他者からの情報を、ワーキングメモリ（作動記憶、短期記憶）を用いて処理するが、この記憶は、限られた量の情報しか処理できない。例えば、スポーツの技術指導において、「肘の角度をこうして、腕の振りをこうして、脚の動きをこうして、腰の回転をこうして・・・」という長々とした説明をしても、一般に情報過多となり、情報は十分に処理されない。それゆえ、技術指導では、一度に1点にしぼる指導が望ましいと考えられている。情報伝達において、このような「人間の特性」も斟酌すべきである。

### 2）解読スキル

送り手が話していることを適切に理解するためには、言語の習得はもちろんであるが、話の文脈や、話し手の特性・立場についても理解しようとする努力が必要であり、それが、解読スキルの練習ということになる。くわえて、非言語的チャネルからの情報にも、注意を払えるようにすることが望ましい。すなわち、送り手が情報を伝達しているときの、送り手の表情や姿勢、対人距離などを確認しながら、それらの持つ意味を分析することが必要であるだろう。もちろん、先に述べた、ワーキングメモリの容量の制限から、あらゆる情報を漏らさず分析することは、かなりのコミュニケーション熟達者でなければ困難であるので、可能な範囲で、対処すべきであろう。

なお、解読スキルは、伝達スキルの上達に伴って向上する可能性が指摘されていることから[1)]、スキル練習では、伝達スキルを中心としてよいかもしれない。

### 3）統制スキル

このスキルは、先にも述べたように、主に、不必要な情報が送出されないように、情報発信をコントロールするスキルであり、伝達スキルの一部ともみなすことができるものである。

統制スキルは、非言語的スキルと関連が深い。すなわち、非言語的コミュニケーションは、あまり意識されないレベルで進行することが多く、送信を意図していない情報が発信されてしまうことがあることから、適切な非言語的コミュニケーションのためには、より卓越した統制スキルが必要となる。


■ 引用文献

1）大坊郁夫（1998）：しぐさのコミュニケーション―人は親しみをどう伝えあうか―、サイエンス社

2）相川充・藤田正美（2005）：成人用ソーシャルスキル自己評定尺度の構成、東京学芸大学紀要第1部門、56：87-93.

3）藤本学・大坊郁夫（2007）：コミュニケーション・スキルに関する諸因子の階層構造への統合の試み、パーソナリティ研究、15（3）：347-361.


（杉山佳生）

# 5. リーダーシップ

## 1. リーダーシップもスキル

リーダーシップは、社会心理学や産業心理学、経営学といった領域で、頻繁に論じられている。もちろん、体育･スポーツ科学の領域においても、チームを機能させるうえで非常に重要な概念であるため、多くの議論がなされているところである。

このリーダーシップにかかる議論では、かつては、それなりの資質を持った人がリーダーになるという「資質論」あるいは「特性論」が中心的であったが、現在では、リーダーが発揮する機能に注目する「機能論」、あるいは、状況に応じてリーダーの行動を変えるべきという「状況論」が主流となっている。このように、現代においては、誰でも、練習などによってリーダーになり得、また、リーダーシップを発揮しうるという考え方になっていることから、リーダーシップも、コミュニケーションなどと同様に、スキルとしてとらえることができるといえる。ここでは、このような「リーダーシップスキル論」の立場から、リーダーシップについて論じることにする。

## 2. リーダーシップ機能論

機能論の最も中心的な存在は、元九州大学教授である故･三隅二不二氏によって提唱された「PMリーダーシップ論」だろう。この理論では、リーダーシップには2つの機能、すなわち、P (performance) 機能とM (maintenance) 機能があるとされている。P機能（目標達成機能）は、集団の生産性を高める機能であり、スポーツ集団でいえば、チームとしてよりよいパフォーマンスを発揮することを意味する。一方、M機能（集団維持機能）は、集団のメンバーのまとまりを保ち、集団を維持させる機能であり、スポーツ集団に当てはめると、チームのメンバー間の人間関係を良好にしようとすることを意味している。

このP機能とM機能の高低によって、リーダーシップのタイプは、大きく下記の4つに分類される。

- PM型：目標達成にかかる取り組みを推進するとともに、集団の維持にも十分に配慮している。
- Pm型（あるいはP型）：目標達成のために精力を注いでいるが、集団の維持には、あまり配慮していない。
- pM型（あるいはM型）：目標達成のための取り組みは弱いが、集団を維持することには、多大な配慮をしている。
- pm型：目標達成にも、集団維持にも、あまり関わりがない。

一般に、生産性については、PM型、Pm型、pM型、pm型の順で高く、一方、集団メンバーの満足感という点では、PM型、pM型、Pm型、pm型の順で高くなることが示されている。このことから、リーダーは、できるならば、P、Mの両方の機能の充実を図ることが期待され、また、それが難しい場合は、集団の目標の優先性（生産性を重視するのか、集団の維持を重視するのか）に鑑みて、どちらの機能の発揮に重点を置くのかを考えることが必要となる。

## 3. リーダーシップ状況論

リーダーシップの状況論は、集団やチームの状況に応じて、リーダーシップのスタイルを変えるべきであるという理論である。ここでは、ハーシーとブランチャード（Hersey & Blanchard, 1977）のSL（situational leadership）理論を取り上げる。

この理論では、リーダーは、集団メンバーの成熟度によって、リーダーとしての行動スタイルを変えることが期待されている。図Ⅴ-5-1は、それを図示したものである。

この理論に基づいて、リーダーに望まれる行動をまとめると、以下のようになる。なお、話をわかりやすくするために、スポーツ集団を想定する[2)]。したがって、ここでいう「リーダー」は、

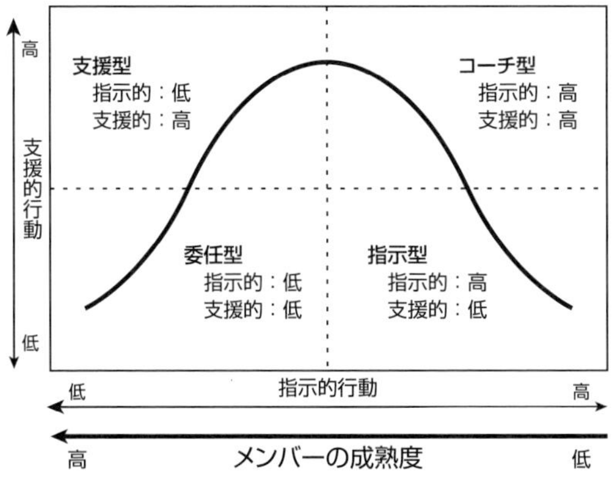


▶図V-5-1　SL理論
（吉田[1]より作成）

監督・コーチ、あるいは、キャプテン（主将）ということになる。

**❶ 指示型リーダーシップ（高指示、低支援）**

まだ競技を初めて間もない初心者に対しては、リーダーは、積極的に指示を出し、こなすべき課題を「させていく」ことが必要となる。選手は、意欲はあるが、まだ何をしてよいかよくわからない段階にあるので、このようなリーダー行動が望ましいということになる。

**❷ コーチ型リーダーシップ（高指示、高支援）**

少し上達してきた段階の選手には、指示的に指導しながらも、本人の意志を確認しながら、支援的な行動を増やしていく必要がある。少し成熟度が高まることによって、自分でも何かを決めたいという意志があらわれてくるため、動機づけを維持するという目的においても、支援的な対応の増加が望まれる。

**❸ 支援型リーダーシップ（低指示、高支援）**

さらに上達が進み、上級者になると、指導者が指示をすることは極力減らし、支援的な行動を中心に据えることが期待される。この段階になれば、必要なことは何かを考えられるようになっているため、さまざまなことを本人に決めさせるようにすべきであり、リーダーは、そのサポート役に徹するようにするとよいと思われる。

**❹ 委任型リーダーシップ（低指示、低支援）**

そして、既に自立しているベテランに対しては、すべてを任せるような対応でよい。その選手の活動を見守りながら、相談などの依頼があれば、適宜、意見交換をしながら、本人がヒントやきっかけを得ることを期待して、対応することになる。

このように、SL理論では、相手の状況に応じて、リーダーシップスタイルを変えていくことが求められている。したがって、リーダーは、ひとつのスタイルを身につけているだけでは、状況によっては、適切なリーダーシップを発揮できないということになる。また、集団の成熟度は刻々と変化していくため、同一集団を対象としていても、時期によって、リーダーシップスタイルを変えていかなければならないだろう。その意味でも、リーダーになる人は、さまざまなリーダーシップスタイルがとれるようになることを目指して、リーダーシップスキルを向上させていく必要がある。

## 4. リーダーシップとフォロワーシップ

ところで、これまでのリーダーシップにかかる議論では、主に、特定のリーダー（例えば、監督やキャプテン）が発揮するリーダーシップを念頭に置いて、議論を進めてきた。しかしながら、多くの集団、特に、メンバーの地位がほぼ対等な関係にあるような集団では、すべてのメンバーに、リーダーシップを発揮する機会がある。そして、その一方で、リーダーシップを発揮しようとしている人に対して、他の人たちが、適切な対応をしなければ、より望ましい集団活動は、生まれないであろう。このような状況において、リーダーシップを発揮する人以外に期待されるのが、「フォロワーシップ」である。フォロワーシップ行動は、文字どおり、リーダーに追随する人たち（フォロワー）に必要とされる行動であるが、このような行動をとる際にも、スキルが必要であり、それは、「フォロワーシップスキル」と呼ぶことができる。したがって、集団活動がより充実したものになるためには、適切なリーダーシップが発揮されるとともに、それに応じた適切なフォロワーシップも発揮されることが必要であり、そのためには、すべてのメンバーが、リーダーシップスキルとフォロワーシップスキルを身につけておくことが望まれるということになる。

■ 引用文献
1) 吉田富二雄（1997）：集団と個人、堀洋道・山本眞理子・吉田富二雄（編著）、新編社会心理学、福村出版、pp. 205-224、p. 224.
2) 伊藤豊彦（1998）：Q36、日本スポーツ心理学会（編）コーチングの心理Q&A、不昧堂出版、pp. 84-85.

（杉山佳生）

第Ⅴ部
実習編

# 1. ストレス対処スキルトレーニング

ストレスの程度が大きくなると心身のストレス反応をコントロールすることが難しくなるので、早い段階で自分のストレス状況を理解し、コントロールする方法を知ることは、ストレス対策として効果的です。ストレスを認知し、ストレス反応をコントロールする技術は、練習すれば誰にでも身につけることができます。ストレスの原因になっていることについてよく考え、対応策を作っておくことも大切です。

ここでは、リラクセーションと認知的ストレス対処法について紹介します。

## 1. リラクセーション

リラクセーションは、呼吸をゆったりとさせ、自律神経の働きを整え、筋肉を緩めることを通して、心身の緊張を低下させ、不安や怒りの感情を落ち着かせることができます。リラクセーションを実施して、リラックスすることの心地よさや、通常は意識することの少ない身体の各部位の感覚をゆったりと体感します。

### ❶腹式呼吸法

息を吸うときは、鼻から息を吸い、お腹一杯に吸い込み、息を吐くときは、空気を押し出すように吐きます。へその下あたりに注意を向け、力を込めて下腹を引っ込ませながら、口からゆっくりと息を全部吐き出します。次に腹部が、自然の状態に戻るのと同時にすばやく息を吸うという呼吸のしかたです。

**●方 法●**

①指先が触れるように腹部の上に両手を置き、手が穏やかに上下に動くことを確かめる。
②腹部が手を上に押し上げるまで、息をゆっくりと静かに吸う。
③空気の流れを感じるくらい息を吐き、腹部の中が空っぽに感じるまで腹部を沈める。
　息を吸う ― 腹部が上がる
　息を吐く ― 腹部が下がる
④息を吸う、息を吐くを 10 回繰り返す。
⑤息を吐くたびに、ここちよいイメージを思い浮かべ、リラックスできるようにする。

### ❷自律訓練法

自律訓練法は、1932 年ドイツの精神医学者シュルツによって開発されたものです。受動的注意集中により、交感神経優位の状態から副交感神経優位の状態に導いていき、不安の解消、精神の安定、心身の働きの改善をもたらし、自己コントロールや自己の心身の状態についての洞察力を深めることができます。静かな場所で、リラックスして行うことが大切です。

**●方 法●**

①リラックスして、椅子に腰掛けるか、仰向けに横になり、目を閉じる。椅子に座る場合は、手を足の上にゆったりと乗せ、両足を肩幅くらいに開いて座る。横になる

場合は、両足を少し開き、両腕を身体から少し離してゆったり伸ばす。
②1日3セッション、1セッション3回練習する。
③1回の時間：30～60秒、なれてきたら1～2分。
④1回の練習ごとに調整運動（両腕を3回屈伸）、深呼吸（1～2回）、開眼。
⑤心の中で一定の公式を唱えていく。
⑥頭の中で、以下の6公式の言葉を繰り返し、自分に暗示をかけながら段階的に進めていく。（最初は背景公式および第1・2公式を実施するとよい。第3・4公式は、心臓・呼吸器に疾患などがある場合は配慮が必要な場合もある。）

背景公式（安静練習）……「気持ちが（とても）落ち着いている」
第1公式（重感練習）……「両腕・両足が重たい」
第2公式（温感練習）……「両腕・両足が温かい」
第3公式（心臓調整）……「心臓が静かに規則正しく打っている」
第4公式（呼吸調整）……「らくに呼吸している」
第5公式（腹部温感練習）‥「お腹が温かい」
第6公式（額涼感練習）‥‥「額が涼しい」

**❸筋弛緩法**

緊張した筋肉を開放してやることで、リラクセーションを得る方法です。

**●方 法●**

①いすに腰掛けて衣服をゆるめ、眼鏡などをはずす。両手は体の横において、だらんと力を抜き、目を閉じる。
②脚から、腹部、肩、背中、腕、顔の順に以下の方法で筋肉を緊張させ、この状態で数秒間保ち、その緊張を味わった後、息を吐きながら弛緩する。
③脚：つま先をあげて膝を伸ばして、ふくらはぎやふとももを緊張させる。
④腹部：腹部をへこませて、腹部の筋肉を緊張させる。
⑤肩、背中：両肩を後ろに引いて、背中の筋肉を緊張させる。
⑥上肢：こぶしをにぎって、腕全体に力を入れる。
⑦顔：口とまぶたを強く閉じて、顔の中心にしわを集めるような気持ちで、顔の筋肉を緊張させる。
⑧次に、筋肉の力を抜いて、筋肉を緊張させたときとの感覚の違いを理解する。筋肉の力が抜けたとき、体が重くなって沈み込むようになるのを感じとる。

**❹身体各部位の段階的リラクセーション**

もっともやりやすい部位から始めてもいいので、身体のいろいろな部位を次々とリラックスさせることをイメージしてみましょう。下記の「手がかり」はあくまでも一例です。自分にもっとも合う方法で行いましょう。無理してリラクセーションを行っているように感じたら、そこで中止し、身体をストレッチしたり、ボールのように丸くなったりして、やや動きのあるリラクセーションを行います。

**●手がかり●**

①頭をリラックスさせる手がかり：息を吐くたびに、頭をマッサージしている、ある

いはブラッシングしているイメージ。

②耳をリラックスさせる手がかり：耳はただ顔の横についているかのように、耳の緊張をとる。

③顔をリラックスさせる手がかり：自分の顔がつきたてのお餅だと想像する。これで、自分の顔を平たくするのも伸ばすのも自由自在。眉が顔の上の方にずれて行くままに。頬が垂れ下がるままに。眉間の力を抜くようにする。

④あごをリラックスさせる手がかり：あごの力を抜き、歯を食いしばらず、舌を口の中で垂れ下がらせる。

⑤喉をリラックスさせる手がかり：喉を大きくあけたまま、舌を口の中で垂れ下がらせる。

⑥肩をリラックスさせる手がかり：肩が耳から遠のいていく、息を吐くたびに肩が広がり下に落ちていくイメージ。

⑦胸をリラックスさせる手がかり：胸が温かくなってくる、重くなってくるイメージ。呼吸でコントロールする。

⑧腹部をリラックスさせる手がかり：自分のお腹を太鼓の皮か、身体にまとった布だと考えてみる。からっぽだけれども重みのある感じ。

⑨腕をリラックスさせる手がかり：腕がだんだん重くなる感じ、腕が床に沈み込んでいく感じ、腕が消えてしまうのに任せておく感じ、などのイメージ。

⑩脚をリラックスさせる手がかり：脚の重みが無くなっていくのを感じる、脚から砂がこぼれていくイメージ。

⑪全身をリラックスさせる手がかり：温かい温泉の中でぽっかり浮いている、温かい太陽がふりそそぐ中で身体を水に浮かべているイメージ。息を吸ったり、吐いたりするたびに、身体が漂い、流れる。

## 2. 認知的ストレス対処法

同じストレスを受けても、そのストレスの影響は個人の「認知」の仕方によって異なってきます。「認知」とは簡単に言うと「物事のとらえ方」のことで、人によってそれぞれ特有のパターンがあり、これを「認知のくせ」と呼びます。自分の「認知のくせ」に気づき、修正することで、感情のコントロールやストレス低減を行うことができると考えられています。

「認知のくせ」を修正するために、以下の４つのステップを実行してみます。

### ステップ１：『行動の傾向を観察する』

まず、自分の思考のくせに気づき、それを同定する必要があります、ただし、思考のくせに気づくのは難しいため、「思考」につながっている「行動」に注目してみましょう。「行動」は実際に目に見えて行っていることであるため、比較的わかりやすいと思います。自分に特徴的な行動パターンを思い浮かべてください。

例えば、すぐにイライラする人、ちょっとしたことが気になってしまう人、人と関わるのが苦手でつい避ける行動の傾向がある人など、行動のパターンを見つけると、その背景にある思考を見つけることが容易になります。

### ステップ２：『日々の出来事の中で「認知のくせ」に気がつく』

〈「認知のくせ」よくある５つのパターン〉

①0（ゼロ）か100（ヒャク）思考

多くの問題は白か黒か、0か100か、と完璧に結論付けることはできません。問題解決の方法はその中間点にあることが多いのですが、完全を求めすぎたり、他者との意見の調整ができなかったりします。

②「常に」や「みんな」などと一般化しすぎる

一回の体験であっても、「いつも」「必ず」というように、すべてに通じるかのように大げさに考えてしまいます。これを「一般化のしすぎ」といい、このような認知をすることで、嫌な体験が繰り返し起こっているように錯覚してしまいます。

③～べき思考

物事に対して「～すべき」「～すべきでない」と考えてしまい、その基準に合わせるべく、自分自身を追い詰めて無理をしたり、うまくできないと自己評価を下げてしまいます。また、他者にも、その基準を要求するので、イライラしたりすることが多くなります。

④論理の飛躍

明確な根拠がないにもかかわらず、ある出来事に対してネガティブな結論を出してしまいます。状況が決定していない段階から不安を感じたりするため、気持ちが落ち込みやすくなります。

⑤過度に自分に関連付けてしまう

何かよくないことが起こったとき、必ずしも自分に責任がない状況でも「自分のせいだ」と自分を責めてしまいます。そして、次に起こすべき行動についての生産的な思考に切り替えることもできません。「自分の責任だ」とすぐに決めつけてしまったり、その考えにとらわれるのではなく、状況を客観的に把握して問題解決の糸口を探ることが大切です。

### ステップ３：『「自動思考」に飲み込まれない』

何か出来事が起こったとき、何らかの考えが瞬間的・自動的に自分の頭に浮かんで来ることを「自動思考」といいます。「自動思考」として浮かんだ考えは、「根づいてしまった信念」による誤った思い込みの可能性があります。瞬間に頭に浮かぶ「自動思考」は止められなくても、その後に「これは思い込みによる可能性がある」と思い直すことはできます。思い直しをすることで、自動思考によって出てくるマイナスの感情に引きずられないようになるのです。

### ステップ４：『別の考えを探す』

ステップ３までで、マイナスの感情にとらわれないようにした後、他の考え方を探してみます。「物事への考え方・とらえ方はひとつではない、他にもたくさんある」ということを知り、不安や怒りなどの感情が起こった時に、意識的に他の考えを探ってみることが重要です。

■ 参考文献

1）島悟、佐藤恵美（2005）：ストレスマネジメント入門、日本経済新聞社

## 2. 九大式セルフケアABCプログラム~大学生のQOLを向上させるセルフケアプログラム~

セルフケアとは、自分で自身の健康管理や健康維持に努めることを指します。病気の予防や、症状の悪化を防ぐための工夫とも言えます。風邪を引かないようにするためには、うがい、手洗い、マスクといった対応の他に、運動をして体力をつける、栄養のあるものを食べる、しっかり睡眠をとる、などの日常的に免疫力を低下させないからだ作りが考えられます。それに対して、メンタルヘルス（精神的健康)、心の調子に対してはどのようなセルフケアがあるでしょうか。

大学生は、一人暮らしなどの環境の変化や新しい人間関係の中で、将来の目標に向かって、勉強や社会経験を積んでいく時期にあります。やりたいことがわからなくなったり、周囲の人が優秀に見えたり、恋愛で悩むこともあるかもしれません。そんなとき、不安な気持ちが強くなる、やる気がなくなる、何かに逃げてしまいたくなる場合もあります。そのような時期があることは悪いことではなく、自身の成長につながる機会でもあるわけですが、長期にわたって悩みの悪循環に陥ってしまうと、学業や生活に支障が出てしまいます。そのような状態に追い込まれないために、自ら心の調子を整えるセルフケアを行っていくことが望まれます。

ここでは、九大式セルフケアABC（Active learner for life, Body Awareness & Relaxation, Communication）プログラムを紹介します。

### 1. Active learner for life
### 生活や人生に楽しみを見出し、意欲的に過ごす

#### ❶適度な運動で体力づくりと気分転換を図る

不活動は人種、性別、年齢にかかわらず多くの慢性的な病気の危険因子であると言われています。逆に、週3回、1回30分間の運動を行うことは、抗うつ薬を服用するのと同じような効果があるという研究結果があります。運動を行うことで、脳内のドーパミンやセロトニンといった「快」に関連する脳内神経伝達物質の分泌量が増加する、エンドルフィンの増加により鎮痛効果や気分の高揚が生じる、運動に伴う体温の上昇が不安などのネガティブな感情を軽減する、運動をすることが気晴らしや達成感をもたらす、などが考えられています。

#### ❷生活リズム、食生活や住環境を整える

朝食を食べない学生は、朝食を摂取する学生に比べ、起床・就寝の時刻が1～2時間遅くなることが明らかになっています。夜型化が進むと生活リズムが崩れ、体調不良の原因となります。また、食事は、呼吸と等しく、いのちを刷新する営みです。おいしく体によいものを食べることにより、私たちの細胞、血液、血管、骨などの組織が作られていきます。朝日を浴びる、新鮮な空気を吸う、心地よい音を聞く、心が安らぐ景色を見るなどの環境面も心身によい影響を与えます。

#### ❸楽しみややりがいのあることを見出す

笑いは、ストレスの減少、痛みの緩和、免疫機能の活性化に役立つという研究が報告されています。リンパ球の中にある「ナチユラルキラー細胞」(NK細胞) の活性は、

笑いにより高まることが明らかになってきているのです。また、仕事や勉強に集中して結果を出し、心から楽しむ状態にあるとき、人は幸福感を感じると言われています。自分の力を発揮できることは、メンタルヘルスにおいても大事なことなのです。

## 2. Body Awareness & Relaxation　心身の声に耳を傾け、日々の生活での緊張や不安を和らげる

### ❶自分のからだの状態に気づく

からだへの気づきは、ホメオスタシスの維持や、外部環境への適応のために必要であり、症状の悪化を防ぐことを可能にします。眠い、疲れている、緊張しているなどの気づきによって、休養やリラクセーションの必要性を自覚することができ、健康的な生活を送ることができます。

### ❷自分の心の状態に気づく

感情を抑圧して、目を背けて無理をすることは、長期的には自らの心身を害することにつながります。つらい感情であっても、それを受け入れ味わうことでそのつらさが解消できると言われています。受け入れるということは、自分自身を許すことでもあります。

### ❸緊張や不安を緩め、穏やかな気持ちになる

リラクセーション反応とは、「Fight or Flight（闘争か逃走）反応」とは逆の状態であり、血中の二酸化炭素を効率的に排出し、疲れやイライラなどのストレスからの回復を促すことができると言われています。不必要な緊張から身体を開放することによって、心理的な安心感を得ることができるのです。

## 3. Communication　他者と楽しみを共有し、困った時には助けを求める

### ❶自分の言いたいことを伝え、相手の話に耳を傾ける

自分の言いたいことを言わずに、相手に合わせてばかりでは、ストレスがたまってしまいます。また、自分がどう感じているかは、人に話すことで明らかになっていく部分もあります。自分の意見や気持ちを伝え、相手の話にも耳を傾けることで、より親密な関係を築いていくことができます。

### ❷お互いに協力し、感謝しあう

「ちょっとしたことでよいので、感謝できることを毎日５つ書く」ということを行うと、人生を肯定的に評価できるようになり、幸福感が高まるだけでなく、よく眠れるようになり、体調もよくなると言われています。また、人の役に立つことをして、相手に感謝されることで、満足感や充実感が得られ、心身の健康増進につながります。

### ❸相談できる人をみつける

わかってくれる人がいると感じられることは、困難な出来事に遭遇しても、希望を持って乗り越えようという気持ちにつながることが明らかになっています。また、情報を得ることで解決策が見つかる場合もあります。相談できることはストレス対処能力の重要な一要素であると言えます。

## 4.〈九大式セルフケア ABC プログラム〉

実習プログラムの内容としては、シンプルなもの（実施しやすい、覚えやすい、自分でできる）を提供しています。一度実施しただけでも、比較的理解しやすく、自宅でも実施可能なものを多く含んでいますので、日常生活のセルフケアにどんどん取り入れてください。

**実習プログラムの流れ**

**❶背中たたき**
**❷四股を踏む**
**❷' 腰割り**
**❸歩く**
**❹おたけび〈ヤー！！〉**
**❺手ぶら運動**
**❻呼吸法**
**❼リラクセーション**

**各プログラムの目的**

a. 身体感覚を意識する（❶❷❸❼）
b. 大地とのつながり（❷❸❺）
c. 声を出す、カタルシス（❶❹）
d. 人とのつながり、人との関わり（❶❹）
e. 呼吸（❻❼）
f. リラックス（❶❺❻❼）

### ❶背中たたき[1)]

**●ねらい●**

・からだの緊張に気づいて、からだとこころをほぐしリラックスする。人と関わりながら、からだをほぐす。

**●方 法●**

①2人組になる。
②1人がもう1人の後ろに立ち、後ろに立った人は前の人の背骨の両側の筋肉を上から下まで、相手が「気持ちのよい」強さでたたいていく。
③たたかれている人は「あー」と連続して声を出す。
④筋肉が硬くなっているところをたたかれると声がわれるので、たたく人は声を聞きながら、声がわれたところを長くたたく。
⑤たたく人とたたかれる人の役割を交代する。

**●どんなときに使えるか？●**

・授業の合間に、仲間と。

**●気をつけること●**

・強くたたきすぎない。そのためには最初に自分の太ももをたたくとよい。
・相手に強さを尋ねながら行う。

・たたく人は軽く手をにぎり、手のやわらかい部分でたたく。

**❷四肢を踏む**[2)]

**●ねらい●**

・股関節の柔軟性を高め、股関節周辺の筋肉が使えるようにする。

**●方 法●**

①大きく足を開き膝を90度近くまで曲げる。
②片足を大きく上げてから降ろし、しっかりと地面を踏みしめる。
③左右交互に繰り返す。
④両手は太もものあたりに置いて実施する。
⑤「よいしょ」などの掛け声を出してもよい。

**●気をつけること●**

・膝を90度より曲げないよう注意する。
・足のつま先と膝の向きを同じ方向にそろえる。

**(❷' 腰割り)**

**●ねらい●**

・股関節の柔軟性を高め、運動能力を向上させる。
・腰痛、肩凝り、冷え性などを改善する。

**●方 法●**

①両足を肩幅より広げ、つま先を45度ほど開いて立つ。
　(なれてきて可能であれば、両方のつま先を180度近くまで開く。)

**C O L U M N**

**■四股踏み・腰割の効用について**

相撲の基本的な稽古—四股、腰割り、すり足、てっぽうなど—は、何百年にもわたって受け継がれてきた股関節周辺の筋肉を使うトレーニングです。また、腰割りは一般の人にもできるトレーニングで、日常的にはあまり使われなくなった股関節周辺の筋肉を刺激することができます。腰割りのトレーニングによって、運動能力の向上はもとより、腰痛、肩凝り、冷え症、便秘の軽減など健康面の改善が報告されています。

**■股関節を使わなくなった日本人**

昔の日本人は、畳に正座する、和式トイレにしゃがむ、ぞうきんがけをする、洗濯板で洗濯するなど、日常生活の中で股関節を動かす機会がたくさんありました。股関節はからだの支点になる重要な部位で、腸腰筋、大臀筋、大腿直筋、内転筋などの筋肉や多くのじん帯によって支えられています。現代社会は、畳から椅子へ、和式トイレから洋式トイレへと生活が変化し、掃除や洗濯も機械がやってくれるようになり、股関節を使わない生活が当たり前となっています。使われなくなると、当然退化しやすくなります。例えば、腸腰筋が衰えると、なんでもないところでつまずき、転倒する危険性が高まります。逆に、草むしりなどの農作業をしている高齢者や、蹲踞の姿勢をとる剣道をしている高齢者はかくしゃくとしておられますよね。

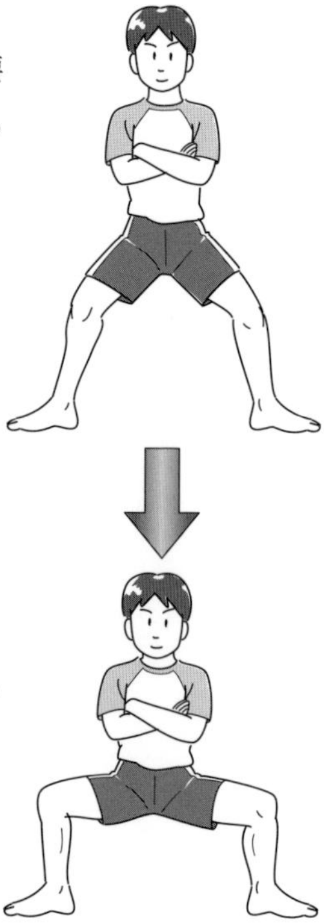

②膝はつま先と同じ方向に向ける。
③イチ、ニイのリズムで太ももが床と平行になる位置まで腰を落とし、1秒キープして、サン、シイで元の姿勢に戻る。
④上体を垂直に保ち、重心をまっすぐ下におろす。
すねは垂直に立てる。
⑤ 10 回実施する。

**●気をつけること●**

・お尻を突き出さないようにする。
・1回1回正しい姿勢になっているかを確認する。
・無理はしないこと。

### ❸歩く

**●ねらい●**

・普段何げなくしている「歩く」という行為を意識的に行い、自分の身体の感覚に意識を向ける。

**●方 法●**

①足の裏の感覚、身体の感覚を意識しながら歩く。
②歩く場所をいろいろと変えてみてもよい。
③踏むものによって足の裏の感覚が違うことを意識する。

**●気をつけること●**

・普段何気なく歩いているが、通常は意識しない足の裏を意識することにより、自分の身体の感覚への気づきを促す。
・歩くときは、歩く方向、並び方などは適当にして、気ままに歩く。

### ❹おたけび〈ヤー！！〉

**●ねらい●**

・大きな声を出すことで心を解放してリラックスする。
・人との親近感を持つ。

**●方 法●**

① 10 名程度で輪になり、手をつなぐ。
②いっせいに「ワーッ」と大きな声をあげながら、円の中央に駆け寄る。

**C O L U M N**

今朝、家から学校に来るまでの間に土は踏みましたか？現代日本はちょっとした田舎でも多くの道路は舗装されているので、「普通」に道を歩いていたら、たいていは土を踏まずに一日を過ごしてしまえます。数百万年もの間、私たち人間のご先祖様が土とともに生活してきたことを考えると、現代の「土を踏まない」生活はきわめて特殊なことといえるでしょう。

足の裏の感覚は、土を踏んだ時とアスファルトのような人工的なものを踏んだ時とでどのように違うでしょうか。あえて意識して地面を踏んでみましょう。足の裏から土の柔らかさが伝わってきませんか。

③ ②を３回ほど繰り返す。
④「ワーッ」ではなく、博多祇園山笠のヤマを担ぐときに発する「ヤーッ」のイメージでもよい。

**●気をつけること●**

・思い切り大きな声を出し、息を合わせて駆け寄る。大勢で大きな声を出すことにより、カタルシスとなり、親近感がわく。

### ❺手ぶら運動[3)]

**●ねらい●**

・単純で緩やかな動きを過してからだとこころをリラックスさせる。

**●方 法●**

①両足を肩幅くらいに平行に開いて立つ。
②膝を緩め、腕は力を抜いてぶら下げ、できるだけリラックスして立つ。
③両手を同時に前に放り出し、後ろに戻る動作を続け、ぶらぶらと自然に動いている感覚で動かしていく。
④目は閉じるか、半眼に開き、音楽を聴きながら、同じ動作を続ける。
⑤時間は、授業中は音楽１曲分程度の長さとするが、自宅でするときは気持ちがよければ30分でも１時間でも実施してよい。

**●気をつけること●**

・時々足の裏に意識を向け、足の裏にかかる重心が手の動きに合わせてやや前後に動く感覚があるかどうかを確かめる。まったくそういう感覚がない場合は、膝が緩んでいるか、からだのどこかに力みはないかを意識してみる。

### ❻呼吸法

**●ねらい●**

・腹式呼吸をすることで、からだとこころをリラックスさせる。

**●方 法●**

①仰向けに寝て、お腹の上に手を置く。
②鼻から息を吸い、鼻か口から息を吐き出す。
③息を吸うときに４つ数え、息を止めて４つ数え、息を吐くときに８つ数える。
④息を吸うときにお腹が膨らんでいることを確かめる。

**●気をつけること●**

・息を吐き出すときに、すべて吐ききったと思っても、さらにもう一息吐き出すつもりで実施する。

### ❼リラクセーション

**●ねらい●**

・からだとこころの状態に気づき、リラックスさせる。

**●方法●**

①楽な姿勢で寝る（できれば仰向けが望ましいが、横向き、うつぶせもよい）。

②「リラクセーションの声かけ例」に従って、身体を意識する。

③指導者がいる場合は、ゆったりとした調子で声をかけていく。

④かけられる言葉を聞き流すような感じで聞いていき、身体部位をなんとなく意識していく。

**●気をつけること●**

・声かけにしたがって身体を意識していくが、あくまでも「なんとなく」「漠然と聞き流す」程度でいい。

・あまり一生懸命考えると逆に緊張してしまうので、気楽に聞く。

**●リラクセーションの声かけ例●**

ゆったりとした静かな調子で声をかけていく。

「楽な姿勢で寝ます」

「深い呼吸をしましょう」

「お腹まで息を眠い込んで、ゆったりと息を吐き出します」

「今、からだはどんな感じでしょうか」

「今、背中はどんな感じでしょうか」

「腰はどんな感じでしょう」

「お尻のあたりはどうでしょうか」

「太腿（ふともも）はどうですか」

「膝はどうでしょう」

「ふくらはぎ、すねのあたりはどんな感じでしょう」

というように、身体の部位を具体的に指摘していく。音楽を聴きながらゆったりとイメージできるように、静かな声で。

この後、「足首、足の甲、踵、足の裏、足の指」と続く。

さらに、

「今、頭はどんな感じでしょうか」

「顔はどうでしょう」

「歯はくいしばってないでしょうか」

「眉と眉の間、眉間に力は入っていないでしょうか」

「首のあたりはどうでしょう」

この後、「肩、腕、ひじ、手のひら、手の甲、手の指、胸、お腹」と続く。

最後に、

「自分の身体の中でどこか気になるところがあったら、そこを意識してください」

終了するとき：声をかける人は、ここからは声を大きめにして目覚める方向ではっきりと声をかける。

「だんだんと意識を戻していきます」

「目は閉じたままでかまわないので、手をグーパーと動かしていきます」

「次に、ひじを曲げたり伸ばしたりして、腕を動かしていきます」

「さらに手を上に上げ,足をつま先から伸ばして,朝起きたときのように伸びをします」

「グーッと伸ばして、脱力して、リラックスします」
「今度は、足を踵から伸ばして、手を上に上げ、同じように伸びをします」
（伸びを２～３回繰り返す）
「はい！目を開けて、ゆっくりと起き上がります！！」

まだ、ボーっとしている人は、腕や首をまわしたり、頭を自分でたたいたりし、意識をはっきりさせて覚醒する。

## 5.〈セルフケア・ワーク集〉

### ❶グラウンディング（足の裏の感覚）（5分）

**●ねらい●**
・普段あまり意識することのない足の裏の感覚を通して身体意識を高める。

**●場所・準備●**
・平らな床、地面などで実施する。道具は特になし。

**●方法●**
①足と地面が接触する感覚をしっかりと感じる。
②身体が大地に根付いている感じ、「地に足が着いた」感覚を味わう。
③四股を踏んでみる。
④四股を踏むのが難しいときは、ゆっくりと足踏みをするだけでもいい。
⑤人工的な床と土の上との違いを感じてみてもいい。

**●気をつけること●**
・四股を踏むときは無理せず負担のないやり方で実施する。

**●日常でどんなときに使えるか？●**
・いつでも、どこでも、気分転換に。
・座位が続くときに身体を動かす目的で実施してもいい。

### ❷ミラーのリラクセーション（10～20分）[9)]

**●ねらい●**
・身体の緊張度を自己評価することで、身体のリラクセーションを図る。

**●場所・準備●**
・場所はどこでも。
・座るか寝た状態で実施するとやりやすい。

**●方法●**
①深呼吸を２～３回する。
②⑤に示した部位の１つに、30～60秒間、意識を向ける。
③それらの部位の緊張の程度を、10点満点で評価する。
④次の部位に移り、同様に意識を向け、評価をする。
⑤意識を向ける部位は、1）腹、2）胸、3）背中下部、4）大腿、5）ふくらはぎ、6）上腕、7）前腕、8）肩、9）顔・顎、10）全身、など。1）から10）まで順に行うことが望ましいが、いくつかを抜粋してもよい。

**●気をつけること●**
・「リラックスしよう」としないこと。

・効果を感じられるようになるには、ある程度、継続する必要がある。

**●日常でどんなときに使えるか？●**

・緊張感を感じたとき。

### ❸最適緊張状態を知る（1回10分程度）

**●ねらい●**

・自分の最もよい緊張状態（最適覚醒水準）を知ること。

**●場所・準備●**

・実力発揮が求められる活動場面（スポーツの試合、実力テスト、スピーチなど）
・道具は記録用紙と筆記用具

**●方法●**

①活動を実践する。本番を想定したシミュレーション（練習）でもよい。
②終了後に、実践中の緊張状態（覚醒水準）とパフォーマンスの出来ぐあい（実力発揮の程度）を10点満点で評価する。
③この作業を、10回程度以上行うことが望ましい。
④得られたデータでグラフを作成する（横軸：緊張状態、縦軸：パフォーマンス）。
⑤グラフから、最もよいパフォーマンスが発揮できる緊張状態を知る。

**●気をつけること●**

・緊張状態の評価は、自分なりの基準でかまわない。
・パフォーマンスの評価に際しては、「結果」にとらわれないようにする。
・最適緊張状態は、上達に伴って変化するので、古いデータは省くことが望まれる。

**●日常でどんなときに使えるか？●**

・スポーツの試合等に際して、リラクセーションをすべきかアクティベーション（緊張度を高めること）をすべきかを見極めたいとき。

### ❹パフォーマンス・ルーティンの形成（1回10～20分）

**●ねらい●**

・何かを行う際の動作を一定にすることで、集中力を高め、パフォーマンスの向上を図る。

**●場所・準備●**

・場所はどこでも。道具は特になし（メモ用紙、筆記用具があれば望ましい）。

**●方法●**

①実施課題を設定する（バスケットボールのフリースロー、バレーボール等のサーブ、野球の打席入り、出掛ける際の戸締まり、など）。
②当該課題を行う際の一連の動作および思考（パフォーマンスルーティン）を決める（可能であれば、箇条書きでよいので書き出す）。
　例：バスケットボールのフリースロー
　　（ボールを受け取る）→深呼吸1回→セルフトーク「落ち着いている」→リングを1秒程度見る→2回ドリブル→ボールの軌跡をイメージ→ショット
③パフォーマンスルーティンを実践する。
④うまくできたかを振り返る。
⑤繰り返し、練習をする。

●気をつけること●

・動作だけでなく、思考も一定にするようにする。

●日常でどんなときに使えるか？●

・余計なことを考えて不安になり、それが原因で失敗しがちな課題を行うとき。

**❺指まわし気功**[10)]

●ねらい●

・手先を使って集中力を高める。

●場所・準備●

・どこでも。

●方法●

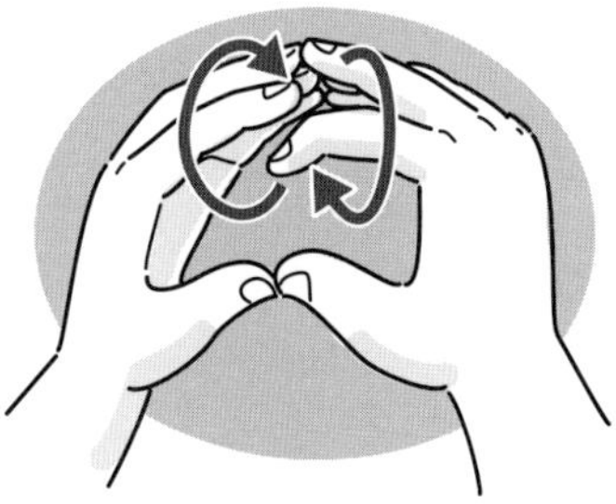

①前で両手の指先を合わせる。

②他の指が離れないようにして、親指同士が触れないように回す。

③逆に回す。

④すべての指を回す。

●気をつけること●

・指に炎症などがあるときは無理して動かさない。

●日常でどんなときに使えるか？●

・リラックスするとき。集中力がないとき。ネガティブな反すうが起こったとき。

**❻不安の書き出し（10分）**[11)]

●ねらい●

・不安な気持ちを書き出すことで、不安感を低減し、パフォーマンスを向上させる。

●場所・準備●

・場所はどこでも。道具はメモ用紙等と筆記用具。

●方法●

①試合前や試験前の都合のよい時間・場所で、そのときの自分の気持ちを、メモ用紙等に書き出す。

②特に、不安に感じていることを書き出すようにする。

●気をつけること●

・書き出された不安感を消そうとする必要はない。

●日常でどんなときに使えるか？●

・試合、試験、発表会などの前。

**❼トラストフォール**[12)]

●ねらい●

・他者との信頼関係を体験する。

●場所・準備●

・室内・屋外。道具は特になし。

●方法●

①同じ体格同士のものが２人ペアになる。

②１人はもう１人の後ろに1m程度離れた位置に

立つ。

③１人は支えてくれる相手を信頼して、目を閉じて少しずつ体を倒していく。

④もう１人は相手が安心出来るように、声をかけながらしっかり支える。

●気をつけること●

・声かけを行う。

・支える人はしっかり前後に足を開く。

●日常でどんなときに使えるか？●

・他者との関係の中で、少しリラックスできた体験を持つことで、日常の人間関係にも他者とリラックスして協力をすることの般化することをねらう。

**❽軟酥の法（イメージワーク）**[13)]

●ねらい●

・心を静かにし、情緒を安定させ、集中力を高める。

●場所・準備●

・特にないが、静かな場所が望ましい。

●方 法●

①座って目を閉じ、ゆっくりと深い呼吸をする。

②額の上にニワトリの卵くらいの大きさの軟酥（バター）が乗っているとイメージする。

③その軟酥は、とてもいい匂いで、体を浄化する成分が練り込んであるとイメージする 。

④しばらくすると、自分の体温で軟酥が溶け始め、額からたらりたらりと流れ出して頭の中に染み込んでくるとイメージする。

⑤脳の中、前頭葉から脳全体に溶けた軟酥が染みわたり、目、鼻、口、首へと順番に流れていくとイメージする。

⑥肩、両腕、両手の指の先にまで流れていくとイメージする。

⑦それと同時に、肺、心臓、胃、腸、肝臓、腎臓と、内臓を潤していくとイメージする。

⑧背骨、ろっ骨、腰骨、尾てい骨、足の骨など、全身の骨の中にも軟酥が染み込むのをイメージする。

⑨足の先、手の指先まで行き渡った軟酥は、そこから体の外に流れ出すとイメージする。

⑩そのとき、体の凝り、痛み、心の悩みもすべて、溶けた軟酥が吸い取って流れ出るとイメージする。

●気をつけること●

・気分が悪くなる人は、途中でやめる。

●日常でどんなときに使えるか？●

・落ち着かないとき、不安なとき、集中力が出ないとき、養生が必要なとき。

### ❾緊張のマッピング（10分）[14)]

**●ねらい●**

・集団の中で、こころの緊張度を自己評価する練習を行う。今ここでの自己理解と他者理解を促進する。

**●場所・準備●**

・場所はどこでも。道具は特になし。

**●方 法●**

①広い場所に架空の軸（散直線）をつくる。
②「緊張をまったくしていない人はこちら 0、すごく緊張をしている人はこちら 100 とします」と説明する。
③自分が今どのくらい緊張しているかちょっと時間をとってふり返ってみましょう。
④自分にぴったりなところに移動してみましょう。
⑤近くの人と挨拶をして話をしてみましょう。

**●気をつけること●**

・無理に話させようとしない。

**●日常でどんなときに使えるか？●**

・日常でも、緊張しているのは自分だけでないのだ、と思えるように般化。

### ❿寝にょろ（10分）[1)]

**●ねらい●**

・からだをほぐす。

**●場所・準備●**

・寝ることができる場所。

**●方 法●**

①２人組となる。
②一人が仰向けに寝て、もう一人が足元に座る。
③寝ている人の足首を持ち、１～２センチほど持ち上げ、左右に細かく揺らす。
④寝ている人は足首から揺れが伝わり、全身がゆらゆらと左右に揺れる。
⑤寝ている人は揺らされると同時に「あ～」と声を出す。

**●気をつけること●**

・力まかせに揺らさない。

・からだが水の詰まった袋で、波打っていくようなイメージを持ってゆする。

・腰が痛い人は無理にしない。

**●日常でどんなときに使えるか？●**

・からだをほぐしてリラックスしたいとき。

### ⓫背中合わせの感情の伝達（10分）

**●ねらい●**

・コミュニケーションをとる。

**●場所・準備●**

・体育館など、床に直接座れる場所。

**●方法●**

①2人組（Aさん、Bさん）になる。

②背中合わせで体育すわりをする。

③Aさんが「うれしい」「楽しい」「悲しい」「怒っている」感情のいずれかをイメージする。

④Bさんは背中を意識しながら、相手がどのような感情を思い浮かべているかを感じ取る。

⑤Bさんは感じ取った感情を伝えて、それがあっているかどうかなどの話をする。

**●気をつけること●**

・背中を密着させるので、同性同士が望ましい。

**●日常でどんなときに使えるか？●**

・遊び

### ⓬タッチ・アンド・ムーブ（15分）[15)]

**●ねらい●**

・軽く動く、身体的接触を介したコミュニケーションをとる。

**●場所・準備●**

・体育館など広い場所

**●方法●**

①2人組になる。

②片方が数秒ほど自由に動き、手のひらを開いた状態で静止する。

③次に、もう一方が自由に動きながら静止している人に近づいていき、その人の両手のひらに自分の手のひらをタッチさせ、さらに、数秒自由に動いてから静止する。

④そのやり取りを相互に繰り返していく。

⑤動き方は、自由に動きたいように動くが、慣れてきたら動きのテーマを決めてもよい。（例：動物、喜びの表現、など）

### ⓭ミラーリング（10分）

**●ねらい●**

・他者の動きをよく観察して、同調することによりコミュニケーションの円滑化を図る。

**●場所・準備●**

・場所はどこでも。道具は特になし。

**●方 法●**

①ペアを作る。

②片方の人が自由に動く。もう一人の人がその人の動きを鏡のようにまねをする。

③交代する。

**●気をつけること●**

・あまり難しい動きをすると練習にならない。

**●日常でどんなときに使えるか？●**

・コミュニケーションの基礎は非言語的な同調が重要で、相手と同じ姿勢をとることである。

・相手の動きを注意深く観察して動きをまねることにより、共感性が高まるなどの体験ができ、日常でのコミュニケーションの振り返りにつながる。

### ⓮人のいうことを聞かないゲーム（10分）[15]

**●ねらい●**

・通常では言わない返答をするおもしろさを通じてコミュニケーションをはかる。アイスブレイキング。

**●場所・準備●**

・場所はどこでも。道具は特になし。

**●方 法●**

①輪になって座り、順番に、会話にならないよう、隣の人と違ったことを話していく。

②例：「おはよう」→「前へならえ」→「おなかすいた」

③できるだけ早く、関連のない言葉を言うようにする。

■ 引用・参考文献


1）増田明（1995）：ボディートーク入門、創元社
2）白木仁（2011）：驚異の1分間コアトレーニング、学習研究社
3）（1988）：もっとしなやかに生きるための東洋体育の本、JICC出版局
4）串崎真志（2012）：セルフケア24のアプローチ、風間書房
5）タル・ベン・シャハー（2010）：ハーバードの人生を変える授業、大和書房
6）Craig Hassed（2008）：The Essense Of Health, Ebury Press
7）ミナ・ハミルトン（2001）：3秒間リラックス、ディスカヴァー・トゥエンティワン
8）辰巳芳子（2009）：辰巳芳子の展開料理基礎編、ソニーマガジンズ
9）Miller, B. P.（1987）：Promoting the relaxation response. Excel, 3-3, 6-7.
10）栗田昌裕：奇蹟を呼ぶ指回し体操、学研M文庫
11）Ramirez, G. & Beilock, S. L.（2011）：Writing about testing worries boosts exam performance in the classroom. Science, 331, 211-213.
12）構成型グループエンカウンターのワーク
13）白隠禅師「夜船閑話」
14）サイコドラマのワークより
15）運動表現療法の実際、星和書店

# 3. 目標設定スキルトレーニング

目標を設定することは、活動に対する動機づけを高め、学習の効果を向上させますが、適切に目標を設定することができるようになるためには、「目標設定の原則」を理解したうえで、十分な練習をすることが必要です。

ここでは、運動・スポーツ課題を用いた、目標設定スキルのトレーニング方法を紹介します。

**目標設定の原則**

：目標設定に際しては、下記の原則のいくつかに則ることが望まれます。

・挑戦的である（難しい）が、達成可能な目標を設定する。
・長期目標、中期目標、短期目標を設定する。
・できるだけ具体的（測定可能）な目標を設定する。
・結果目標だけでなく、パフォーマンス目標、プロセス目標を設定する。
・期限（締切）を設ける。
・目に見えるように、書き出す。
・達成にかかるフィードバックを得る。
・目標は、適宜、修正してよい。

## 1. 特定の運動強度を目標とする目標設定の練習

**❶心拍数を利用する方法**

①5～20分程度の自由運動活動の強度を，個人ごとに設定する。
②カルボーネン法（第Ⅰ部実習編「1. 脈拍数と運動強度の関係」24ページを参照）を用いて、目標心拍数を算出する。
③5～20分程度の運動を行う。
④運動終了直後に、15秒間の脈拍数を測定し、運動中の脈拍数を算出する。

**運動中の脈拍数（拍／分）＝運動直後の脈拍数（15秒間の値）×4＋10**

⑤目標達成の程度を、自己評価する。
・目標は、どの程度、達成できたのか。
・達成できたとすれば、うまくいった要因は何か。
・達成できなかったとすれば、何が原因なのか。

| 目標運動強度 | 目標心拍数 | 運動中の脈拍数 |
| --- | --- | --- |
| % | 拍 / 分 | 拍 / 分 |
| 達成についての評価 | | |
| | | |

**❷走行可能距離を利用する方法**

①1,000 m（あるいは、2,000 m）走における運動強度を、個人ごとに設定する。
②最大酸素摂取量からの推定法（第Ⅲ部実習編「2. 有酸素性運動実習」98 ページを参照）を用いて、目標平均速度、および、目標タイムを算出する。
③いくつかの途中ポイントの通過タイムを算出する。
④目標タイムで、指定距離を走るようにする。
⑤目標達成の程度を、自己評価する。
※できるだけ、一定速度で走るようにすること。

| 目標運動強度 | 目標平均速度 | 目標タイム |
| --- | --- | --- |
| % | m/ 分 | 分　　秒 |
| 達成についての評価 | | |
| | | |

## 2. 体力測定値を用いた目標設定の練習

①さまざまな体力測定値（第Ⅱ部実習編「1. 身体・体力測定」、第Ⅳ部実習編「1. 運動機能の測定」等を参照）から、目標設定に用いる測定値を選択する。
②その測定値の長期目標（例えば、1 年後の目標値）を設定する。
③長期目標を踏まえて、中期・短期目標（例えば、1 ヶ月ごとの目標値）を設定する。
④その目標を達成するためのトレーニング計画を立案する。
⑤立案されたトレーニング計画に基づいて、その日のトレーニングを試行する（10

～20分程度のセット)。
⑥トレーニング内容を振り返り、必要に応じて、トレーニング計画を修正する。
※複数の測定項目を対象にすることが望ましい。

| | |
|---|---|
| 対象とする体力測定項目 | |
| 現在の値 | |
| 長期目標：[　　　　　] 後の目標値 | |
| 短期目標：[　　　　　] 後の目標値 | |
| トレーニング内容 | |
| | |
| トレーニング試行後の振り返り | |
| | |

| | |
|---|---|
| 対象とする体力測定項目 | |
| 現在の値 | |
| 長期目標：[　　　　　] 後の目標値 | |
| 短期目標：[　　　　　] 後の目標値 | |
| トレーニング内容 | |
| | |
| トレーニング試行後の振り返り | |
| | |

## 3．グループ活動における目標設定の練習

①ペアスポーツあるいはチームスポーツを行う場面を設定する。
　例えば、卓球・バドミントンのダブルス、バレーボール、バスケットボール
②ペアあるいはチームで練習をし、また、コミュニケーションをとって，メンバーの技術レベルを確認する。
③ペアあるいはチームで目指す目標を設定する。
　例えば、「試合で勝利する」、「○点以上を取る」
　　　　　「決められた役割を果たす」、「プレイ（ラリー、パス）を○回以上続ける」
　　　　　「声を掛け合う」、「笑顔を絶やさない」
④試合を5～10分程度行う。
⑤目標がどの程度達成されたのかを、ペアあるいはチームで振り返り、評価する。
⑥改めて、目標を設定する。
⑦再度、試合を5～10分程度行う。
⑧振り返りと評価を行う。

| | | |
|---|---|---|
| 実施種目 | | |
| メンバー（名前） | | |
| 1 | 目標 | 達成についての評価 |
| | | |
| 2 | 目標 | 達成についての評価 |
| | | |

# 4. コミュニケーション&リーダーシップスキルトレーニング

## 1. コミュニケーションの理論

### ❶現代の若者のコミュニケーションをめぐる問題

近年、大学生以下の若年者のコミュニケーションについて、以下のような問題が指摘されています。

> 現在の大学生以下の若年層が育った家庭環境、社会環境、教育環境と、他世代が育ったそれらの環境との間には、著しい相違が認められるようになりました。その背景には、少子化、核家族化、IT化の進展、及び教育課程の急激な変化等が挙げられています。このような環境で育ってきた若年者たちが社会に出てきたとき、彼ら若年者と他世代の人々との間に、深刻なコミュニケーションギャップが生じることが懸念されています。
>
> さらには、共通の関心を持つごく限られた友人以外には、コミュニケーション行為に対する強い意思を見せようとしない若者が増えているともいわれており、若年者同士でさえ、コミュニケーション行為に関しては困難な状況にあるといえます。

### ❷スポーツとコミュニケーション

このような社会状況の中で、スポーツに対する期待感が膨らんでいます。その根拠は、以下のような点にあります。

> まず第一に、
>
> スポーツは、身体に依拠する文化であるため、自分の身体と向き合う機会、自分の身体と他人の身体が触れ合う機会、他人の温もりを感じる機会を提供します。
>
> そして第二に、
>
> スポーツの実施場面は多様なコミュニケーションの機会を提供します。たとえば、サッカーのプレイヤーは、ボールをゴールへ入れること、相手より1点でも多く得点すること、という意思を共有しています。そして、プレイヤーの意思伝達の手段は、言語的かつ非言語的、対人的かつ集団的なコミュニケーションです。

このように、身体活動やスポーツは、その活動を楽しみながら、多様なコミュニケーションを実践し、そのスキルを獲得することができる場と考えることができます。

### ❸コミュニケーションモデルとスキル論

コミュニケーションを理解するために、さまざまな科学的モデルが提唱されていますが、ここでは、「送り手が、さまざまなメッセージ（情報）を、複数のチャネルを通して、受け手に伝えるプロセス」というモデルに基づくことにします。また、コミュニケーションがうまくできるかどうかは、「スキル」としてとらえます。すなわち、コミュニケーションも、運動スキルと同様に、適切な練習・実践を繰り返すことによって、上達するものであるとみなします。このような考え方によれば、コミュニケーションは、「メッセージを適切に送ること（情報の伝達）」「メッセージを的確に受け取ること（情報の解読）」および「チャネルを適切に利用すること」によって上達させることができるといえます。

**◆コミュニケーションスキルを高めるための視点**
- メッセージを適切に発信するスキルを身につけること
- メッセージを的確に受け取るスキルを身につけること
- コミュニケーションチャネルを適切に利用するスキルを身につけること

### ❹コミュニケーションチャネルの種類

コミュニケーションを行う際に用いられるチャネルは、大きく言語的なものと非言語的なものに分類されます。言語的チャネルを通して行われるコミュニケーションは言語的コミュニケーション、非言語的チャネルを通して行われるコミュニケーションは非言語的コミュニケーションと呼ばれています。言語的チャネルは基本的に言語のみですが、非言語的チャネルには、下記に示すような多くのチャネルがあります。

**◆非言語的チャネルの例**

| | |
|---|---|
| パラ言語 | ：話のイントネーション、アクセント、速さ、間 など |
| 身体動作 | ：表情、視線、姿勢、ジェスチャー、身体接触 など |
| 空間行動 | ：パーソナルスペース、対人距離、着席位置 など |
| 人工物 | ：被服、化粧、アクセサリー、掲示物 など |
| 物理的環境 | ：家具、照明、温度・湿度 など |

これらのコミュニケーションチャネルは、同時に複数のチャネルを用いることもできます。また、チャネル間で、矛盾した情報が発信されることもあるため、それらをコントロールするスキルを身につけることも、コミュニケーションの上達には必要となります。

## 2. アイスブレイキング

新しい仲間とスポーツ活動を始めようとしても、みんなが緊張してぎこちなくなる、盛り上がらない、という経験をしたことがあるかもしれません。ここでは、コミュニケーションをより円滑にするための準備ゲームである「アイスブレイキング」を紹介します。

アイスブレイキングとは、“心に張った氷（アイス）を壊す（ブレイク）”という意味であり、初対面の人たちの緊張を解きほぐし、その場の雰囲気を和らげる効果が期待されます。さまざまなアイスブレイキング・ゲームが開発されていますが、ここでは、その代表的なものをいくつか挙げます。

### ❶4つのコーナー

①部屋の四隅（コーナー）を、どのような人が集まるところかを指定する。
　例えば、「あなたは今、幸せですか」という問いに対して、1のコーナーには「とても幸せ」、2のコーナーには「かなり幸せ」、3のコーナーには「やや幸せ」、

4のコーナーには「とても不幸せ」というように、各自の気持ちに従って、それぞれのコーナーに移動してもらう。

②コーナーに移動してもらったら、その詳細や理由などを話し合ってもらうとよい。

○他の話題の例

出身地：市内、県内、西日本、東日本

誕生の季節（春：３～５月、夏：６～８月、秋：９～11月、冬：12～２月）

旅行してみたいところ：アジア、ヨーロッパ、アフリカ、南北アメリカ

※ 自分の意思を表現したり物理的に移動したりすることによって、気持ちを和らげることができる。また、活動のためのグループ分けにも利用することができる。

### ❷バースデーチェーン

①参加者全員で、誕生日順の輪をつくる。

②言葉は使わない。ジェスチャーなどの非言語的チャネルを用いて、コミュニケーションを図る。状況によっては、１月１日（12月31日）の場所を指定してもよい。

③チェーンができたら、誕生日の順に、誕生日と名前を言ってもらう。

○他の話題の例

姓名の五十音順、あるいはアルファベット順。

学生番号の下二ケタ順（複数の学部の学生が混在している場合が望ましい）。

※ 非言語的コミュニケーションの練習になる。グループ分けにも利用できる。

### ❸柳に風

①グループ（５～10人程度）で円をつくる。

②１人が「柳」の役として中央に入り、目を閉じて、周りの人に身を任せる。

③周りの人は中央の人をしっかりと支えながら、別の方向に柔らかく押し出す。ちょうど、中央の人が風にたなびいている柳のようになるようにする。

④交替で、柳役を引き受ける。

※ 中央の人は、身体を他者に任せなければならないことから、周りの人を信頼することが必要になる。また、周りの人の意思を、身体を通じて感じ取る経験をすることができる。

## 3. 非言語コミュニケーションスキルトレーニング

さまざまな非言語的チャネルを使って、感情を伝え、読み取る練習をしましょう。

①４～８人のグループを作る。

②１人が感情の送り手となり、残りのメンバーが受け手となる。

③送り手は、チャネルリストから利用チャネルを１つ、記録表から感情を１つ選び、その感情を、選択したチャネルだけを通じて受け手に伝える。

④受け手は、伝えられたと思われる感情を感情リストから選択する。

⑤送り手は、伝えた感情の種類を言葉で示し、非言語チャネルで適切に伝えられたかを確認する。受け手は、正解を記録表に記録する。また、なぜうまく伝わったのか、あるいはうまく伝えられなかったり、間違って伝わったりしていた場合はその原因を話し合うのもよい。

⑥送り手を代えて、繰り返す。

⑦可能であれば、利用チャネルは同時に複数のチャネルを組み合わせてもよい。

◆ 非言語チャネルリスト
- 表情
- ジェスチャー
- 姿勢
- 視線
- 距離
- パラ言語（話し方）

◎記録表

| 試行 | | 1 | 2 | 3 | 4 | 5 | 6 | 7 | 8 | 9 | 10 | 11 | 12 |
|---|---|---|---|---|---|---|---|---|---|---|---|---|---|
| 送り手または受け手 | | | | | | | | | | | | | |
| 利用チャネル | | | | | | | | | | | | | |
| 感情 | 喜び | | | | | | | | | | | | |
| | 悲しみ | | | | | | | | | | | | |
| | 怒り | | | | | | | | | | | | |
| | 恐れ | | | | | | | | | | | | |
| | 嫌悪 | | | | | | | | | | | | |
| | 驚き | | | | | | | | | | | | |
| | 興味 | | | | | | | | | | | | |
| | 軽蔑 | | | | | | | | | | | | |
| | 罪悪感 | | | | | | | | | | | | |
| | 恥ずかしさ | | | | | | | | | | | | |

## 4. コミュニケーションへの気づき

言語的コミュニケーションを制限することを通じて、スポーツ活動でコミュニケーションが果たしている役割の大きさを体感してみましょう（評価表は176～177ページに掲載）。

①ペアやグループで行うスポーツ種目を実施する。
②通常のやり方で、試合を５～10分程度行う。
③その試合でのチームメイトとのコミュニケーションを自己評価する（評価表使用）。
④続いて、“言葉を発しないで”試合を５～10分程度行う。ただし、衝突などの危険を回避する際には、言葉を発して注意を促すこと。
⑤その試合でのチームメイトとのコミュニケーションを自己評価する（評価表使用）。
⑥言葉を発しないことで、どのような不都合があったか、あるいは、どのようなところでは不都合を生じなかったか、などを記録するとともに、チームメイトと意見交換をする。
⑦今度は、“積極的に言葉を発しながら”試合を５～10分程度行う。
⑧その試合でのチームメイトとのコミュニケーションを自己評価する（評価表使用）。
⑨３度にわたる試合での評価を比較し、スポーツにおいて、言語的コミュニケーションおよび非言語的コミュニケーションが果たす役割について考察する。

**・実施種目：** 　　　　　　**・チームメイト名：**

**第1ゲーム評価表**

・パートナーやチームメイトの考えていることや気持ちは、

まったくわからなかった　　　中程度　　　非常によくわかった

0-----1-----2-----3-----4-----5-----6-----7-----8-----9-----10

・パートナーやチームメイトに、自分の考えていることや気持ちを、

まったく伝えられなかった　　　中程度　　　非常によく伝えられた

0-----1-----2-----3-----4-----5-----6-----7-----8-----9-----10

・パートナーやチームメイトとのコンビネーションは、

非常に悪かった　　　中程度　　　非常によかった

0-----1-----2-----3-----4-----5-----6-----7-----8-----9-----10

**第2ゲーム評価表**

・パートナーやチームメイトの考えていることや気持ちは、

まったくわからなかった　　　中程度　　　非常によくわかった

0-----1-----2-----3-----4-----5-----6-----7-----8-----9-----10

・パートナーやチームメイトに、自分の考えていることや気持ちを、

まったく伝えられなかった　　　中程度　　　非常によく伝えられた

0-----1-----2-----3-----4-----5-----6-----7-----8-----9-----10

・パートナーやチームメイトとのコンビネーションは、

非常に悪かった　　　中程度　　　非常によかった

0-----1-----2-----3-----4-----5-----6-----7-----8-----9-----10

**◎コメント**

**第3ゲーム評価表**

・パートナーやチームメイトの考えていることや気持ちは、

まったくわからなかった　　　中程度　　　非常によくわかった

0------1------2------3------4------5------6------7------8------9------10

・パートナーやチームメイトに、自分の考えていることや気持ちを、

まったく伝えられなかった　　　中程度　　　非常によく伝えられた

0------1------2------3------4------5------6------7------8------9------10

・パートナーやチームメイトとのコンビネーションは、

非常に悪かった　　　中程度　　　非常によかった

0------1------2------3------4------5------6------7------8------9------10

**◎コメント**

## 5. リーダーシップスキル&フォロワーシップスキルトレーニング

チームスポーツの実践を通して、リーダーシップおよびフォロワーシップを発揮する練習をしましょう。その際、リーダーシップには、「課題達成機能」と「集団維持機能」があること、あるいは、「指示型」「コーチ型」「支援型」「委任型」等のスタイルがあることを踏まえて、リーダーシップ（あるいはフォロワーシップ）を発揮するようにしましょう。

①チームスポーツを行う場面を設定する。
例えば、バレーボール、バスケットボール、ミニサッカーなど
②チーム（4～10名程度）を作る。
③チームメンバーで、自己紹介等を行う。
④5分程度のチーム練習を行う（これは、省略してもよい）。

以降の手続きについては、2つのパターンを示す。

パターン1：特定のリーダーを決めておく方法

⑤チームメンバーでリーダー（キャプテン）を決め、そのリーダーの主導のもとで、チーム名、チーム内の役割（ポジション等）、試合でのチーム目標等を決める。
⑥リーダーの主導のもとで、5分程度のチーム練習を行う。
⑦他のチームと、5～10分程度の試合を行う。
⑧試合後、リーダーの主導のもとで、試合を振り返る。
⑨リーダーシップ（フォロワーシップ）をどの程度発揮できたかについてを、記録用紙に記載する。
⑩リーダーを代えて、以上を繰り返す。
※リーダーはリーダーシップを発揮し、それ以外の者は、リーダーの方針や指示に従うようにする（フォロワーシップの発揮）。

パターン2：特定のリーダーを置かない方法

⑤チームメンバーの話し合いのもとで、チーム名、チーム内の役割（ポジション等）、試合でのチーム目標等を決める。
⑥5分程度のチーム練習を行う。
⑦他のチームと、5～10分程度の試合を行う。
⑧試合後、チームメンバー全員で、試合を振り返る。
⑨リーダーシップ（フォロワーシップ）をどの程度発揮できたかについてを、記録用紙に記載する。
⑩以上を繰り返す。
※チームメンバー全員が、状況に応じて、適宜、リーダーシップあるいはフォロワーシップを発揮するようにする。

◎リーダーシップスキルトレーニング記録

<table>
<tr><td colspan="2">実施種目</td><td></td></tr>
<tr><td colspan="2">メンバー（名前）</td><td></td></tr>
<tr><td rowspan="3">1</td><td>リーダーの有無（あるいは名前）</td><td></td></tr>
<tr><td colspan="2">コメント</td></tr>
<tr><td colspan="2"></td></tr>
<tr><td rowspan="3">2</td><td>リーダーの有無（あるいは名前）</td><td></td></tr>
<tr><td colspan="2">コメント</td></tr>
<tr><td colspan="2"></td></tr>
<tr><td rowspan="3">3</td><td>リーダーの有無（あるいは名前）</td><td></td></tr>
<tr><td colspan="2">コメント</td></tr>
<tr><td colspan="2"></td></tr>
</table>

《 あとがき……自分を知る 》

# 継続のためのアドバイス

本書執筆者が提案する、運動・スポーツを継続するための“TIPS（コツ）”を紹介します。今後の運動継続の参考にしてください。

ヒトは、毎日食餌をし、寝ます。またヒトは動物ですから、生活のため身体を動かします。これが運動です。昔は、今日の食物を得るために、運動をしていました。今は採餌行動が不要となり、また移動手段が自力ではなくなりました。これが現代の運動不足の原因です。運動を特殊なものとは考えず、生活行動を運動として捉えましょう。移動手段を工夫し、階段を昇りましょう。速歩で1日に５分間歩き、それが苦痛でなくなったら10分間、さらにそれが楽になったら30分間歩きましょう。30分間の時間がとれないと思うヒトは、10分間ずつ３回に分けても結構です。ヒトにとってスポーツは必修ではありませんが、スポーツは料理の調味料やスパイスのようなものです。歩いたり、走ったり、泳いだり単調な運動が苦手な人は、自分が好きなスポーツを気楽に楽しみましょう。

（大柿　哲朗）

私の場合、登山が生涯の趣味となりつつありますが、継続しているのは「楽しい」からに他なりません。何が楽しいかというと、山の中の「静寂」に抱かれることでしょうか。それと、月並みですが、頂上へ至った達成感もありはします。これらのために、週に６日、登山する週は４日、１時間のウオーキング（約６km）あるいは30分のジョギング（約５km）をトレーニングとして行っています。これは、あまり楽しいものではありませんが、「静寂の深みへ」という目的があるから、続いています。一人よりも仲間をつくって行うほうが継続するといわれますが、私にしてみれば、かえって拘束感を感じてしまうことになり、逆効果となりそうです。比叡山に「千日回峰行」が伝わりますが、それにちなんで、私なりの「百日回峰行」をまずは達成してみたいと思っています。

（西村　秀樹）

運動継続のコツは継続している人の数だけあります。ダイエットの方法が無限にあることと似ています。どんなダイエットも提唱者にしか成功できないからです。かくいう私は「映画ダイエット」を提唱、実践しています。これは、テレビの前で映画のビデオを見ながら自転車を漕ぐというもので、映画による興奮のパワーを自転車を漕ぐ力に変える、というものです。そして、映画がどんなに佳境に入ろうと、30分で映画も自転車漕ぎも終了。「また、明日続きを見たい！」という気持ちが25年間の継続につながっています。これをまねた人が自転車を漕ぎ終わった後も映画を見続け、風邪をひいて継続できなかった、という実話もあります。やはり、コツは自分に合った方法を探すということしかなさそうです。

（斉藤　篤司）

記録を残すことは、運動・スポーツに限らず物事の継続化に有効な一手段です。日記に挫折した経験をもつ人にはそれ自体が継続化の問題ですが、世は高度情報化社会。ブログの活用をお勧めしたい。ブログには文字や文章はもちろん、写真や音、動画など様々な情報を記録できます。ブログパーツを使えば、体重や血圧、摂取・消費カロリーの記録だってグラフで表示可能です。ブログは非公開にもできますが、自信と度胸がついたら全世界に向けて公開してみましょう。そこから様々な出会いが開け、一緒に運動・スポーツする仲間が増えるかもしれません。記録がたまったら、冊子にして文壇デビューも夢ではありません。

（山本　教人）

身体感覚や五感をできるだけ意識して運動することをお勧めします。たとえば、ウォーキングをするとき、脇目もふらず息を詰めて歩くのではなく、ゆったりと周囲の景色を眺めながら歩くと、季節の変化や新鮮な光景が目に映るかもしれません。鳥の鳴き声や木の葉の舞う音が聞こえたり、風が頬にあたる心地よさを感じたり、花の香りや食べ物のおいしそうな匂いがしたり。また、足の裏が大地を踏みしめている感じ、腕がぶらぶらと動く感じ、お腹の中、胸の奥、頭、顔、背中、いつもあまり意識することのない身体のいろいろな部分を何となく意識してみます。五感や身体感覚を意識しながら歩くことによってリラクセーション効果もあり、歩くことが心地よく楽しくなってくるのではないでしょうか？

（高柳　茂美）

ジャージに着替えて公園まで行くのが億劫だという人は、生活の一部を「運動」にしてしまいましょう。一流ファッションモデルになりきって街角をさっそうと歩く、エコバッグをダンベル代わりにする、ママチャリであえて急な坂道を通る、昼食時に、おいしいおソバ屋さんまで、お腹を空かせるためにひとしきり歩くなど、いろいろと考えてみましょう。また、「スポーツも観るだけなら」という人は、ホークスのために、ドーム球場で、メガホンを振り、声援を送り、応援歌を合唱するのもよいでしょう。音楽が好きな人は、コンサートで跳びはねたり、振り付けをつけて歌ったり、「エアギター」を弾いたりするのもよいでしょう。

（杉山　佳生）

私が実践している、運動・スポーツを継続するためのコツは、『楽しむこと』です。
　例えば、①トレーニングによる自分の身体の変化を‘楽しむ’、②自己実現のために、短期的・長期的な目標を設定し、それらを実行していく過程を‘楽しむ’、③トレーニングや試合での、友人・ライバルとの競争を‘楽しむ’、④日常生活を離れて、独りの時間を‘楽しむ’、などが挙げられます。私は、このようにして、大好きな水泳を、最低でも週に4回、続けてきています。

　また、私にとって、スポーツクラブでの友人との楽しい雑談も、運動・スポーツを継続するための重要な要因のひとつとなっています。スポーツクラブで出会う、共通の趣味を持った友人と過ごす時間は、日常生活におけるエネルギー源となっています。

（増本　賢治）

若年層では「外見」に関する要素が、年を重ねると「健康」に関する要素が、運動実施のモチベーションになるといわれています。例に漏れず、若年層である学生さんからは、「痩せたい」「筋肉をつけたい」ことを理由に、どんな運動をしたらよいですか？とよく相談を受けます。各々にあわせてアドバイスをしていますが、継続できたという話はあまり聞きません。「外見」にこだわる人は、体重計の増減に一喜一憂しすぎているように思います。運動により筋肉がつくと、身体はシャープになっても、逆に体重が重くなることもあります。ですので、とにかく体重計と仲良しになることをやめて、自分の身体を鏡で観察することをオススメします。少しずつ身体が変化していくことに気がつけば、身体を動かすモチベーションはきっと大きくなっていくでしょう。

（内田　若希）

運動・スポーツには多種多様な種目や方法があります。一つの運動やスポーツを長期間継続することも「継続」と言えますし、運動・スポーツ種目を頻繁に変えることでも、それはそれで継続です。あなたにとって続けやすい運動やスポーツは何でしょうか？日常生活で習慣として取り入れることが継続に繋がる人もいれば、フェスや大会などの一回限りイベントへの参加を重ねることで継続することを好む人もいるでしょう。あなたにとって続けやすい方法は何でしょうか？運動やスポーツが一人ひとりの生涯にわたって身近なものであることを願っています。

（岸本　裕歩）

# 授業評価票

実際に受講した授業を評価してみましょう。

<記入の方法>
最もよくあてはまると思う番号、あるいは該当する事項を、□の中に記入してください。

- 記入日：□年 □月 □日
- 性別　：□
- 年齢　：□歳
- 学部　：□学部
- 学年　：□年次

- 開講時限　：□曜日 □時限
- 授業名　　：□
- 授業担当者：□

〈切り取り線〉

◎ 授業についての評価

1）授業への参加意欲は、ありましたか。
　1．非常にあった　2．かなりあった
　3．いくらかあった　4．あまりなかった　□

2）授業を通じて、新しいことを学ぶことができましたか。
　1．非常によくできた　2．かなりできた
　3．いくらかできた　4．あまりできなかった　□

3）授業に対して、満足しましたか。

1．非常に満足した　　2．かなり満足した
3．いくらか満足した　　4．不満であった

4）授業を通じて、仲間とのコミュニケーションは増えましたか。

1．非常に増えた　　2．かなり増えた
3．いくらか増えた　　4．ほとんど増えなかった

5）授業は、自分の健康や体力の現状を把握するのに役立ちましたか。

1．非常に役立った　　2．かなり役立った
3．いくらか役立った　　4．ほとんど役に立たなかった

6）授業は、今後の生活において心身の健康を維持・増進するために役立つと思えるものでしたか。

1．非常に役立つと思う　　2．かなり役立つと思う
3．いくらかは役立つと思う　　4．ほとんど役に立たないと思う

7）このテキストは、今後の生活において、心身の健康を維持・増進するための資料として意義があると思いますか。

1．非常に意義があると思う　　2．かなり意義があると思う
3．いくらか意義があると思う　　4．ほとんど意義はないと思う

8）授業の内容や構成について評価できる点がありましたら、お書きください。

9）授業の内容や構成について改善すべきだと思う点がありましたら、お書きください。

10）その他、何かご意見、ご希望等があれば、お書きください。

# 未来の自分の記録

## 体力テスト記録表20歳後半用　　（　　）歳

| 項目 | | 記録 | | 得点 |
|---|---|---|---|---|
| 1）握力 | 右 | 1回目　kg | 2回目　kg | |
| | 左 | 1回目　kg | 2回目　kg | |
| | 右・左それぞれ大きい値の平均　kg | | | |
| 2）上体起こし | | 回 | | |
| 3）長座体前屈 | | 1回目　cm | 2回目　cm | |
| 4）反復横とび | | 1回目　点 | 2回目　点 | |
| 5） | 最大酸素摂取量 | mL / kg / 分 | | |
| | 20mシャトルラン | 折り返し数　回 | | |
| 6）立ち幅とび | | 1回目　cm | 2回目　cm | |
| 得点合計 | | | | |
| 体力年齢 | | 59ページの「体力年齢判定基準表」より，あなたの体力年齢を判定します。 | | |
| | | 私は，（　　　）歳の体力 | | |

大学生の頃に比べ、体力は（維持されている・落ちた・向上した）。最近、運動を（よくしている・していない）ほうだ。

## 体力テスト記録表30歳台用　　（　　）歳

| 項目 | | 記録 | | 得点 |
|---|---|---|---|---|
| 1）握力 | 右 | 1回目　kg | 2回目　kg | |
| | 左 | 1回目　kg | 2回目　kg | |
| | 右・左それぞれ大きい値の平均　kg | | | |
| 2）上体起こし | | 回 | | |
| 3）長座体前屈 | | 1回目　cm | 2回目　cm | |
| 4）反復横とび | | 1回目　点 | 2回目　点 | |
| 5） | 最大酸素摂取量 | mL / kg / 分 | | |
| | 20mシャトルラン | 折り返し数　回 | | |
| 6）立ち幅とび | | 1回目　cm | 2回目　cm | |
| 得点合計 | | | | |
| 体力年齢 | | 59ページの「体力年齢判定基準表」より，あなたの体力年齢を判定します。 | | |
| | | 私は，（　　　）歳の体力 | | |

大学生の頃に比べ、体力は（維持されている・落ちた・向上した）。最近、運動を（よくしている・していない）ほうだ。

### 体力テスト記録表40歳台用　（　　）歳

| 項目 | | 記録 | | 得点 |
|---|---|---|---|---|
| 1）握力 | 右 | 1回目　kg | 2回目　kg | |
| | 左 | 1回目　kg | 2回目　kg | |
| | 右・左それぞれ大きい値の平均　kg | | | |
| 2）上体起こし | | 回 | | |
| 3）長座体前屈 | | 1回目　cm | 2回目　cm | |
| 4）反復横とび | | 1回目　点 | 2回目　点 | |
| 5） | 最大酸素摂取量 | mL / kg / 分 | | |
| | 20mシャトルラン | 折り返し数　回 | | |
| 6）立ち幅とび | | 1回目　cm | 2回目　cm | |
| 得点合計 | | | | |
| 体力年齢 | | 59ページの「体力年齢判定基準表」より，あなたの体力年齢を判定します。 | | |
| | | 私は，（　　）歳の体力 | | |

前回に比べ、体力は（維持されている・落ちた・向上した）。最近、運動を（よくしている・していない）ほうだ。

### 体力テスト記録表50歳台用　（　　）歳

| 項目 | | 記録 | | 得点 |
|---|---|---|---|---|
| 1）握力 | 右 | 1回目　kg | 2回目　kg | |
| | 左 | 1回目　kg | 2回目　kg | |
| | 右・左それぞれ大きい値の平均　kg | | | |
| 2）上体起こし | | 回 | | |
| 3）長座体前屈 | | 1回目　cm | 2回目　cm | |
| 4）反復横とび | | 1回目　点 | 2回目　点 | |
| 5） | 最大酸素摂取量 | mL / kg / 分 | | |
| | 20mシャトルラン | 折り返し数　回 | | |
| 6）立ち幅とび | | 1回目　cm | 2回目　cm | |
| 得点合計 | | | | |
| 体力年齢 | | 59ページの「体力年齢判定基準表」より，あなたの体力年齢を判定します。 | | |
| | | 私は，（　　）歳の体力 | | |

前回に比べ、体力は（維持されている・落ちた・向上した）。最近、運動を（よくしている・していない）ほうだ。

■形態測定の結果

5年に1回程度計測し、記録をつけ、運動や食事に関して見直しましょう。

| 年月日 | 実年齢 | 身長 (cm) | 体重 (kg) | BMI | 判定 | ウエスト (cm) | ヒップ (cm) | W/H比 | 体脂肪率 (%) | 判定 |
|---|---|---|---|---|---|---|---|---|---|---|
| 年 月 日 | | | | | | | | | | |
| 年 月 日 | | | | | | | | | | |
| 年 月 日 | | | | | | | | | | |
| 年 月 日 | | | | | | | | | | |
| 年 月 日 | | | | | | | | | | |
| 年 月 日 | | | | | | | | | | |
| 年 月 日 | | | | | | | | | | |
| 年 月 日 | | | | | | | | | | |
| 年 月 日 | | | | | | | | | | |
| 年 月 日 | | | | | | | | | | |
| 年 月 日 | | | | | | | | | | |
| 年 月 日 | | | | | | | | | | |
| 年 月 日 | | | | | | | | | | |
| 年 月 日 | | | | | | | | | | |
| 年 月 日 | | | | | | | | | | |
| 年 月 日 | | | | | | | | | | |
| 年 月 日 | | | | | | | | | | |
| 年 月 日 | | | | | | | | | | |

# 《 さくいん 》

## ま



## や



## ら



## 数字・欧文

［執筆者紹介］（所属は 2024 年 2 月現在）

**大柿哲朗**（おおがき　てつろう）
1951年生。順天堂大学体育学部卒業、順天堂大学大学院体育学研究科修了、体育学修士。九州大学名誉教授、運動生理学、生理人類学。

**西村秀樹**（にしむら　ひでき）
1954年生。広島大学教育学部卒業、筑波大学大学院博士課程体育科学研究科修了、教育学博士（筑波大学）。九州大学名誉教授、スポーツ社会学。

**丸山　徹**（まるやま　とおる）
1956年生。九州大学医学部卒業、博士（医学）（九州大学）。九州大学名誉教授、原土井病院副院長、心臓病学。

**斉藤篤司**（さいとう　あつし）
1960年生。筑波大学体育専門学群卒業、筑波大学大学院修士課程体育研究科修了、体育学修士。九州大学大学院人間環境学研究院教授、運動生理学。

**山本教人**（やまもと　のりひと）
1961年生。鹿児島大学教育学部卒業、筑波大学大学院博士課程体育科学研究科単位取得退学、教育学修士。元九州大学大学院人間環境学研究院准教授、スポーツ社会学。2013年8月逝去。

**高柳茂美**（たかやなぎ　しげみ）
1963年生。奈良女子大学文学部卒業、奈良女子大学大学院修士課程文学研究科修了、文学修士。九州大学キャンパスライフ・健康支援センター講師、運動心理学。

**杉山佳生**（すぎやま　よしお）
1964年生。京都大学理学部卒業、筑波大学大学院博士課程体育科学研究科修了、博士（体育科学）（筑波大学）。九州大学大学院人間環境学研究院教授、スポーツ心理学。

**眞﨑義憲**（まさき　よしのり）
1969年生。防衛医科大学校卒業、防衛医科大学校医学研究科修了、博士（医学）（大学評価・学位授与機構）。九州大学キャンパスライフ・健康支援センター准教授、内科学、生理学。

**村木里志**（むらき　さとし）
1970年生。広島大学総合科学部卒業、広島大学大学院生物圏科学研究科博士課程後期修了、博士（学術）（広島大学）。九州大学大学院芸術工学研究院教授、人間工学。

**増本賢治**（ますもと　けんじ）
1976年生。鹿屋体育大学体育学部卒業、九州大学大学院医学系学府博士課程修了、博士（医学）（九州大学）。九州大学大学院人間環境学研究院准教授、身体運動科学。

**内田若希**（うちだ　わかき）
1978年生。早稲田大学人間科学部卒業、九州大学大学院人間環境学府博士後期課程修了、博士（心理学）（九州大学）。九州大学大学院人間環境学研究院准教授、運動心理学。

**松下智子**（まつした　ともこ）
1979年生。九州大学教育学部卒業、九州大学大学院人間環境学府博士後期課程単位修得退学、博士（心理学）（九州大学）。九州大学キャンパスライフ・健康支援センター准教授、臨床心理学。

**岸本裕歩**（きしもと　ひろ）
1979年生。大阪国際大学人間科学部卒業、九州大学大学院人間環境学府博士後期課程単位修得退学、博士（人間環境学）、博士（医学）（いずれも九州大学）。九州大学基幹教育院准教授、身体活動疫学。

実習で学ぶ 健康・運動・スポーツの科学 三訂版
 NDC 780／190p／26cm

初　版第１刷──2008年３月28日
改訂版第１刷──2016年３月10日
三訂版第１刷──2024年３月１日

編　者──────九州大学健康・スポーツ科学研究会
発行者──────鈴木一行
発行所──────株式会社大修館書店
〒113-8541　東京都文京区湯島2-1-1
電話03-3868-2651（営業部）　03-3868-2297（編集部）
振替00190-7-40504
［出版情報］ https://www.taishukan.co.jp

装丁者──────石山智博
本文レイアウト──────齊藤和義
印刷所──────壮光舎印刷
製本所──────ブロケード

ISBN 978-4-469-26979-6　Printed in Japan